Studienwissen kompakt

Reihenherausgeber: Springer Fachmedien Wiesbaden, Wiesbaden, Deutschland

Lehrbücher der Reihe „Studienwissen kompakt" bieten in kurzen prüfungsrelevanten Lerneinheiten einen Überblick und Einstieg in ein Fach bzw. in eine Teildisziplin und vermitteln Orientierungswissen. Alle Themen werden didaktisch gut strukturiert aufbereitet. Abschließende Lernkontrollen, Transferaufgaben und Empfehlungen zum Weiterlesen und -lernen wirken sich nachhaltig auf den Lernerfolg aus. Als Lernhilfen sowohl zur gezielten Klausurvorbereitung als auch für ein begleitendes Selbststudium geeignet!

Eckart Koch

Internationaler Handel und Handelspolitik

Eckart Koch
Starnberg, Deutschland

ISSN 2363-9539　　　　　ISSN 2363-9547　(electronic)
Studienwissen kompakt
ISBN 978-3-658-47963-3　　　ISBN 978-3-658-47964-0　(eBook)
https://doi.org/10.1007/978-3-658-47964-0

Die Deutsche Nationalbibliothek verzeichnet diese Publikation in der Deutschen Nationalbibliografie; detaillierte bibliografische Daten sind im Internet über https://portal.dnb.de abrufbar.

© Der/die Herausgeber bzw. der/die Autor(en), exklusiv lizenziert an Springer Fachmedien Wiesbaden GmbH, ein Teil von Springer Nature 2025

Das Werk einschließlich aller seiner Teile ist urheberrechtlich geschützt. Jede Verwertung, die nicht ausdrücklich vom Urheberrechtsgesetz zugelassen ist, bedarf der vorherigen Zustimmung des Verlags. Das gilt insbesondere für Vervielfältigungen, Bearbeitungen, Übersetzungen, Mikroverfilmungen und die Einspeicherung und Verarbeitung in elektronischen Systemen.

Die Wiedergabe von allgemein beschreibenden Bezeichnungen, Marken, Unternehmensnamen etc. in diesem Werk bedeutet nicht, dass diese frei durch jede Person benutzt werden dürfen. Die Berechtigung zur Benutzung unterliegt, auch ohne gesonderten Hinweis hierzu, den Regeln des Markenrechts. Die Rechte des/der jeweiligen Zeicheninhaber*in sind zu beachten.

Der Verlag, die Autor*innen und die Herausgeber*innen gehen davon aus, dass die Angaben und Informationen in diesem Werk zum Zeitpunkt der Veröffentlichung vollständig und korrekt sind. Weder der Verlag noch die Autor*innen oder die Herausgeber*innen übernehmen, ausdrücklich oder implizit, Gewähr für den Inhalt des Werkes, etwaige Fehler oder Äußerungen. Der Verlag bleibt im Hinblick auf geografische Zuordnungen und Gebietsbezeichnungen in veröffentlichten Karten und Institutionsadressen neutral.

Planung/Lektorat: Margit Schlomski
Springer Gabler ist ein Imprint der eingetragenen Gesellschaft Springer Fachmedien Wiesbaden GmbH und ist ein Teil von Springer Nature.
Die Anschrift der Gesellschaft ist: Abraham-Lincoln-Str. 46, 65189 Wiesbaden, Germany

Wenn Sie dieses Produkt entsorgen, geben Sie das Papier bitte zum Recycling.

Vorwort

In einer Welt, die von globalen Herausforderungen und interdependenten Märkten geprägt ist, spielen internationale Handelsbeziehungen eine zentrale Rolle für das wirtschaftliche Wachstum und die Entwicklung von Ländern. Von den Anfängen des Handels über die Seidenstraße bis hin zu den komplexen Netzwerken von heute beeinflussen Handelsbeziehungen nicht nur den Austausch von Gütern und Dienstleistungen, sondern auch politische und interkulturelle Beziehungen. Dabei werden sie selbst von technologischen Entwicklungen, geopolitische Spannungen und Umweltkrisen, aber auch von politischen Willkürhandlungen beeinflusst, sodass sich alle Akteure immer wieder vor neue Herausforderungen gestellt sehen.

Täglich berichten die Medien über Neuigkeiten aus dem Bereich des internationalen Handels: Wir erfahren viele interessante Details über deutsche Exportentwicklungen, über Unterbrechungen von Lieferketten, über Strafzölle gegen chinesische Autoimporte, über gefährliche Abhängigkeiten von speziellen Rohstoffen oder über steigende Auslandsschulden einzelner Länder. Aber wie hängen diese Dinge zusammen? Wie können wir diese Beobachtungen, Informationen und Meinungen sinnvoll strukturieren? Wie können wir uns selbst eine Meinung bilden und mitdiskutieren?

Dieses Buch liefert hierzu wichtige Grundlagen und beleuchtet Entwicklungen und Schwerpunkte der internationalen Handelsbeziehungen, charakterisiert die wichtigsten Akteure und analysiert Vor- und Nachteile der nationalen und internationalen Instrumente zur Beeinflussung und Regulierung des internationalen Handels. Vor allem liefert es eine Struktur und einen theoretischen Hintergrund, die es Ihnen erlauben, den ständigen Informationsfluss besser zu sortieren, einzuordnen und auch zu verstehen. Durch historische Analysen, Beispiele und die Beleuchtung aktueller Ereignisse und Trends macht dieses Buch die faszinierende Thematik der internationalen Handelsbeziehungen für Sie überschaubarer, verständlicher und damit - hoffentlich - auch interessanter.

Die einzelnen Kapitel bauen grundsätzlich aufeinander auf. Sie können aber auch als jeweils abgeschlossene Einheiten zu den einzelnen Themengebieten unabhängig voneinander gelesen und bearbeitet werden. Der Text wird durch zahlreiche Abbildungen und Beispiele veranschaulicht, die die Aktualität hervorheben, Zusatzinformationen liefern oder die verbalen Erläuterungen zusammenfassen. Am Ende jedes Kapitels finden sich eine kurze Zusammenfassung, Wiederholungsfragen, Literaturangaben, Internet-Links sowie jeweils eine weiterführende Fragestellung. Hierzu ein Vorschlag: Lesen Sie parallel zur Lektüre dieses Buches, zur Beantwortung der Vertiefungsfragen, vor allem aber zur Verdeutlichung der Relevanz und Aktualität der Gesamtthematik dieses Buches eine seriöse Tageszeitung, und hier insbesondere den Politik- und Wirtschaftsteil. Auf diese Weise können die dargestellten Zusammenhänge und Ereignisse noch besser ein- und zugeordnet werden.

Die internationalen Handelsbeziehungen entwickeln sich dynamisch, sie reagieren auf welt- und geopolitische Ereignisse und nationale Entscheidungen. Trotz des Bemühens um Aktualität kann hier daher nur der Stand zum Zeitpunkt der Fertigstellung des Manuskripts wiedergegeben werden. Die Struktur des Buches wird es aber erleichtern jederzeit auch neuere Entwicklungen zu integrieren

Noch ein Hinweis zum Schluss: Aus Vereinfachungs- und Lesbarkeitsgründen wird auf die Nennung beider Geschlechter bzw. auf gender-sensitive Sprachformen verzichtet. So schließt beispielsweise die Bezeichnung Manager selbstverständlich auch Managerinnen mit ein.

Eckart Koch
München, Deutschland
Winter 2024/2025

Inhaltsverzeichnis

1	Die Entwicklung des Welthandels	1
1.1	Historische Anmerkungen	4
1.2	Entwicklung des Welthandels mit Sachgütern	5
1.3	Regionale Anteile am Welthandel	7
1.4	Internationaler Dienstleistungshandel	11
1.5	Zahlungsbilanz und Leistungsbilanz	14
1.6	Lernkontrolle	16
	Literatur	18

2	Der deutsche Außenhandel	19
2.1	„Made in Germany"	20
2.2	Die Entwicklung des deutschen Außenhandels	21
2.3	Die deutsche Leistungsbilanz	23
2.4	Die Warenstruktur des Außenhandels	26
2.5	Die Handelspartner	27
2.6	Lernkontrolle	29
	Literatur	31

3	Regionale Schwerpunkte des Welthandels	33
3.1	Regionalintegrationen	34
3.1.1	Integrationsformen	36
3.1.2	Integrationswirkungen	37
3.2	Die Europäische Union im Welthandel	40
3.3	Die Bedeutung Asiens im Welthandel	42
3.3.1	Verschiebung der interkontinentalen Handelsströme	43
3.3.2	Regionalintegrationen in Asien	44
3.4	Weitere Entwicklungen und Zusammenfassung	47
3.5	Lernkontrolle	49
	Literatur	51

4	Gründe für Außenhandelsbeziehungen	53
4.1	Nicht-Verfügbarkeiten von Gütern	55
4.1.1	Eingeschränkte Verfügbarkeit von Produktionsfaktoren	55
4.1.2	Gestörter oder alternativer Einsatz von Produktionsfaktoren	57
4.1.3	Subjektive Nicht-Verfügbarkeiten	58

4.2	**Kosten- und Preisunterschiede**	60
4.2.1	Absolute Kostenvorteile	60
4.2.2	Komparative Kostenvorteile	60
4.2.3	Ursachen für Kostenunterschiede	64
4.3	**Weitere Importursachen**	70
4.4	**Ansätze zur Erklärung von Exporten**	73
4.5	**Lernkontrolle**	77
	Literatur	79

5	**Vor- und Nachteile von Außenhandelsbeziehungen**	**81**
5.1	**Vorteile des Außenhandels**	82
5.1.1	Vorteile von Exporten und Exportüberschüssen	83
5.1.2	Vorteile von Importen und Importüberschüssen	84
5.1.3	Internationale Vorteile	86
5.2	**Nachteile des Außenhandels**	87
5.2.1	Abhängigkeit als Kernproblem	87
5.2.2	Nachteile von Exporten und Exportüberschüssen	90
5.2.3	Nachteile von Importen und Importüberschüssen	91
5.2.4	Ungleiche Verteilung der Vorteile	94
5.2.5	Weitere Probleme	98
5.3	**Lernkontrolle**	102
	Literatur	104

6	**Importpolitik**	**105**
6.1	**Freihandel oder Protektionismus?**	107
6.2	**Zölle als Instrument der Protektion**	110
6.2.1	Schutzwirkungen	110
6.2.2	Ertragswirkungen	112
6.2.3	Abwehr von Protektionismus Dritter	113
6.2.4	Weitere Zollarten	115
6.3	**Nicht-tarifäre Handelshemmnisse**	118
6.4	**Beurteilung des Protektionismus**	123
6.5	**Lernkontrolle**	126
	Literatur	127

Inhaltsverzeichnis

7	**Exportpolitik**	129
7.1	Gründe für Exportförderung	131
7.2	Direkte Exportförderung	132
7.2.1	Institutioneller Rahmen	132
7.2.2	Exportvorbereitung: Bereitstellen von Informationen	134
7.2.3	Exportanbahnung	135
7.2.4	Exportdurchführung: staatliche Exportkreditgarantien	136
7.2.5	Sonderwirtschaftszonen	137
7.3	**Exportbeschränkungen**	139
7.4	**Lernkontrolle**	142
	Literatur	144
8	**Internationale Handels- und Wettbewerbspolitik**	145
8.1	Internationaler Handel zwischen Freihandelspolitik und Protektionismus	147
8.2	Das Allgemeine Zoll- und Handelsabkommen (GATT)	149
8.2.1	Die Rolle des GATT	150
8.2.2	GATT-Welthandelsrunden	151
8.2.3	Ergebnisse der Uruguay-Runde	153
8.3	**Die Welthandelsorganisation WTO**	156
8.3.1	Die Doha-Runde	159
8.3.2	Neue Abkommen	161
8.4	**Internationale Wettbewerbspolitik**	163
8.4.1	Wettbewerbsregeln für Unternehmen	164
8.4.2	Wettbewerbsregeln für Staaten	166
8.5	**Lernkontrolle**	168
	Literatur	170
9	**Die Entwicklungsländer im Welthandel**	173
9.1	**Entwicklungsländer**	175
9.2	**Exportanteile und Exportstrukturen**	178
9.2.1	Exportanteile	178
9.2.2	Exportstrukturen	179
9.2.3	Preisentwicklung von Rohstoffen	181
9.3	**Fertigwarenorientierte Entwicklungsstrategie: Das Beispiel Ost- und Südostasien**	184

9.4	Handelspolitische Vereinbarungen mit Entwicklungsländern	187
9.4.1	Allgemeine Zollpräferenzen	187
9.4.2	EU-AKP-Abkommen	188
9.5	**Agenda 2030**	191
9.6	**Fairer Handel**	193
9.7	**Lernkontrolle**	196
	Literatur	198

Serviceteil

Tipps fürs Studium und fürs Lernen 200

Abkürzungsverzeichnis

AA	Auswärtiges Amt	BAFA	Bundesausfuhramt
AEC	ASEAN Economic Community	BDEx	Bundesverband des deutschen Exporthandels
AfCFTA	African Continental Free Trade Area	BIP	Bruttoinlandsprodukt
		BMEL	Bundesministerium für Ernährung und Landwirtschaft
AFTA	ASEAN Free Trade Area		
AHK	Auslandshandelskammer		
AKP	Afrika-Karibik-Pazifik-Staaten	BMF	Bundesministerium der Finanzen
APA	Asien-Pazifik-Ausschuss der deutschen Wirtschaft	BMWK	Bundesministerium für Wirtschaft
APEC	Asian Pacific Economic Cooperation	BMZ	Bundesministerium für wirtschaftliche Zusammenarbeit und Entwicklung
APS	Allgemeines Zollpräferenzsystem	BNP	Bruttonationaleinkommen
		BSP	Bruttosozialprodukt
ASEAN	Association of South-East Asian Nations	cif	cost, insurance, freight
Attac	Association pour une Taxation des Transactions financières pour l'Aide aux Citoyens	CPTPP	Comprehensive and Progressive Agreement for Trans-Pacific Partnership
		CSDDD	Corporate Sustainability Due Diligence Directive
ATC	Agreement on Textiles and Clothing		
AU	African Union	DSB	Dispute Settlement Body
AUMA	Ausstellungs- und Messeausschuss der deutschen Wirtschaft	EFTA	European Free Trade Association
AV	Afrika-Verein der deutschen Wirtschaft	EG	Europäische Gemeinschaft
		EGA	Environmental Goods Agreement
AWG	Außenwirtschaftsgesetz		

EIF	Enhanced Integrated Framework	HAI	Human Assets Index
		HDI	Human Development Index
EPZ	Export processing zones	HIC	High Income
EU	Europäische Union		
EuGH	Europäischer Gerichtshof	ICC	International Chamber of Commerce
EUIPO	Amt der EU für geistiges Eigentum		
		i. d. R.	in der Regel
EVI	Economic Vulnerability Index	IHK	Industrie- und Handelskammer
EWG	Europäische Wirtschaftsgemeinschaft	IMF	International Monetary Fund (IWF)
EWWU	Europäische Wirtschafts- und Währungsunion	ITA	Information Technology Agreement
EZ	Entwicklungspolitische Zusammenarbeit	IWF	Internationaler Währungsfonds (IMF)
EZB	Europäische Zentralbank		
		KI	Künstliche Intelligenz
FLO	Fairtrade Labelling Organizations International	KMU	Kleinere und mittlere Unternehmen
fob	free on board		
FTA	Free Trade Arrangement	LDC	Least Developed Country
FTC	Federal Trade Commission	LIC	Low Income Country
GATS	General Agreement on Trade in Services	MDGs	Millennium Development Goals
GATT	General Agreement on Tariffs and Trade	Mercosur	Mercado Común del Sur
		MFA	Multifibre Arrangement (Welttextilabkommen)
GDP	Gross Domestic Product (BIP)		
		MFN	Most favoured nation
GSP	General System of Preferences	MIC	Middle Income Country
		MITI	Ministry of International Trade and Industry (Japan)
GTAI	Germany Trade & Invest		
GWB	Gesetz gegen Wettbewerbsbeschränkungen	MOE	Mittel- und osteuropäische Staaten

Abkürzungsverzeichnis

NAFTA	North American Free Trade Agreement	SDGs	Sustainable Development Goals
NaWi	Nachhaltige Wirtschaftsentwicklung	SEZ	Special Economic Zone
		SPO	Small-scale producers organization
NIEs	Newly Industrializing Economies (Schwellenländer)	SWZ	Sonderwirtschaftszone
NTH	Nicht-tarifäre Handelshemmnisse	SZ	Süddeutsche Zeitung
		TiSA	Trade in Services Agreement
OACPS	Organisation afrikanischer, karibischer und pazifischer Staaten	TNC	Transnational Corporation
		TRIMs	Trade Related Investment Measures
ODA	Official Development Assistance	TRIPs	Trade-related Intellectual Property Rights
OECD	Organization for Economic Cooperation and Development	UBS	Union Bank of Switzerland
		UN	United Nations
OPEC	Organization of Petrol Exporting Countries	UNCTAD	United Nations Conference on Trade and Development
p.a.	pro anno, per annum (pro Jahr)	UNSD	United Nations Statistics Division
RCEP	Regional Comprehensive Economic Partnership	UNWTO	World Tourism Organization
RGF	Really Good Friends of Liberalization of Trade in Services	USMCA	USA, Mexico, Canada (NAFTA Nachfolgeorganisation)
SAARC	South Asian Association for Regional Cooperation	WIR	World Investment Report
SADC	Southern African Development Community	WITS	World Integrated Trade Solutions
SAFTA	South Asian Free Trade Area	WPA	Wirtschaftspartnerschaftsabkommen
SBA	Selbstbeschränkungsabkommen	WTO	World Trade Organization

Die Entwicklung des Welthandels

Inhaltsverzeichnis

1.1 Historische Anmerkungen – 4

1.2 Entwicklung des Welthandels mit Sachgütern – 5

1.3 Regionale Anteile am Welthandel – 7

1.4 Internationaler Dienstleistungshandel – 11

1.5 Zahlungsbilanz und Leistungsbilanz – 14

1.6 Lernkontrolle – 16

Literatur – 18

© Der/die Autor(en), exklusiv lizenziert an Springer Fachmedien Wiesbaden GmbH, ein Teil von Springer Nature 2025
E. Koch, *Internationaler Handel und Handelspolitik*, Studienwissen kompakt,
https://doi.org/10.1007/978-3-658-47964-0_1

Lernagenda
Folgende Fragen werden in Kap. 1 beantwortet:
- Welche wesentlichen *Unterschiede* bestehen zwischen Binnenhandel und Außenhandel?
- Welcher Zusammenhang besteht zwischen *internationalem Handel* und *internationaler Arbeitsteilung*?
- Was versteht man unter der *Seidenstraße*?
- Wer ist in welchem *Umfang* am internationalen Handel mit Sachgütern beteiligt?
- Wie verlaufen die wichtigsten *internationalen Handelsströme*?
- Welche Arten von *internationalem Dienstleistungshandel* lassen sich unterscheiden?
- Was ist eine *Zahlungsbilanz* und wozu wird sie benötigt? Wie ist die Zahlungsbilanz untergliedert?
- Welche Besonderheiten weist die *deutsche Leistungsbilanz* auf?

Wenn Menschen nicht mehr alle Dinge, die sie zum Leben benötigen, entweder selbst oder innerhalb einer kleinen begrenzten Gemeinschaft herstellen können, sind sie gezwungen, die Ergebnisse ihrer Arbeit gegen Produkte oder Leistungen, die von anderen Personen produziert oder bereitgestellt werden können, zu tauschen. *Arbeitsteilung* wiederum führt zu *Spezialisierung* und damit auch zu höherer *Produktivität*, Arbeit kann damit effizienter eingesetzt werden. Durch den *Tausch* von Waren und Dienstleistungen, durch Handel, erweitern Menschen also laufend ihre Konsum- und Produktionsmöglichkeiten. Handelsbeziehungen finden auf allen Ebenen statt: auf lokaler Ebene, regionaler, nationaler und internationaler Ebene. Handel zwischen Anbietern und Nachfragern eines Landes wird als *Binnenhandel* bezeichnet, findet er grenzüberschreitend statt, handelt es sich um *Außenhandel*. Durch Außenhandel werden die bestehenden Beschränkungen des Binnenmarktes aufgehoben und die wirtschaftlichen Möglichkeiten der Menschen erweitert: Binnenhandel wird Teil des Welthandels und der Binnenmarkt Teil des Weltmarkts.

Diese internationalen Handelsprozesse entwickeln sich aber keineswegs reibungslos. Immer wieder gibt es Probleme und Störungen, die die weitere Entwicklung massiv behindern: Lieferketten werden gestört, einzelne Län-

Die Entwicklung des Welthandels

der versuchen ihre Wirtschaft durch protektionistische Maßnahmen zu schützen, die Bewältigung geostrategischer Probleme führt zu Verschiebungen des internationalen Handels, Verletzungen des Völkerrechts erzwingen Sanktionen für einzelne Länder usw. Neben den politischen Akteuren beeinflussen Transnationale Unternehmen mit ihren Investitionsentscheidungen den internationalen Handel, während sie gleichzeitig gegenüber den Entscheidungen der Nationalstaaten unempfindlicher werden, Ausweichmöglichkeiten finden und Staaten auch erpressen können, indem sie androhen den Sitz ihres Unternehmens zu verlagern.

Im Vergleich zum Binnenhandel setzt Außenhandel also eine höhere Bereitschaft voraus, Risiken einzugehen, neue Informationen zu sammeln, zu verarbeiten und zu bewerten und für eigene Entscheidungen zu nutzen. Gleichzeitig sind Flexibilität und Anpassungsbereitschaft gefragt. Unterschiedliche Sprachen, Kulturen und Rechtsnormen müssen berücksichtigt, Entfernungen möglichst kostengünstig überbrückt und in unterschiedlichen Währungen kalkuliert werden. Zusätzlich spielt der Einfluss der Nationalstaaten auf die Austauschbedingungen durch die politische Gestaltung der Rahmenbedingungen, etwa in Form protektionistischer Abschottungsmaßnahmen, eine wichtige Rolle. ◘ Abb. 1.1 fasst die Formen sowie die allgemeinen Vorteile und Risiken von Handelsbeziehungen zusammen.

Arbeitsteilung und Handel	• intrafamiliär • intralokal • intraregional • intranational • intraglobal
Handelsvorteile	• zunehmende Produktions- und Konsummöglichkeiten • Kostensenkungen und steigende Produktivität • zunehmende Fähigkeiten und Spezialisierungen • Zunehmende Gewinnmöglichkeiten und Wohlstand • Binnenhandel wird durch Außenhandel an den Weltmarkt angekoppelt und erweitert damit die wirtschaftlichen Möglichkeiten der Tauschpartner
Handelsrisiken	• Verständigung (Sprachen, Kulturen, Traditionen) • Entfernung (Transport, Kosten, Zeit) • Produktions-und Lieferbedingungen (Löhne, Qualität, Normen) • Zahlungs-und Tauschbedingungen (Währung, Zölle, Handelshemmnisse, Vertrauen) • Staatliche Einflüsse (Recht, Interventionen, Zölle, Subventionen) • Abhängigkeiten von anderen Staaten

◘ **Abb. 1.1** Allgemeine Handelsvorteile und Handelsrisiken

1.1 Historische Anmerkungen

Handel zwischen verschiedenen Völkern und Kulturen fand bereits in der Antike statt. Ob es sich hierbei um Handelsbeziehungen im Mittelmeerraum zwischen Griechen und Phöniziern, zwischen Europa und Ostasien über die (später so bezeichnete) *Seidenstraße* (vgl. ◘ Abb. 1.2) oder zwischen Arabien und Indien und später mit den Bewohnern der malaiischen Inselwelt über *die Seidenstraße des Meeres* handelte, immer wurden durch den Tausch von Waren mit anderen Ländern die Grenzen der eigenen Ökonomien überwunden. Charakteristisch für diese Handelsbeziehungen war, dass sie, bezogen auf die Region, die Handelsgegenstände und die Handelspartner, aufgrund der begrenzten Transportkapazitäten und der Transportrisiken selektiv sein mussten und überwiegend die freiwillige Bereitschaft der Handelspartner am Handel teilzunehmen voraussetzten.

In der Kolonialphase, also der Periode zwischen dem Ende des 15. und der Mitte des 20. Jahrhunderts, wurden die Handelsbeziehungen, vielfach unter Zwang, wesentlich erweitert. Durch die Kolonisierung Lateinamerikas und Afrikas und die zum Teil gewaltsame Öffnung der asiatischen Märkte, vorwiegend durch die Kolonialstaaten England, die Niederlande, Spanien und Portugal, wurden die Kolonien zu Handelsbeziehungen gezwungen. Beispiele hierfür sind der China von England aufgezwungene Handel mit Opium oder der Sklavenhandel zwischen Afrika und Amerika. Die häufig eher ein-

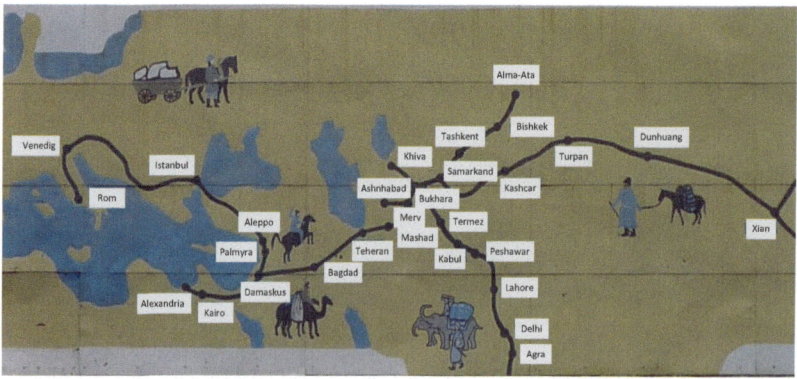

◘ Abb. 1.2 **Die Seidenstraße.** Die Abbildung zeigt ein Plakat, mit dem in Usbekistan (Zentralasien), hier in Khiva, auf die Bedeutung der Städte an der historischen Seidenstraße aufmerksam gemacht wird. (Foto: E. Koch)

seitigen Handelsbeziehungen wurden intensiviert, wobei die billige Versorgung Europas mit Rohstoffen, meist im Tausch gegen billige Fertigwaren, im Zentrum des Handels stand.

Mit dem Ende des Zweiten Weltkriegs und der zügigen Dekolonisierung begann eine Phase eines grundsätzlich freien, aber durch unterschiedliche wirtschaftliche und politische Interessen in weiten Bereichen protektionistisch eingeschränkten Welthandels. Obwohl Rohstoffe nach wie vor eine wichtige Rolle spielten, nahm die Bedeutung der Fertigwaren im Welthandel rasch zu und damit auch die weltwirtschaftliche Bedeutung der Fertigwarenproduzenten in den Industrie- und später auch den Schwellenländern.

1.2 Entwicklung des Welthandels mit Sachgütern

Nach einer Phase der Desintegration in der ersten Hälfte des 20. Jahrhunderts stieg der Welthandel nach dem Zweiten Weltkrieg stark an. Im Schnitt war die jährliche Wachstumsrate des Welthandelsvolumens pro Jahr fast doppelt so hoch wie die des realen Weltsozialprodukts (*World Gross Domestic Product, World GDP*), der Gesamtmenge aller auf der Welt erzeugten Güter und Dienstleistungen, ausgedrückt in US$. So wurden 2022 weltweit Güter und Dienstleistungen im Wert von (umgerechnet) etwa 101 Bio US$ hergestellt,[1] während sich der gesamte internationale Handel mit Sachgütern und Dienstleistungen auf insgesamt 32 Bio US$ belief, auf den Sachgüterhandel entfielen dabei 25 Bio US$. Damit wurden 2022 bereits fast ein Drittel der weltweit erzeugten Güter und Dienstleistungen grenzüberschreitend gehandelt (vgl. ◘ Abb. 1.3). Umgekehrt bedeutet dies allerdings auch, dass etwa zwei Drittel der weltweit erzeugten Güter und Dienstleistungen nur national gehandelt werden.

Verständlicherweise beinhalten die internationalen Handelsstatistiken nur den legalen Handel. *Illegaler Warenverkehr* mit geschmuggelten Gütern, Drogen- oder Waffenhandel, Autoschieberei u. ä. wird nicht erfasst. Allerdings ist das Volumen des illegalen Handelsverkehrs beträchtlich. Schätzungen zum Umsatz der internationalen organisierten Kriminalität bewegen sich auf bis zu 2 Bio US$ pro Jahr (vgl. hierzu auch ▶ Abschn. 5.2.5). Kriminelle Netzwerke (Syndikate) betätigen sich dabei vor allem in den Bereichen, in denen besonders hohe Gewinnspannen zu erwarten sind, wie

---

1 Zum Vergleich: Das Bruttoinlandsprodukt (BIP) Deutschlands, der drittgrößten Volkswirtschaft der Welt, betrug 2023 rund 4,2 Bio €.

6 Kapitel 1 · Die Entwicklung des Welthandels

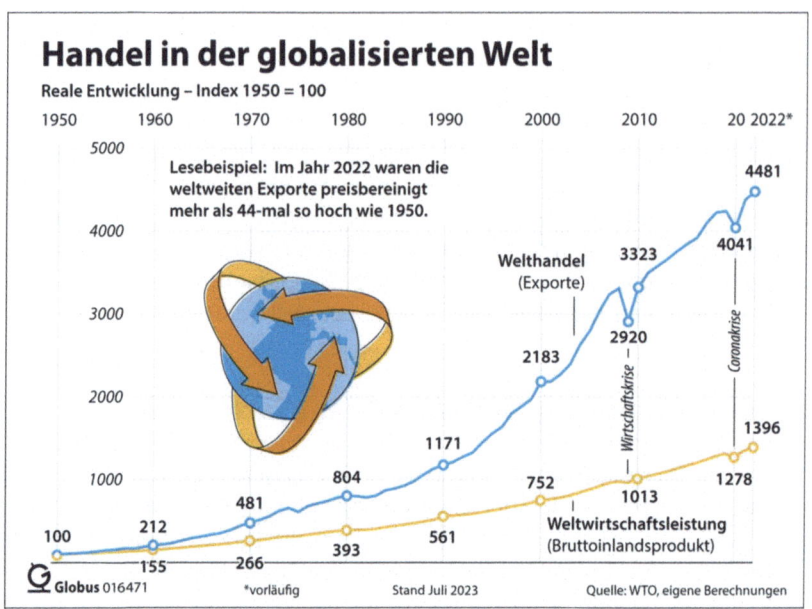

◘ **Abb. 1.3 Weltproduktion und Welthandel.** (Quelle: Globus, WTO 2023)

Menschenhandel, Drogenhandel sowie dem Handel mit gestohlenen Fahrzeugen, gefälschten Pharmaprodukten, nicht verzollten Tabakprodukten oder mit illegal gefällten Tropenhölzern.

Erfassungs- und Abgrenzungsprobleme bestehen auch generell bei der Erfassung der Produktion bzw. Bereitstellung der Sachgüter und Dienstleistungen selbst. Grundsätzlich können Statistiken, die das nationale BIP oder das Welt GDP messen, nur die Daten widerspiegeln, die auch formal von den nationalen statistischen Systemen erfasst werden. Damit bleiben die durch den *informellen Sektor* erbrachten Leistungen oder solche Leistungen, die nicht über den Markt abgewickelt werden, unberücksichtigt oder werden allenfalls geschätzt. Dies gilt etwa für Nachbarschaftshilfe, *Schwarzarbeit* oder Eigenleistungen in westlichen Ländern genauso wie für die (informellen) Leistungen von Kleinproduzenten, Kleinhändlern oder von vorwiegend für den Eigenbedarf produzierenden Kleinbauern in Entwicklungsländern (*Subsistenzwirtschaft*). Es ist daher davon auszugehen, dass der tatsächliche grenzüberschreitende Handel erheblich größer ist als der in den nationalen Außenhandelsstatistiken ausgewiesene.

Die Entwicklung des Welthandels ist abhängig von der *Weltwirtschaftsentwicklung*. Insbesondere Weltwirtschaftskrisen wirken sich gleich in mehrfacher Hinsicht negativ auf die Welthandelsbeziehungen aus: Nachlassende Wirtschaftskraft führt zu einem Rückgang der Importe, etwa von Rohstoffen oder Produktionsgütern, sodass die Exporteinnahmen anderer Länder sinken und infolge Devisenmangels auch deren Importfähigkeit zurückgeht. Zudem werden zur Sicherung der einheimischen Beschäftigung von vielen Regierungen Schutzmaßnahmen ergriffen, die die Importe weiter reduzieren. Umgekehrt begünstigen Konjunkturaufschwung und Wirtschaftswachstum die Nachfrage nach ausländischen Produkten. So ging der Welthandel im Verlauf der weltweiten Wirtschaftskrisen Anfang der 1980er (Ölpreiskrise), der 1990er (Asienkrise) und der 2000er (Dotcom-Krise) Jahre, vor allem aber in den Jahren 2007 bis 2011 (globale Finanz- und Wirtschaftskrise sowie die sich anschließende Eurokrise) und zu Beginn der Corona-Pandemie 2020 bis 2021 erheblich zurück, stieg aber in den Folgejahren schnell wieder an.

1.3 Regionale Anteile am Welthandel

Die Industrieländer Europas und Nordamerikas sowie China dominieren den Welthandel. Trotz der nach wie vor hohen Bedeutung der Energierohstoffe (Öl, Gas, Kohle, Uran) sind die Länder des Nahen Ostens nur unterproportional am Welthandel beteiligt. Auch die 55 Länder Afrikas, die vorwiegend Rohstoffe exportieren, spielen mit insgesamt knapp 3 % des gesamten Welthandels nur eine geringe Rolle im Welthandel. Im Gegensatz dazu konnten die Schwellenländer Ost- und Südostasiens ihre Position laufend verbessern. Alle verdanken ihren Aufstieg in die Liga der Top-Welthandelsländer ihrer Strategie, sich zunächst auf die Produktion von zunächst einfachen und dann zunehmend komplexeren Fertigwaren und technologieintensiven Gütern zu konzentrieren. ◘ Abb. 1.4 gibt einen Überblick über die Bedeutung einzelner Länder und Regionen im Welthandel, wie etwa den steilen Anstieg der asiatischen Schwellen- und Industrieländer (*Six Asian Traders*) insbesondere seit den 1980er-Jahren, dem Beginn der Globalisierung, auf inzwischen knapp 10 %, den relativen Bedeutungsverlust Nordamerikas von 17 % auf 13 % und vor allem den immensen Bedeutungszuwachs Chinas im gleichen Zeitraum.

Die dominierende Position der **Industrieländer** hat vor allem folgende Ursachen: Diese Länder besitzen diversifizierte Produktionsstrukturen, die sie in die Lage versetzen, die Möglichkeiten der internationalen Arbeitstei-

	1948	1953	1963	1973	1983	1993	2003	2022
				Value				
World	59	84	157	579	1838	3688	7382	24312
				Share				
World	100.0	100.0	100.0	100.0	100.0	100.0	100.0	100.0
North America	28.1	24.8	19.9	17.3	16.8	17.9	15.8	13.3
United States of America	21.6	14.6	14.3	12.2	11.2	12.6	9.8	8.5
Canada	5.5	5.2	4.3	4.6	4.2	3.9	3.7	2.5
Mexico	0.9	0.7	0.6	0.4	1.4	1.4	2.2	2.4
South and Central America and the Caribbean	11.3	9.7	6.4	4.3	4.5	3.0	3.1	3.4
Brazil	2.0	1.8	0.9	1.1	1.2	1.0	1.0	1.4
Chile	0.6	0.5	0.3	0.2	0.2	0.2	0.3	0.4
Europe	35.1	39.4	47.8	50.9	43.5	45.3	46.2	35.8
Germany (1)	1.4	5.3	9.3	11.7	9.2	10.3	10.2	6.8
Netherlands	2.0	3.0	3.6	4.7	3.5	3.8	4.0	4.0
France	3.4	4.8	5.2	6.3	5.2	6.0	5.3	2.5
United Kingdom	11.3	9.0	7.8	5.1	5.0	4.9	4.2	2.2
Commonwealth of Independent States (CIS), including certain associate and former member States (2)	-	-	-	-	-	1.7	2.3	3.0
Africa	7.3	6.5	5.7	4.8	4.5	2.5	2.4	2.7
South Africa (3)	2.0	1.6	1.5	1.0	1.0	0.7	0.5	0.5
Middle East	2.0	2.7	3.2	4.1	6.7	3.5	4.1	6.7
Asia	14.0	13.4	12.5	14.9	19.1	26.0	26.1	35.1
China	0.9	1.2	1.3	1.0	1.2	2.5	5.9	14.8
Japan	0.4	1.5	3.5	6.4	8.0	9.8	6.4	3.1
India	2.2	1.3	1.0	0.5	0.5	0.6	0.8	1.9
Australia and New Zealand	3.7	3.2	2.4	2.1	1.4	1.4	1.2	1.9
Six East Asian traders	3.4	3.0	2.5	3.6	5.8	9.6	9.6	9.6
Memorandum item:								
EU (4)	-	-	24.5	37.0	31.3	37.3	38.6	29.4
USSR, Former	2.2	3.5	4.6	3.7	5.0	-	-	-
GATT/WTO Members (5)	63.4	69.6	75.0	84.1	77.0	89.0	96.3	98.1

Note: Between 1973 and 1983 and between 1993 and 2003 export shares were significantly influenced by oil price developments.
(1) Figures refer to the Fed. Rep. of Germany from 1948 through 1983.
(2) Figures are significantly affected by including the mutual trade flows of the Baltic States and the CIS between 1993 and 2003.
(3) Beginning with 1998, figures refer to South Africa only and no longer to the Southern African Customs Union.
(4) Figures refer to the EEC(6) in 1963, EC(9) in 1973, EU(12) in 1993, EU(25) in 2003, and the European Union, excluding the United Kingdom, in 2022.
(5) Membership as of the year stated.

Abb. 1.4 Entwicklung der regionalen Anteile an den Weltexporten. (Sachgüter, Prozentanteile, verschiedene Jahre). (Quelle: WTO 2023, Table A4)

lung überproportional zu nutzen. Der überwiegende Teil ihres Handelsvolumens besteht aus Fertigwaren, deren Exportpreise i. d. R. schneller steigen und weniger schwanken als die Rohstoffpreise, sodass der Gesamtwert ihres Handelsvolumens ebenfalls überproportional zunimmt. Da das Importvolumen abhängig ist vom Wohlstand und Produktionsvermögen eines Landes, steigt der Grad der weltwirtschaftlichen Verflechtung der Industrieländer relativ an. Schließlich wirken sich Regionalintegrationen, wie das Beispiel EU zeigt, handelsfördernd aus (vgl. ▶ Kap. 3). Dominiert wird der Welthandel von wenigen großen Außenhandelsnationen. Die drei größten Handelsnationen (China, USA, Deutschland) bestreiten gemeinsam allein fast 30 % des gesamten Welthandels und auf die exportstärksten 10 Länder entfallen über 50 % der weltweiten Sachgüterex- und -importe (vgl. ◘ Abb. 1.5).

1.3 · Regionale Anteile am Welthandel

Rank	Exporters	Value	Share	Rank	Importers	Value	Share
1	China	3594	14.4	1	United States of America	3376	13.2
2	United States of America	2065	8.3	2	China	2716	10.6
3	Germany	1655	6.6	3	Germany	1571	6.1
4	Netherlands	966	3.9	4	Netherlands	899	3.5
5	Japan	747	3.0	5	Japan	897	3.5
6	Korea, Republic of	684	2.7	6	United Kingdom	824	3.2
7	Italy	657	2.6	7	France	818	3.2
8	Belgium	633	2.5	8	Korea, Republic of	731	2.9
9	France	618	2.5	9	India	723	2.8
10	Hong Kong, China	610	2.4	10	Italy	689	2.7
	Domestic exports	18	0.1				
	Re-exports	592	2.4				

◘ **Abb. 1.5 Die größten Sachgüterexporteure und -importeure 2022** (Mrd. US$ und %). (Quelle: WTO, World Trade Statistical Review 2023, Table A4)

Der Anteil der **Entwicklungsländer** an den weltweiten Exporten stieg in den 1970er-Jahren aufgrund des zweimaligen Anstiegs des Rohölpreises (1973/1974 und 1979/1980) zunächst bis auf knapp 30 % (1980), fiel dann wieder zurück, um in den Jahren ab 2000 auf über 30 % (ohne China) anzusteigen. Hiervon entfiel allerdings der größte Teil der Exporte auch nur auf sehr wenige Länder: In den 1970er-Jahren kam die Exportausweitung praktisch ausschließlich den *Ölexportländern* zugute. Seit Mitte der 1980er-Jahre ist dagegen der Bedeutungszuwachs der Entwicklungsländer im Welthandel praktisch ausschließlich der kleinen Gruppe ost- und süd-ostasiatischer Schwellenländer und seit Ende der 1990er-Jahre vor allem China, zuzurechnen (s.a. ▶ Kap. 9).

Der Anteil des Handels zwischen den Industrieländern, der *Nord-Nord-Handel*, liegt bei etwa 50 % des gesamten Welthandels, während der *Süd-Süd-Handel* mit geschätzt gut 5 % nur einen sehr geringen Teil des Welthandels ausmacht (vgl. ◘ Abb. 1.6). Ursachen hierfür sind u. a. ähnliche Produktionsstrukturen in vielen Entwicklungsländern, Monokulturen und die Konzentration auf Rohstoffe, die wiederum in Industrieländern nachgefragt werden. Bedürfnisse der Nachbarländer in Afrika oder Südasien werden hierdurch kaum befriedigt und die Möglichkeiten einer arbeitsteiligen grenzüberschreitenden Produktion noch zu wenig genutzt. Erfolgversprechende Ansätze gibt es jedoch in den sich immer mehr entwickelnden *Regionalintegrationen*, Zusammenschlüsse von Staaten nach dem Vorbild der Europäischen Union (vgl. ▶ Kap. 3). ◘ Abb. 1.6 zeigt zudem, dass über die Hälfte des internationalen Handels auf den Warenaustausch *innerhalb* Europas und *innerhalb* Asiens mit 5,5 bzw. 6,1 Bio US$ entfällt.

Kapitel 1 · Die Entwicklung des Welthandels

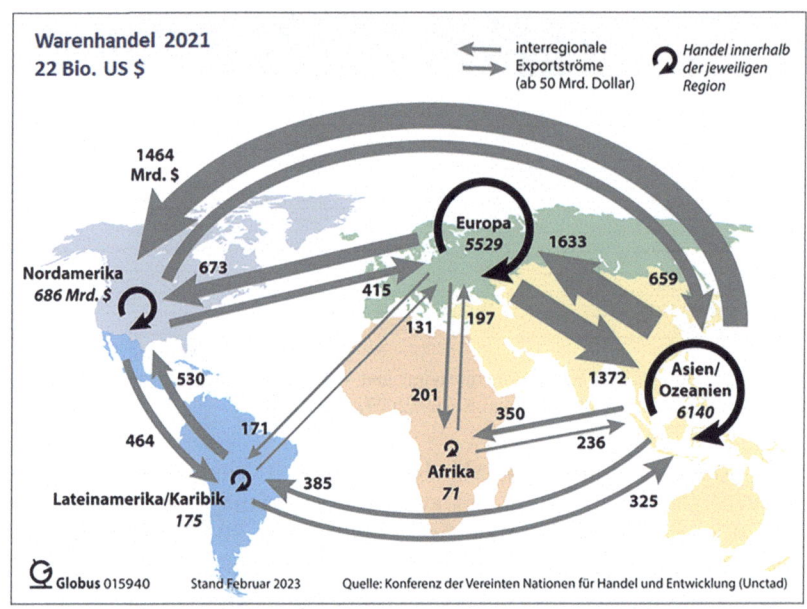

◘ Abb. 1.6 Globale Handelsströme. (Quelle: Globus, UNCTAD, WTO 2023)

Die internationalen Statistiken berücksichtigen den Handel zwischen selbstständigen Staaten. Zerfallen Staaten in mehrere Einzelstaaten, wie dies beispielsweise im Fall der früheren Sowjetunion oder Jugoslawiens geschehen ist, oder bei der Abspaltung des Süd-Sudan, zählt der Handel zwischen diesen „neuen" Staaten zum Welthandel. Schließen sich Staaten zu einem gemeinsamen Markt (Binnenmarkt) zusammen, so wird derzeit unterschiedlich verfahren. Die Vereinigten Staaten von Amerika, die USA, sind natürlich *ein* Land, der US-Binnenhandel ist daher nicht Teil des Welthandels, dies gilt auch für den Handel zwischen den deutschen Bundesländern. Formal ist auch der Handel zwischen den Mitgliedsländern des europäischen *Binnenmarkts*, also beispielsweise der Handel zwischen Deutschland und Frankreich, seit 1993 *EU-Binnenhandel*. Dieser hat derzeit ein Volumen von knapp 4 Bio US$, dies sind etwa 20 % des gesamten Welthandels – einschließlich des EU-Binnenhandels. Tatsächlich werden international jedoch zwei unterschiedliche Statistiken geführt: Eine, die derzeit allerdings weniger gebräuchlich ist, die den EU-Binnenhandel aus dem Welthandel ausklammert und eine, die den Handel zwischen den EU-Staaten als Teil des Welthandels sieht.

Legt man die Statistik, die den EU-Binnenhandel *nicht* als Teil des Welthandels betrachtet, zugrunde, bestreiten auch wieder nur drei Akteure den größten Teil des Welthandels: 2022 entfielen auf China, die EU (als Exporteur in Nicht-EU-Staaten) und die USA über 40 % der gesamten Weltexporte. – In diesem Buch wird jedoch, wie auch in ◘ Abb. 1.6, der Handel zwischen den EU-Staaten grundsätzlich als Teil des Welthandels gesehen.

■ Re-Exporte

Die Exporte einiger Länder zeigen einen hohen Anteil von *Re-Exporten*. Hierbei handelt es sich um Waren, die zuvor importiert und dann unverändert, ohne Hinzufügen zusätzlicher nationaler Wertschöpfung, exportiert wurden. Die großen Anteile von Re-Exporten im Falle von Hongkong und Singapur (vgl. ◘ Abb. 1.5) sind vor allem auf Standortfaktoren, hier auf die großen leistungsfähigen Häfen beider Länder, zurückzuführen. Die nationale Leistung beschränkt sich bei dieser *Transitware* häufig auf Transportdienstleistungen. Die zusätzliche nationale Leistung kann aber auch völlig entfallen, wenn die exportierten Waren nur scheinbar die Grenzen des betreffenden Landes physisch überschreiten, wie dies lange Zeit bei Exporten von Taiwan nach China der Fall war, die aus politischen Gründen scheinbar über Hongkong getätigt werden mussten. Re-Exporte können, wie etwa im Fall von Hongkong, ein Vielfaches der Eigenexporte ausmachen. Typische Handelsnationen wie Deutschland können Güter auch re-exportieren, weil die Länder, aus denen die Importware stammt, nicht über die notwendigen Kontakte oder das Export-Knowhow für die Endabnehmerländer verfügen. Außerdem können durch Re-Exporte Exportverbote *(Embargos)*, die von anderen Ländern erlassen wurden, illegal umgangen werden (s.a. ▶ Abschn. 7.3).

1.4 Internationaler Dienstleistungshandel

Die traditionellen Statistiken und die darauf aufbauenden internationalen Vergleiche konzentrieren sich nach wie vor meist auf den Handel mit Sachgütern, den Warenhandel. Dies liegt vor allem daran, dass der Außenhandel mit Dienstleistungen, sog. „unsichtbare Güter", schwerer statistisch zu erfassen ist und die entsprechenden Daten in vielen Ländern auch nur unvollständig erhoben und aufgezeichnet werden.

Schließt ein inländisches Unternehmen mit einem ausländischen Versicherungsunternehmen eine Versicherung ab, kann der Vertragsschluss zustande kommen durch das Zuschicken bzw. die elektronische Übermittlung eines Vertragsformulars (und die entsprechende Rücksendung), durch den Besuch des Kunden am ausländischen Sitz des Unternehmens oder durch den Besuch eines Agenten bei dem inländischen Unternehmen. In allen Fällen wird von einem inländischen Unternehmen eine ausländische Dienstleistung, die Versicherung, in Anspruch genommen. Aus der Sicht des Inlands findet damit ein Dienstleistungsimport statt. Während Warenhandel dadurch definiert ist, dass ein physisch greifbares Produkt eine nationale Grenze überschreitet, findet der Austausch von Dienstleistungen also in unterschiedlichen Formen statt.

Grenzüberschreitende Dienstleistungsbeziehungen umfassen eine große Spannbreite von Transaktionen, die – vom Dienstleistungsexportland aus betrachtet – sowohl im eigenen Land für das Ausland bereitgestellt werden, aber auch im Ausland für die Dienstleistungsimporteure direkt angeboten und wahrgenommen werden können. Sie werden evtl. nur fallweise angeboten und auch in Anspruch genommen oder können über Repräsentanzen und Agenturen dauerhaft angeboten werden. Das bereits 1994 in Kraft getretene internationale Abkommen über Dienstleistungen, das *General Agreement on Trade in Services* (GATS), mit dem erstmals auf multilateraler Ebene Vereinbarungen über eine weltweite Liberalisierung des Dienstleistungshandels getroffen wurden, unterscheidet daher auch folgende **Arten des internationalen Dienstleistungshandels**:

— *Cross border supply*: Nur die Dienstleistung überschreitet die Grenze, Erbringer und Empfänger bleiben in ihren jeweiligen Ländern (z. B. Gütertransporte, Versicherungsleistungen, Online-Beratung eines ausländischen Klienten).

— *Consumption abroad*: Inländer nehmen Dienstleistungen im Ausland in Anspruch (z. B. Auslandstourismus: Inanspruchnahme von Hotel-, Verpflegungs- oder Transportleistungen oder die ärztliche Behandlung eines deutschen Patienten im Ausland).

— *Commercial presence* oder *presence of natural persons*: Die Dienstleistung wird entweder durch juristische Personen (Repräsentanzen oder Tochterfirmen) im Empfängerland oder durch natürliche Personen (Berater, Vermittler oder Agenten) erbracht (vgl. *Links*: GATS).

Für den internationalen Dienstleistungsaustausch sind vor allem *touristische* und *unternehmensbezogene Dienstleistungen* von Bedeutung, wie die folgenden Beispiele zeigen:

1.4 · Internationaler Dienstleistungshandel

> ▶ **Beispiele**
> **Internationaler Dienstleistungshandel:**
> — *Eng mit dem Warenhandel verknüpfte Dienstleistungen*
>   Nutzung ausländischer Versicherungsanbieter, die Inanspruchnahme von ausländischen Beratungs-, Montage-, Wartungs-, Reparatur- oder Serviceleistungen, wie Messebauern oder Werbeagenturen, oder die Nutzung der Transportmittel ausländischer Transporteure, wie Schiffe, Flugzeuge oder LKWs
> — *Den Warenhandel ersetzende Dienstleistungen*
>   Nutzung von ausländischen Leasing- oder Lizenzverträgen oder Patenten
> — *Unabhängig vom Warenhandel erbrachte Dienstleistungen*
>   Inanspruchnahme ausländischer Hotels, Airlines oder Reiseanbieter, Nutzung von ausländischen Banken, von Internet- bzw. Mobilfunkanbietern oder Immobilienmaklern
> — *Haushaltsbezogene Dienstleistungen*
>   Haus- und Wohnungsservice (Reparaturen, Catering, Putzen, Gartenbau), Personenservice (Friseur, Kosmetik, Schneider, Ernährungsberatung) ◀

2022 betrugen die internationalen **Dienstleistungsexporte** etwa 7 Bio US$, 2010 lag der Wert noch bei knapp 4 Bio US$. Die tatsächlichen Werte liegen jedoch vermutlich erheblich über diesen Zahlen, da – wie erwähnt – eine exakte Erfassung dieses immateriellen Leistungsaustausches schwieriger ist, als bei Gütern, die physisch eine Grenze passieren. So werden Dienstleistungen häufig im Inland abgegeben und dort von Ausländern in Anspruch genommen und damit nicht zwangsläufig als Dienstleistungsexport erfasst. Hinzu kommt, dass ein erheblicher Teil der Wertschöpfung des verarbeitenden Sektors, des sekundären Sektors, aus Dienstleistungen, wie Administration, Planung, Beratung, Konstruktion oder Marketing, besteht. Diese sind zwar Voraussetzung für den Warenhandel, werden aber meist nicht separat dem Dienstleistungshandel zugeordnet.

Die Industrieländer haben traditionell einen Anteil von über 80 % an den weltweiten Dienstleistungsexporten, wobei die 10 größten Handelsländer über die Hälfte des gesamten internationalen Dienstleistungshandels (Exporte und Importe) abwickeln (vgl. ◘ Abb. 1.7).

Der Umfang und die Wachstumsraten des internationalen Dienstleistungshandels entsprechen nicht der Bedeutung der Dienstleistungen in der Weltwirtschaft. So steigt der Anteil der Dienstleistungen *(tertiärer Sektor)* am Weltsozialprodukt laufend an und liegt bei den großen Industrieländern meist deutlich über 70 %. Das bedeutet, dass Dienstleistungen einen

Rank	Exporters	Value	Share	Rank	Importers	Value	Share
1	United States of America	900	12.8	1	United States of America	671	10.3
2	United Kingdom	492	7.0	2	China	461	7.1
3	China	422	6.0	3	Germany	458	7.0
4	Germany	406	5.8	4	Ireland	373	5.7
5	Ireland	355	5.0	5	United Kingdom	313	4.8
6	France	336	4.8	6	France	286	4.4
7	India	309	4.4	7	Netherlands	264	4.1
8	Singapore	291	4.1	8	Singapore	258	4.0
9	Netherlands	270	3.8	9	India	249	3.8
10	Spain	167	2.4	10	Japan	207	3.2

◘ **Abb. 1.7 Die größten Dienstleistungssex- und -importeure 2022** (Mrd US$ und Prozentanteile). (Quelle: WTO 2023, Table A8)

überproportionalen Anteil am jeweiligen BIP haben. Hiervon wird ein wachsender Anteil infolge liberalisierter Handelsbedingungen und grenzüberschreitender Investitionstätigkeit auch international ausgetauscht, wie die Beispiele des Finanz- und Versicherungssektors, der Telekommunikationsleistungen oder des Transportbereichs zeigen. Die steigende Mobilität äußert sich in einer wachsenden grenzüberschreitenden Inanspruchnahme von jeweils ausländischen Transportmitteln, Übernachtungs- und Bewirtungsleistungen. So stiegen beispielsweise die internationalen Ankünfte von Touristen nach Angaben der *Weltorganisation für Tourismus (UNWTO)* im Zeitraum 2010 bis 2019 um 50 % von knapp 1,0 auf 1,5 Mrd Personen (vgl. *Links*: Tourismus).

1.5 Zahlungsbilanz und Leistungsbilanz

Internationaler Handel umfasst also den Handel mit Sachgütern und mit Dienstleistungen. Zusammen mit weiteren ökonomischen Aktivitäten, wie grenzüberschreitenden Arbeitsleistungen und Finanztransfers und den entsprechenden Gegenleistungen wie Lohnzahlungen und Finanzerträgen sowie von sonstigen grenzüberschreitenden Übertragungen, werden diese in jedem Land (mehr oder weniger) systematisch erfasst. Sie werden in einzelnen Teilbilanzen aufgezeichnet und schließlich in der *Zahlungsbilanz (balance of payments)* zusammengefasst: Die Zahlungsbilanz erfasst also systematisch *sämtliche wirtschaftlichen Transaktionen zwischen Inländern und Ausländern in einer bestimmten Periode*. Sachgüterexporte und -importe werden in der **Handelsbilanz** und Dienstleistungsexporte und -importe in der **Dienstleistungsbilanz** erfasst. Beide sind Teilbilanzen der **Leistungsbilanz**

1.5 · Zahlungsbilanz und Leistungsbilanz

Zahlungs-bilanz	Leistungs-bilanz	(1) Handelsbilanz *Grenzüberschreitender Warenhandel*
		(2) Dienstleistungsbilanz *Grenzüberschreitender Handel mit Dienstleistungen*
		(3) Bilanz der Primäreinkommen *Grenzüberschreitende Einkommen aus Arbeit und Vermögensanlagen*
		(4) Bilanz der Sekundäreinkommen *Regelmäßige grenzüberschreitende unentgeltliche Leistungen*
	(5) Vermögensänderungsbilanz *(einmalige Übertragungen vom und an das Ausland)*	
	(6) Kapitalbilanz *(Forderungen und Verbindlichkeiten gegenüber dem Ausland)*	
	(7) Statistisch nicht aufgliederbare Transaktionen *(Restposten)*	

◘ **Abb. 1.8** Die Zahlungsbilanz

(*current account*), die Leistungsbilanz wiederum ist eine Teilbilanz der **Zahlungsbilanz**, vgl. ◘ Abb. 1.8.

Während die *Handelsbilanz* nicht weiter untergliedert wird, wird die *Dienstleistungsbilanz* nochmals nach Ausgaben und Einnahmen für internationalen Reiseverkehr, für grenzüberschreitende Transport-, Versicherungs-, Telekommunikations- und Finanzdienstleistungen untergliedert sowie für die Inanspruchnahme und Bereitstellung weiterer ausländischer Dienstleistungen gegen die Zahlung von Provisionen, Lizenz- oder Patentgebühren.

In der *Bilanz der Primäreinkommen* werden grenzüberschreitend gezahlte Arbeitsentgelte sowie grenzüberschreitend erwirtschaftete Kapitalerträge (aus Wertpapieranlagen oder Direktinvestitionen) zusammengefasst. In der *Bilanz der Sekundäreinkommen* werden regelmäßige Zahlungen vom Ausland an das Inland und vom Inland an das Ausland erfasst, denen keine *direkten* Gegenleistungen des anderen Landes gegenüberstehen, wie beispielsweise Beiträge an internationale Organisationen oder *regelmäßige* nicht rückzahlbare Leistungen an Entwicklungsländer. Sie wird daher auch häufig als „Schenkungsbilanz" bezeichnet.

Je nach Betrachtungszeitraum, i. d. R. ein Monat oder ein Jahr, ergeben sich für das betreffende Land in den Teilbilanzen Überschüsse oder Defizite, also beispielsweise Handelsbilanzüberschüsse oder Defizite in der Dienstleistungsbilanz. Ist die gesamte *Leistungsbilanz* defizitär, so kann es erforderlich sein, dass Devisenkredite im Ausland (durch Netto-Kapitalimporte) aufgenommen werden müssen, wenn kein Devisenabfluss erfolgen soll. *Defizite* in den Teilbilanzen der Leistungsbilanz sollten daher auf Dauer durch

Überschüsse in anderen Teilbilanzen ausgeglichen werden. Damit stellt die Leistungsbilanz verhältnismäßig aussagefähige vergleichende Informationen über die *außenwirtschaftliche Leistungsfähigkeit* einer Volkswirtschaft in verschiedenen Perioden bereit. Da Leistungsbilanzen von allen Ländern erstellt werden, können so auch außenwirtschaftliche Ergebnisse verglichen werden.

In der *Kapitalbilanz* werden Kapitalimporte und Kapitalexporte ausgewiesen. *Kapitalimporte* sind Transaktionen, die zu einer Zunahme der Verbindlichkeiten (oder einer Abnahme der Forderungen) gegenüber dem Ausland führen: Ein Kapitalimport liegt beispielsweise vor, wenn ein deutscher Importeur Waren auf Kredit erwirbt, ein Ausländer deutsche Anleihen kauft oder ein inländisches Unternehmen im Ausland erzielte Gewinne nach Deutschland transferiert. *Kapitalexporte* führen zu einer Zunahme von Forderungen (oder einer Abnahme von Verbindlichkeiten) gegenüber dem Ausland: Ein Kapitalexport liegt also beispielsweise dann vor, wenn ein inländischer Exporteur einem ausländischen Kunden einen Lieferantenkredit einräumt, wenn ein inländischer Bankkunde einen Betrag auf sein ausländisches Bankkonto überweist oder wenn ein ausländisches Unternehmen einen Kredit bei einer inländischen Bank erhält.

1.6 Lernkontrolle

Kurz und bündig

Nach einer Phase der Desintegration in der ersten Hälfte des 20. Jahrhunderts stieg der Welthandel nach dem Zweiten Weltkrieg stark an. Im Schnitt war die jährliche *Wachstumsrate des Welthandelsvolumens* pro Jahr fast doppelt so hoch wie die des realen Weltsozialprodukts (World GDP). So wurden 2022 weltweit Güter und Dienstleistungen im Wert von rund 100 Bio US$ hergestellt, während sich der gesamte internationale Handel (Sachgüter und Dienstleistungen) auf etwa 32 Bio US$ belief. Damit wurde fast ein Drittel der weltweit erzeugten Güter und Dienstleistungen grenzüberschreitend gehandelt. Während der verschiedenen *weltweiten Wirtschaftskrisen* seit Anfang der 1980er-Jahre brach der Welthandel zwar erheblich ein, stieg aber in den Folgejahren schnell wieder an. Die drei *größten Handelsnationen* (China, USA, Deutschland) bestreiten heute gemeinsam allein fast 30 % des gesamten Welthandels, während auf die exportstärksten 10 Länder über die Hälfte der weltweiten Sachgüterex- und -importe entfallen. Der Anteil aller Entwicklungsländer (ohne China) liegt bei etwa 30 %, wobei der größte Anteil auf eine kleine Gruppe ost- und südostasiatischer Schwellenländer entfällt.

1.6 · Lernkontrolle

Neben dem Handel mit *Sachgütern* werden auch *Dienstleistungen* international ausgetauscht, die allerdings als „unsichtbare Güter" schwerer statistisch zu erfassen sind. Wenn etwa ein inländisches Unternehmen eine Dienstleistung eines ausländischen Versicherungsunternehmens in Anspruch nimmt, findet aus Sicht des Inlands ein Dienstleistungsimport statt. Im Vergleich mit Sachgütern ist der *internationale Dienstleistungshandel* erheblich geringer, er liegt derzeit bei etwa 7 Bio US$. Für den internationalen Dienstleistungsaustausch sind insbesondere touristische und unternehmensbezogene Dienstleistungen von Bedeutung. Dies können Dienstleistungen sein, die im direkten Zusammenhang mit Handelsbeziehungen stehen, wie etwa Transporte und Versicherungen, oder Dienstleistungen von ausländischen Hotels, Fluggesellschaften oder Finanzinstituten, die im Ausland Bankdienstleistungen anbieten. Die Industrieländer haben traditionell einen Anteil von über 80 % an den Dienstleistungsexporten, wobei die 10 größten Handelsländer allein über die Hälfte des gesamten internationalen Dienstleistungshandels (Exporte und Importe) abwickeln.

In der *Zahlungsbilanz* werden systematisch sämtliche wirtschaftlichen Transaktionen zwischen Inländern und Ausländern in einer bestimmten Periode verzeichnet. Dabei werden Sachgüterexporte und -importe in der *Handelsbilanz* und Dienstleistungsexporte und -importe in der *Dienstleistungsbilanz* erfasst. Beide sind Teilbilanzen der *Leistungsbilanz*, die wiederum eine Teilbilanz der Zahlungsbilanz ist. Die Leistungsbilanz stellt verhältnismäßig aussagefähige vergleichende Informationen über die *außenwirtschaftliche Leistungsfähigkeit* einer Volkswirtschaft in verschiedenen Perioden bereit. Da Leistungsbilanzen von allen Ländern erstellt werden, können so auch außenwirtschaftliche Ergebnisse verglichen werden.

❓ Let's check

1. Welche *Vorteile* und *Risiken* hat Außenhandel im Vergleich zum Binnenhandel?
2. Beschreiben Sie die Entwicklung des Welthandels nach dem Zweiten Weltkrieg.
3. Welche Länder dominieren im Welthandel und warum?
4. Was versteht man unter Re-Exporten?
5. Welche Arten des internationalen Dienstleistungshandels lassen sich unterscheiden?
6. Wie entwickelt sich der internationale Dienstleistungshandel im Vergleich mit dem Sachgüterhandel? Begründen Sie die Entwicklungsunterschiede.
7. Grenzen Sie die *Begriffe* Handelsbilanz, Leistungsbilanz und Zahlungsbilanz gegeneinander ab.

❓ Vernetzende Aufgaben – recherchieren, analysieren, beurteilen
Erläutern und beurteilen Sie die Exportstrategie eines ost- oder südostasiatischen Schwellenlandes (z. B. Taiwan, Südkorea, Malaysia).

Literatur

Literatur[2]

Koch, E. (2022) Globalisierung: Wirtschaft und Politik. Chancen – Risiken – Antworten; 3. Aufl., Wiesbaden.

Koch, E. (2023) Internationale Wirtschaftsbeziehungen I. Internationaler Handel zwischen Freihandel und Protektionismus; 4. Aufl., Wiesbaden.

UNODC (2018) Annual Report 2018.

WTO (2023) World Trade Statistics Review 2022.

Links

GATS: https://trade.ec.europa.eu/access-to-markets/de/content/allgemeines-uebereinkommen-ueber-den-handel-mit-dienstleistungen-gats

Tourismus: https://de.statista.com/statistik/daten/studie/182283/umfrage/internationale-touristenankuenfte-nach-weltregionen/

World Bank Data: https://data.worldbank.org/indicator/NY.GDP.MKTP.CD

---

2 Letzter Zugriff auf die unter „Literatur" und „Links" genannten Internetquellen jeweils 12/2024.

Der deutsche Außenhandel

Inhaltsverzeichnis

2.1 „Made in Germany" – 20

2.2 Die Entwicklung des deutschen Außenhandels – 21

2.3 Die deutsche Leistungsbilanz – 23

2.4 Die Warenstruktur des Außenhandels – 26

2.5 Die Handelspartner – 27

2.6 Lernkontrolle – 29

Literatur – 31

© Der/die Autor(en), exklusiv lizenziert an Springer Fachmedien Wiesbaden GmbH, ein Teil von Springer Nature 2025
E. Koch, *Internationaler Handel und Handelspolitik*, Studienwissen kompakt,
https://doi.org/10.1007/978-3-658-47964-0_2

> **Lernagenda**
> **Folgende Fragen werden in Kap. 2 beantwortet:**
> - Welcher Zusammenhang besteht zwischen dem britischen *Merchandise Marks Act* und dem Markenzeichen *Made in Germany*?
> - Wie hat sich der *deutsche Außenhandel* entwickelt?
> - Ist Deutschland von Exporten *abhängig*?
> - Was versteht man unter *local content*?
> - Wie hat sich die *deutsche Leistungsbilanz* in den letzten 25 Jahren entwickelt?
> - Warum wird der hohe deutsche *Leistungsbilanzüberschuss* kritisiert?
> - Wie sieht die *Warenstruktur* des deutschen Außenhandels aus?
> - Wer sind die wichtigsten deutschen *Handelspartner*?

Deutschland ist eine der erfolgreichsten Exportnationen der Welt. Seit fast 50 Jahren liegt sie in der internationalen Rangliste der Exporteure auf einem der ersten Ränge. In den letzten Jahren belegte sie einen stabilen dritten Platz nach China und den USA. Der Weltmarktanteil der deutschen Exporte schwankte in den vergangenen Jahren meist zwischen 7 und 8 %.

2.1 „Made in Germany"

Ein wichtiges Instrument im internationalen Wettbewerb ist hierbei die Herkunftsbezeichnung *Made in Germany*. Diese britische Erfindung, die 1887 mit dem *Merchandise Marks Act* festlegte, dass alle ausländischen Produkte mit einer Herkunftsbezeichnung versehen sein müssten, war mit dem Ziel erlassen worden, die eigene Position als weltweit größte Handelsnation zu erhalten und ausländische Produkte gegenüber britischen *(buy british!)* zu diskriminieren. Ausgelöst wurde das neue Gesetz dadurch, dass sich die deutschen Konkurrenten zunehmend unlauterer Mittel bedienten. Diese stanzten beispielsweise die Ortsbezeichnung „Sheffield", ein anerkanntes Synonym für in Sheffield produzierte hochwertige britische Stahlwaren, auf deutsche Messer und Scheren. Die britischen Produzenten von Stahlerzeugnissen forderten daher von ihrer Regierung entsprechende Gegenmaßnahmen. Das Gesetz war also vor allem gegen die immer stärker werdenden deutschen Konkurrenten gerichtet, die mit ihren relativ niedrigen Preisen, allerdings auch bei schlechterer Qualität, den englischen Waren, die seinerzeit noch den Weltmarkt beherrschten, Konkurrenz machten.

Die deutschen Produzenten passten sich jedoch schnell an. Die Einführung der Herkunftsbezeichnung sorgte bei rasch ansteigendem Qualitätsniveau für einen zunehmenden Bekanntheitsgrad deutscher Produkte im Ausland, sodass sich die Herkunftsbezeichnung nicht zu dem gewünschten „Makelzeichen", sondern vielmehr zu einem *Markenzeichen* entwickelte. Viele ausländische Kunden, die ihre Waren bisher über englische Händler bezogen hatten, gingen nun dazu über, diese direkt in Deutschland zu bestellen und lernten somit auch zunehmend technische und preisliche Vorzüge anderer deutscher Waren kennen (vgl. *Links:* Made in Germany). Angesichts der nun in unerwünschter Weise zunehmenden deutschen Konkurrenz und der gleichzeitig tendenziell abnehmenden englischen Wettbewerbsfähigkeit bei technischen Gütern wurde der *Merchandise Marks Act* 1898 vorübergehend wieder aufgehoben, was allerdings ohne größere Wirkung blieb.

An diesem Beispiel wird deutlich, dass Länder dazu tendieren, meist initiiert von den betroffenen Industriezweigen, bei sinkender Wettbewerbsfähigkeit Instrumente einzusetzen, die dazu dienen sollen, die eigene Wirtschaft zu schützen, also *protektionistisch* wirken. Dies insbesondere dann, wenn die Konkurrenz mit unlauteren Mitteln oder auch mit eindeutigen Produkt- oder Servicevorteilen arbeitet. Allerdings sind die Instrumente häufig unscharf und können ihre Schutzwirkung meist nur anfangs entfalten. Vielfach werden sie unterlaufen oder auf „kreative" Weise umgangen, sodass das betreffende Land, das sich hinter der protektionistischen Schutzmauer (zu) sicher fühlt und i. d. R. zu geringe Anstrengungen zur Wiederherstellung der Wettbewerbsfähigkeit unternimmt. Vielfach verbessert sich so die Wettbewerbsposition nicht (vgl. ▶ Kap. 6). Hinzu kommt, dass die protektionistisch benachteiligten Länder ihrerseits Gegenreaktionen ergreifen und damit ihre Wettbewerbsposition verbessern können.

2.2 Die Entwicklung des deutschen Außenhandels

Die deutschen **Güterexporte** steigen mit wenigen Ausnahmen, die fast ausschließlich durch Weltwirtschaftskrisen verursacht wurden, mehr oder weniger kontinuierlich an. 2023 lagen die gesamten Exporte nach einem vorwiegend pandemiebedingten Einbruch bereits bei knapp 1,4 Bio €, nachdem sie 2011 zum ersten Mal die 1-Bio-€ Schwelle übersprungen hatten (vgl. ◘ Abb. 2.1).

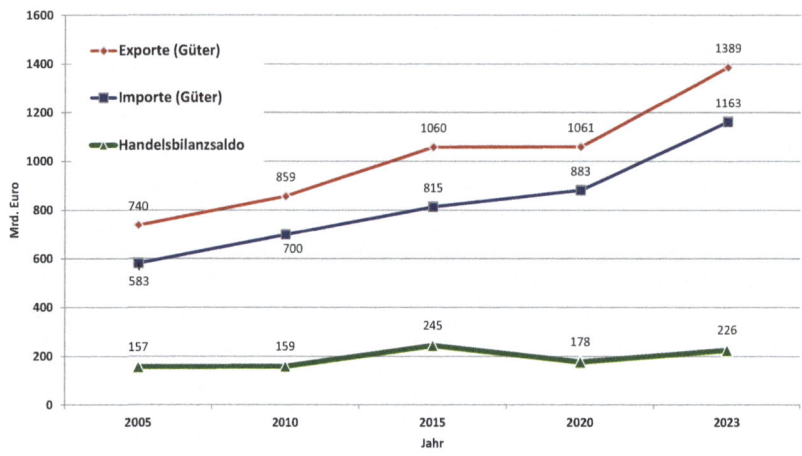

◘ **Abb. 2.1 Die Entwicklung der deutschen Exporte und Importe und des Handelsbilanzsaldos.** Salden in Mrd Euro; Daten jeweils in 5-Jahres-Abständen, keine kontinuierliche Darstellung. (Quellen: Deutsche Bundesbank: Zahlungsbilanzstatistik 12/2020; 01/2025)

Auch die *Exportquote* (Güterexporte bezogen auf das BIP) steigt laufend an. 2023 erreichte sie mit knapp 34 % (BIP: 4,1 Bio €) einen vorläufigen Höchststand. Die große Bedeutung der Exporte in Deutschland ist einerseits ein Beleg für die Leistungs- und *Wettbewerbsfähigkeit* der deutschen Wirtschaft, bedeutet aber andererseits auch eine sehr hohe *Abhängigkeit* vom Ausland, insbesondere von der politischen und wirtschaftlichen Entwicklung der Haupthandelsländer, wie etwa von China und den USA. Die Exportquote liegt einerseits weit über der anderer großer Industrienationen, wie etwa derjenigen der USA, Japans, Frankreichs oder Großbritanniens. Andererseits ist sie aber niedriger als die Exportquoten vieler kleinerer Industrie- und Handelsnationen, wie beispielsweise von Belgien, Irland oder den baltischen Staaten. Hier liegen die Warenexportquoten z. T. deutlich über 50 %, zum Teil über 60 %.[1]

Die hohe Exportabhängigkeit schlägt sich u. a. auch nieder in der großen Anzahl der vom *Export abhängigen Beschäftigten*. Etwa ein Viertel aller Arbeitnehmer in Deutschland ist direkt oder indirekt vom Export abhängig. Unter indirekter Tätigkeit für den Export versteht man dabei die Beschäftigung bei der Produktion von Gütern, die in späteren Exportprodukten ver-

---

1 s. *Links*: Exportquoten; vgl. zum Thema Abhängigkeit ▶ Kap. 5.

wendet werden. Im gesamten verarbeitenden Gewerbe betrug der Anteil fast 60 % und in einzelnen Wirtschaftssektoren, u. a. in den Bereichen Chemie, Metalle, Kraftfahrzeuge, Textilien und Maschinen, sind z. T. mehr als zwei Drittel aller Beschäftigten entweder direkt und indirekt für die Exportproduktion tätig.

Außenhandel ist keine Einbahnstraße. Mit einem Anstieg der Exporte geht i. d. R. auch ein Anstieg der **Güterimporte** einher. Hierbei handelt es sich um Güter, die im Inland verbraucht, bearbeitet oder verarbeitet werden, aber auch direkt wieder exportiert (Re-Exporte) werden. So werden viele Importgüter, etwa Rohstoffe oder Energieträger, aber auch Halbfertig- und Fertigwaren, wie Maschinenteilprodukte oder Halbleiter, für die Produktion von Exportgütern eingesetzt. Exportgüter weisen demnach einen unterschiedlichen nationalen Eigenanteil *(local content)* auf. Dieser kann zwischen 0 % (Re-Exporte) und 100 % (ausschließlich einheimische Bestandteile) liegen, wobei mit sinkendem *local content* die Importabhängigkeit steigt. Zusätzlich werden auch ausländische Dienstleistungen, etwa in Form von Lizenzen für die Produktion oder in Form von ausländischen Schiffen oder Flugzeugen für den Transport von Inlandsgütern, benötigt. Steigende Importanteile zeigen auch, dass die deutschen Unternehmen die *internationale Arbeitsteilung* effizient nutzen, auch durch die Auslagerung lohnkostenintensiver Prozesse.

Mit zunehmendem Wohlstand, zu dem auch die Exportfähigkeit beiträgt, wächst auch der Bedarf an ausländischen Konsumgütern, die entweder einen höheren Nutz- oder Prestigewert versprechen. Alle Faktoren zusammengenommen bewirken einen mehr oder weniger direkten Zusammenhang zwischen dem Wachstum von Exporten und Importen (vgl. ◻ Abb. 2.1). Auch das deutsche *Importvolumen* stieg daher mit wenigen Ausnahmen kontinuierlich an und lag 2023 bei über 1,1 Bio Euro, die (Güter-) *Importquote* stieg dabei 2023 auf 27 %.

2.3 Die deutsche Leistungsbilanz[2]

In der *Handelsbilanz* weist Deutschland seit den 1950er-Jahren konstante Überschüsse auf, die seit 2002 meist oberhalb von 100 Mrd. € p.a. liegen. In der *Dienstleistungsbilanz* werden dagegen seit den 1980er-Jahren Defizite verzeichnet. Das größte Defizit fällt im grenzüberschreitenden Reiseverkehr

---

2 vgl. hierzu ▶ Abschn. 1.5.

an: Da die Ausgaben der Deutschen für Auslandsreisen laufend steigen, wuchs auch das Defizit in diesem Bereich. Die anderen Posten der Dienstleistungsbilanz weisen meist Überschüsse auf, wie beispielsweise grenzüberschreitende Einnahmen für Versicherungs- und Finanzdienstleistungen, Patenteinnahmen sowie Telekommunikations- und IT-Dienstleistungen, sodass sich der Negativsaldo der Dienstleistungsbilanz zeitweise stark reduzierte. ◘ Abb. 2.2 zeigt die Entwicklung der deutschen *Leistungsbilanz*, 2023 betrug der Leistungsbilanzüberschuss 243 Mrd. €. Getragen von den hohen Überschüssen der *Handelsbilanz* (2023: 226 Mrd. €) erreichte der Leistungsbilanzüberschuss mit wenigen Ausnahmen in den letzten 20 Jahren häufig neue Rekordhöhen.

Allerdings sind längerfristige hohe Leistungsbilanzüberschüsse auch kritisch zu bewerten. So müssen Außenhandelspartner dann häufig Leistungsbilanzdefizite und damit unter Umständen auch Arbeitsplatzverluste hinnehmen. Die hohen Überschüsse der Leistungsbilanz ab der Jahrtausend-

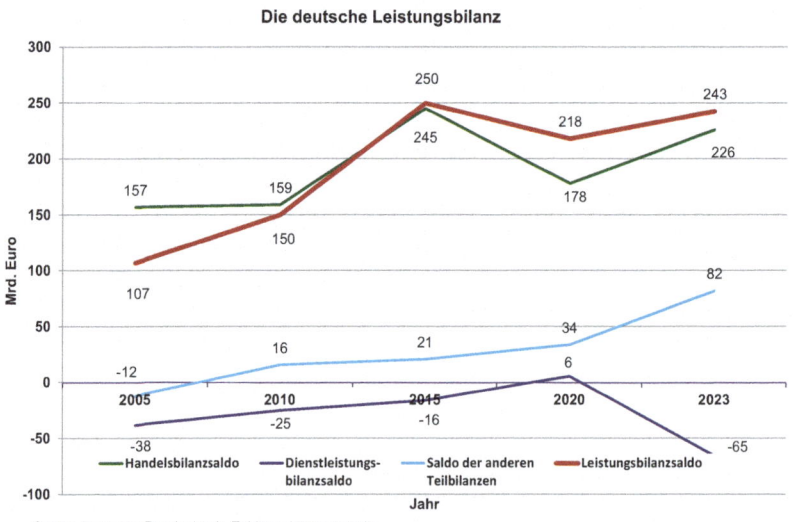

◘ **Abb. 2.2 Die Entwicklung der deutschen Leistungsbilanz.** Salden in Mrd Euro; Daten jeweils in 5-Jahres-Abständen, keine kontinuierliche Darstellung. (Quelle: Deutsche Bundesbank: Zahlungsbilanzstatistik, 12/2020; 01/2025)

2.3 · Die deutsche Leistungsbilanz

◻ **Abb. 2.3 Deutscher Leistungsbilanzsaldo in % vom BIP bzw. BNP.** (Quelle: Eigene Berechnungen)

wende – nach der Einführung des Euro – werden von verschiedenen Seiten, u. a. von Partnerländern der EU, den USA, internationalen Organisationen und der Wirtschaftswissenschaft, daher auch scharf kritisiert. Tatsächlich widersprechen die hohen Salden nicht nur den Zielsetzungen des deutschen *Stabilitätsgesetzes*, das ein *außenwirtschaftliches Gleichgewicht* postuliert, sondern auch Forderungen der Europäischen Union, die bereits 2011 ein Frühwarnsystem für makroökonomische Ungleichgewichte in den Mitgliedsländern eingeführt hat. Kritisch sind demnach u. a. Leistungsbilanzüberschüsse, die drei Jahre in Folge den Schwellenwert von im Mittel 6 % des BIP überschreiten. Dies trifft für Deutschland seit Mitte der 2000er-Jahre zu, vgl. ◻ Abb. 2.3. Daher wird von Deutschland auch gefordert die Binnennachfrage stärker zu fördern – beispielsweise durch eine Senkung der Mehrwertsteuer – und die staatlichen Investitionen in größerem Umfang zu erhöhen. Beide Maßnahmen sollen zu einer Erhöhung der Importe führen und so zu einer Senkung des Leistungsbilanzüberschusses beitragen.[3]

---

3   vgl. Weber/Wölfel 2014; Joebges 2014.

2.4 Die Warenstruktur des Außenhandels

Das deutsche **Exportwarensortiment** umfasst fast alle 200 Produktgruppen der Außenhandelsstatistik, der Schwerpunkt liegt dabei naturgemäß auf industriellen Fertigwaren. Bei den meisten bedeutenden Fertigwarengruppen gehört Deutschland zu den größten Exporteuren, wobei die Weltmarktposition bei Investitionsgütern, vor allem bei Maschinen, besonders stark ist. So ist Deutschland bei einer Vielzahl von Spezialmaschinen weltgrößter Exporteur. In den vergangenen 40 Jahren nahm Deutschland immer einen der ersten drei Plätze als weltgrößter Maschinenexporteur ein, die Exportquoten der einzelnen Maschinenbausektoren liegen zum Teil sogar über 90 %.

Insgesamt führt die Ausrichtung der deutschen Industrie auf den Weltmarkt dazu, dass heute 1/3 bis 2/3 der Produktion in den wichtigsten Industriesektoren exportiert wird. Rechnet man die *indirekten Exporte* hinzu, also diejenigen Produkte, die als Roh- oder Halbfertigprodukte in die Produktion von Exportgütern eingehen, so liegen die Anteile noch erheblich darüber. Allein vier industrielle Sektoren: Autos, Maschinen, chemische Erzeugnisse sowie Datenverarbeitungsgeräte, die *big four*, vereinigten in den letzten Jahrzehnten regelmäßig mehr als die Hälfte der gesamten deutschen Warenexporte auf sich (vgl. 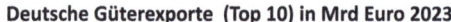 Abb. 2.4).

Ein wichtiger Grund für die starke Stellung der deutschen Fertigwaren im internationalen Handel ist u. a. die Tatsache, dass die Bedeutung des produzierenden Gewerbes in Deutschland traditionell größer als in den anderen

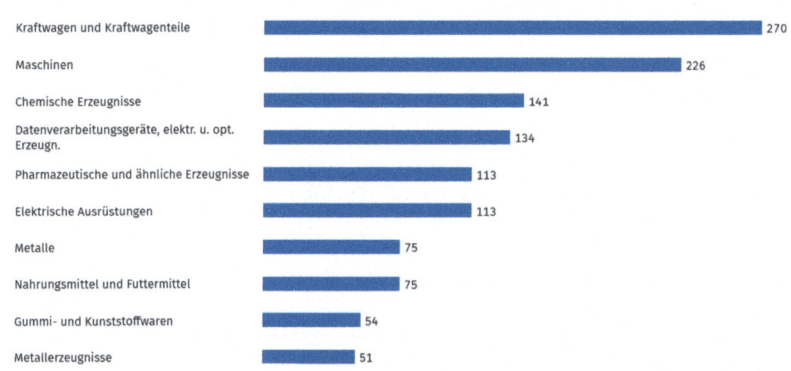

Abb. 2.4 Die deutsche Exportpalette. (Quelle: *Links*: Statistisches Bundesamt)

großen Volkswirtschaften der EU. 2022 erwirtschaftete die Industrie, der sekundäre Sektor, nach Weltbankangaben rund 27 % der Bruttowertschöpfung der deutschen Wirtschaft. Zum Vergleich: Spanien 21 %, Frankreich: 17 % und Großbritannien: 20 %. (vgl. *Links*: Statista).

In praktisch allen Warengruppen werden auch Importe getätigt, auch hier liegt der Schwerpunkt auf *Fertigwarenimporten*. 2023 betrug der Anteil der Investitionsgüter 29 %, der Vorleistungsgüter 31 % und der Konsumgüter nur 23 %. Im Vergleich mit den Vorjahren gab es hier nur unwesentliche Verschiebungen (vgl. *Links*: Bundesbank). Interessanterweise entspricht die Struktur der Importe auch der Struktur der Exporte. Es dominieren in etwa die gleichen Produktgruppen wie bei den Exporten: Kraftfahrzeuge, Datenverarbeitungsgeräte, elektrische Ausrüstungen und Maschinen. Diese vier Produktgruppen zusammen machen über ein Drittel aller Importe aus (vgl. *Links*: Gevestor). Energierohstoffe spielen für Deutschland nach wie vor eine wichtige Rolle, allerdings spiegelt sich die Bedeutung in dem verhältnismäßig geringen Anteil von Erdöl und Erdgas an den Gesamtimporten von 4 % (2023) nicht wider.

2.5 Die Handelspartner

Obwohl Deutschland ein rohstoffarmes Land ist, zeigen die Außenhandelsstrukturen, dass deutsche Unternehmen überwiegend mit Unternehmen aus Ländern Waren austauschen, die ähnliche Produktionsstrukturen aufweisen: Das differenzierte Produktions- und Leistungsprofil von hoch entwickelten Industrieländern passt besser zu Ländern mit ähnlichen Strukturen. Es dominiert daher der Austausch von *substitutiven* oder *komplementären* Waren und Dienstleistungen, die aufgrund bestimmter wirtschaftlicher Vorteile, etwa infolge von Spezialisierungen, günstiger in Ländern mit ähnlicher Wirtschaftsstruktur hergestellt werden (vgl. ▶ Kap. 4). So gingen 2023 54 % der deutschen Exporte in die anderen 26 EU-Mitgliedsländer. Einschließlich der beiden wichtigsten Handelspartner USA und China liegt der Anteil des Handels mit anderen Industrieländern somit bei rund 70 %. Die Vorteile relativ kurzer Transportwege innerhalb Europas, die geringe Bedeutung nationaler Grenzen für die Güterflüsse sowie – neben den wirtschaftlichen Gründen – politische und kulturelle Affinitäten und Konsumentenpräferenzen spielen für die Wahl der Handelspartner und die Art der ausgetauschten Güter eine wichtige Rolle.

Die USA bleiben der wichtigste Abnehmer deutscher Exportprodukte. Ihre Bedeutung nahm in den 2020er-Jahren noch weiter zu (2023: knapp 12 %) während die Bedeutung Chinas leicht auf 7 % zurückging. Die Gründe hierfür liegen u. a. in der relativen Schwäche des Euro gegenüber dem US$ und der Verbesserung der handelspolitischen Beziehungen zwischen Deutschland und den USA unter der Regierung *Joe Biden* einerseits und der wirtschaftlichen Probleme Chinas als Folge der restriktiven nationalen Politik während der Corona-Pandemie andererseits. Die sprunghafte und kaum nachvollziehbare Zollpolitik der USA zu Beginn der zweiten Präsidentschaft von *Donald Trump* in der ersten Jahreshälfte 2025 führte allerdings zu einer Verschlechterung der Handelsbeziehungen mit den USA, so dass sowohl Exporte und auch Importe zunächst deutlich abnehmen werden. ◘ Abb. 2.5 gibt eine Übersicht über die wichtigsten Export- und Importländer Deutschlands.

Bildet man den Saldo aus Ex- und Importen bei dem deutschen Außenhandel mit einzelnen anderen Ländern, so erkennt man erhebliche **Ungleichgewichte** im bilateralen Handel. Mit den weitaus meisten Handelspartnern werden Handelsbilanzüberschüsse erzielt. Die höchsten bilateralen Überschüsse – zwischen 10 und 50 Mrd. € erzielte Deutschland beim Außenhandel mit den westlichen Außenhandelspartnern: USA, Frankreich, Großbritannien, Österreich, der Schweiz und Italien. Nur mit wenigen Ländern, vor allem mit China, wurden nennenswerte Handelsbilanzdefizite erwirtschaftet.

Der Außenhandel spielt für Deutschland eine wichtige Rolle, evtl. sogar eine *zu* wichtige Rolle. Wettbewerbsfähige Unternehmen, eine differenzierte Produktionspalette mit einem Schwerpunkt auf Investitionsgütern, ein stabiler Euro sowie die erfolgreiche Nutzung der durch die Globalisierung ermöglichten Vorteile der internationalen Arbeitsteilung sind hierfür maßgeb-

Die 10 größten Kunden (Export) und die 10 größten Lieferanten (Import) 2023

Rang	Exporte		Importe	
	Bestimmungsland	1 000 Euro	Ursprungsland	1 000 Euro
001	Vereinigte Staaten	157 953 757	China	157 157 177
002	Frankreich	120 220 617	Niederlande	104 871 989
003	Niederlande	115 318 142	Vereinigte Staaten	94 685 202
004	China	97 328 405	Polen	81 749 946
005	Polen	91 955 707	Italien	72 167 176
006	Italien	87 169 439	Frankreich	69 755 349
007	Österreich	81 991 690	Tschechien	61 003 650
008	Vereinigtes Königreich	78 466 230	Österreich	54 588 417
009	Schweiz	66 585 234	Belgien	53 212 829
010	Belgien	62 306 736	Schweiz	51 815 894

◘ Abb. 2.5 Deutschlands wichtigste Handelspartner. (Quelle: Statistisches Bundesamt 2024, Juli)

liche Ursachen. Die internationale Wettbewerbsfähigkeit Deutschlands ist nach wie vor hoch, auch wenn sie zeitweise starken Schwankungen unterworfen ist. Dies gilt für alle wichtigen Branchen, wie den Automobilbau, die Pharmaindustrie, die Elektro- und Digitalindustrie oder den Chemiesektor. Allerdings gingen in den letzten Jahren in einigen Bereichen, wie dem Maschinen- und Anlagenbau, Marktanteile an konkurrierende Länder, vor allem an China und südostasiatische Staaten verloren. Auf der anderen Seite sind hohe Energiekosten und große einseitige Abhängigkeiten bei den Importen, vor allem bei Energieträgern und strategisch wichtigen mineralischen Rohstoffen, aber auch bei Halbleitern oder E-Fahrzeug-Batterien und Batterie-Systemkomponenten Zeichen dafür, dass den Folgen von geopolitischen Problemen oder Störungen der Lieferketten lange Zeit zu wenig Beachtung geschenkt wurde. Langfristige strategische Überlegungen, einschließlich wichtiger sicherheitspolitischer Aspekte, wurden zugunsten eines *business-as-usual* und kurzfristiger Gewinnüberlegungen, vernachlässigt.

2.6 Lernkontrolle

Kurz und bündig

Deutschland ist eine der erfolgreichsten Exportnationen der Welt. In den letzten Jahren belegte sie einen stabilen dritten Platz nach China und den USA. Der Weltmarktanteil der deutschen Exporte schwankte in den vergangenen Jahren meist um 8 %. Ein wichtiges Instrument im internationalen Wettbewerb ist hierbei die Herkunftsbezeichnung *Made in Germany*, häufig ein Markenzeichen deutscher Produkte. Die deutschen Güterexporte steigen mit wenigen Ausnahmen mehr oder weniger kontinuierlich an. 2023 lagen die gesamten Exporte bereits bei knapp 1,4 Bio €, die *Exportquote* (Exporte bezogen auf das BIP) lag bei knapp 34 %. Die große Bedeutung der Exporte ist einerseits ein Beleg für die Leistungs- und *Wettbewerbsfähigkeit* der deutschen Wirtschaft, bedeutet aber andererseits auch eine hohe *Abhängigkeit* vom Ausland, insbesondere von der politischen und wirtschaftlichen Entwicklung der Haupthandelsländer, vor allem von China. Auch das deutsche Importvolumen stieg mit wenigen Ausnahmen kontinuierlich an und lag 2023 bei 1,1 Bio €, die (Güter-)*Importquote* stieg 2023 auf 27 %. Da die Exporte die Importe jedoch regelmäßig übersteigen, weist Deutschland meist hohe Handelsbilanzüberschüsse und in der Folge auch große Überschüsse der Leistungsbilanz auf. Dieses makroökonomische Ungleichgewicht hat Ungleichgewichte in anderen Ländern zur Folge und wird daher auch von verschiedenen Handelspartnern und internationalen Organisationen kritisiert.

Das deutsche Exportwarensortiment umfasst fast alle 200 Produktgruppen der Außenhandelsstatistik, wobei der Schwerpunkt naturgemäß auf industriellen Fertigwaren liegt. In fast allen dieser Warengruppen werden auch Importe getätigt, auch hier liegt der Schwerpunkt auf Fertigwarenimporten: Es dominieren Investitionsgüter, nur ein Viertel der Importe sind Konsumgüter und auf Erdöl und Erdgas entfallen nur 4 % der Gesamtimporte. Die Außenhandelsbeziehungen finden vorwiegend mit Ländern statt, die ähnliche Produktionsstrukturen aufweisen: 54 % der deutschen Exporte gingen in die anderen 26 EU-Mitgliedsländer, weitere 16 % in die USA und China. Mit den meisten Handelspartnern werden Handelsbilanzüberschüsse erzielt, nur mit wenigen Ländern, vor allem mit China, gab es Handelsbilanzdefizite.

Die Daten zeigen nach wie vor eine hohe Leistungs- und Wettbewerbsfähigkeit der deutschen Wirtschaft, andererseits ist die extrem hohe Abhängigkeit vom Ausland ein zunehmendes Problem. Geopolitischen Problemen und Störungen der Lieferketten muss zunehmend Beachtung geschenkt werden: Strategische Überlegungen müssen sicherheitspolitische Aspekte stärker berücksichtigen, ein *business-as-usual* Verhalten ist nicht länger möglich.

❓ Let's check

1. Warum wurde der *Merchandise Marks Act* erlassen und was bewirkte er?
2. Diskutieren Sie die Vor- und Nachteile einer *hohen Exportquote*.
3. Welche Implikationen hat der *local content* von Exportgütern?
4. Skizzieren und diskutieren Sie die Entwicklung der *deutschen Leistungsbilanz*.
5. Was fällt bei einem Vergleich des deutschen *Export- und Importwarensortiments* auf? Welche Gründe gibt es hierfür?
6. Welches sind die wichtigsten deutschen *Außenhandelspartner* und aus welchen Gründen?

❓ Vernetzende Aufgaben – recherchieren, analysieren, beurteilen

Deutschlands Wirtschaftsmodell, das auf hohen Handelsbilanzüberschüssen und internationaler Wettbewerbsfähigkeit beruht, scheint derzeit erheblich unter Druck zu geraten. Woran könnte dies liegen und welche Möglichkeiten sehen Sie diese Situation wieder zu verbessern?

Literatur

Literatur[4]

Deutsche Bundesbank, Zahlungsbilanzstatistik, Monatsberichte; Zahlungsbilanz nach Regionen: jeweils verschiedene Ausgaben

Joebges, H. (2014) Zur Problematik der deutschen Leistungsbilanzüberschüsse; in: Wiso direkt, Analysen und Konzepte zur Wirtschafts- und Sozialpolitik, Juni 2014

Koch, E. (2022) Globalisierung: Wirtschaft und Politik. Chancen – Risiken – Antworten; 3. Aufl., Wiesbaden

Koch, E. (2023) Internationale Wirtschaftsbeziehungen I. Internationaler Handel zwischen Freihandel und Protektionismus; 4. Aufl., Wiesbaden

Statistisches Bundesamt (2024)

Weber, C./Wölfel, K. (2014) Deutsche Leistungsbilanzüberschüsse in der Kritik; in: Wirtschaftsdienst, 2014, Heft 7, S. 500–507

Links

Bundesbank: https://www.bundesbank.de/resource/blob/805268/1a1ad4f6333c238f8732b-f1a72363d0d/mL/0-zahlungsbilanzstatistik-data.pdf

Exportquoten: http://wko.at/statistik/eu/europa-exportquoten.pdf;

Gevestor: https://www.gevestor.de/finanzwissen/oekonomie/rankings/die-5-wichtigsten-importprodukte-deutschlands-722902.html

Made in Germany: https://www.ardalpha.de/wissen/geschichte/kulturgeschichte/made-in-germany-wie-aus-einem-warnzeichen-ein-qualitaetssiegel-wurde-100.html

Statista: https://de.statista.com/statistik/daten/studie/249080/umfrage/anteile-der-wirtschaftssektoren-am-bruttoinlandsprodukt-bip-der-eu-laender/

Statistisches Bundesamt: https://www.destatis.de/DE/Themen/Wirtschaft/Aussenhandel/handelswaren-jahr.html

---

[4] Letzter Zugriff auf die unter „Literatur" und „Links" genannten Internetquellen jeweils 12/2024.

Regionale Schwerpunkte des Welthandels

Inhaltsverzeichnis

3.1 Regionalintegrationen – 34
3.1.1 Integrationsformen – 36
3.1.2 Integrationswirkungen – 37

3.2 Die Europäische Union im Welthandel – 40

3.3 Die Bedeutung Asiens im Welthandel – 42
3.3.1 Verschiebung der interkontinentalen Handelsströme – 43
3.3.2 Regionalintegrationen in Asien – 44

3.4 Weitere Entwicklungen und Zusammenfassung – 47

3.5 Lernkontrolle – 49

Literatur – 51

© Der/die Autor(en), exklusiv lizenziert an Springer Fachmedien Wiesbaden GmbH, ein Teil von Springer Nature 2025
E. Koch, *Internationaler Handel und Handelspolitik*, Studienwissen kompakt,
https://doi.org/10.1007/978-3-658-47964-0_3

> **Lernagenda**
> **Folgende Fragen werden in Kap. 3 beantwortet:**
> – Welche Bedeutung haben *Regionalintegrationen* für den Welthandel?
> – Welche verschiedenen *Integrationsformen* lassen sich unterscheiden?
> – Was versteht man unter den *Grundfreiheiten des Europäischen Binnenmarktes*?
> – Welche *internen und externen Wirkungen* auf die Handelsbeziehungen haben Integrationen?
> – Ist die Europäische Union eine handelspolitische „*Festung Europa*"?
> – Wie haben sich die *interkontinentalen Handelsströme* verändert?
> – Welche Bedeutung hat *Asien* für den internationalen Handel?
> – Welche *Regionalintegrationen* gibt es in *Asien*?
> – Warum hat *Afrika* nur eine geringe Bedeutung für den internationalen Handel?

Die internationale Arbeitsteilung vollzieht sich auf zwei Ebenen: Auf der einen Seite führte die Globalisierung zu einer intensiven wirtschaftlichen Verflechtung einer wachsenden Anzahl von Ländern weltweit. Gleichzeitig intensivierten sich regionale Wirtschaftsbeziehungen durch den Zusammenschluss von Staaten einer Region zu größeren Staatengemeinschaften, die verschiedene Stadien einer *Regionalintegration* annehmen können. Diese Entwicklung begann sich ab Mitte der 1980er-Jahre zu intensivieren.

3.1 Regionalintegrationen

Regionalintegration bezeichnet einerseits den *Prozess* der Integration, mit dem mindestens zwei Nationalstaaten in einem bestimmten geografischen Raum ihre Zusammenarbeit, die in schriftlichen Abkommen näher festgelegt wird, intensivieren möchten. Durch die regionale Integration wollen die Länder den wechselseitigen Austausch von Waren, Dienstleistungen, Kapital, Menschen und Ideen und damit ihre jeweiligen Entwicklungsmöglichkeiten verbessern. Andererseits bezeichnet eine Regionalintegration den vollzogenen, auf Dauer angelegten *institutionalisierten Zusammenschluss* von Staaten zu einem Wirtschaftsgebiet, einschließlich ihrer gemeinsamen Institutionen und Regelungen, und damit einen bestimmten *Zustand* der Integration, der auch in einer neuen politischen Struktur münden kann.

3.1 · Regionalintegrationen

Der weltweiten Verflechtung von Volkswirtschaften, der **Globalisierung**, steht damit spätestens seit Ende der 1980er-Jahre eine Tendenz zur regionalen Verdichtung internationaler Wirtschaftsbeziehungen, zur **Regionalisierung**, gegenüber. Regionalisierung kann sowohl als Reaktion auf die Globalisierung, als auch als mögliche Voraussetzung für eine Verstärkung der Globalisierung gesehen werden. Einerseits möchten integrationsbereite Länder den mit der Globalisierung auch verbundenen ökonomischen Gefahren durch Kooperation oder Integration, also durch eine gemeinsame Bündelung ihrer Kräfte begegnen. Dies kann sowohl regionale *Abschottungstendenzen*, als auch – durch geschickte Nutzung regionaler Stärken – *Synergieeffekte* zur Folge haben: Mit der Steigerung der regionalen Leistungsfähigkeit nimmt meist auch der Umfang von Außenhandelsbeziehungen zu und damit die Chance für einen Ausbau der globalen Wirtschaftsbeziehungen. ◘ Abb. 3.1 gibt einen Überblick über einige der wichtigsten Regionalintegrationen und zeigt die jeweiligen Anteile am Welt-GDP: Die erst 2020 gegründete asiatische Regionalgemeinschaft RCEP (*Regional Comprehensive Economic Partnership*) vereinigt ein Drittel des Welt-GDP auf sich, auf die NAFTA-Nachfolgegruppe USMCA, mit den drei

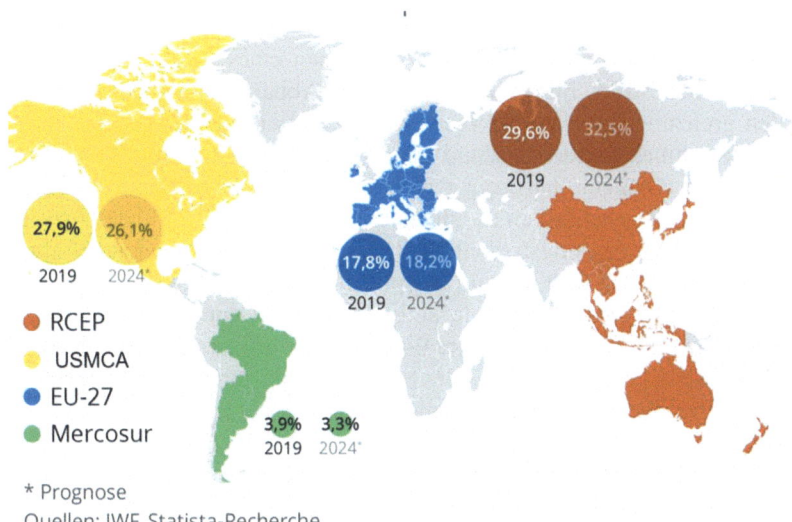

◘ **Abb. 3.1 Beispiele für Regionalintegrationen.** RCEP: Regional Comprehensive Economic Partnership; USMCA: USA, Mexico, Canada; Mercosur: Gemeinsamer Markt des Südens (jeweiliger Anteil am Welt-GDP). (Quelle: *Links*: Statista-Freihandelszonen)

Mitgliedern USA, Mexico und Kanada entfällt 26 % und auf die EU schließlich 18 % aller weltweit produzierten Güter und Dienstleistungen.

3.1.1 Integrationsformen

Üblicherweise intensiviert eine kleinere Gruppe von Ländern mit meist ähnlichen Wirtschaftsstrukturen ihre ökonomischen Beziehungen, indem sie gegenseitige Handelsbeschränkungen abbaut, um so ihre Handelsbeziehungen auszuweiten (*Handelsschaffung*). Die verschiedenen Formen der Integration unterscheiden sich dabei durch ihre unterschiedliche Intensität:

- Die einfachste Form ist die **Freihandelszone** *(Free Trade Arrangement, FTA)*. Hier soll durch die – meist schrittweise – Beseitigung von Zöllen und anderen Handelsbeschränkungen der freie Handel zwischen den Mitgliedsländern gefördert werden.
- Bei einer **Zollunion** werden die internen Freihandelsvereinbarungen durch einheitliche, gemeinsame nach außen gegenüber Drittländern wirkende Zolltarife und eine gemeinsame Handelspolitik ergänzt.
- Der **Gemeinsame Markt** *(Binnenmarkt)*, als nächste Integrationsstufe, verbessert die Wirtschaftsbeziehungen zusätzlich durch die Herstellung von Wirtschaftsverhältnissen, die mit denen eines nationalen Marktes vergleichbar sind. Insbesondere wird der Abbau von Hindernissen für den grenzüberschreitenden Einsatz der *Produktionsfaktoren* vereinbart: Arbeitnehmer, Freiberufler und Unternehmer sollten dann in allen Ländern der Gemeinschaft ohne Behinderungen tätig werden können. Idealerweise besteht dann für alle Beteiligten eine freie Wahl des Arbeitsplatzes, Niederlassungsfreiheit für Unternehmen und freier Kapitalverkehr. ◘ Abb. 3.2 zeigt dies am Beispiel des Europäischen Binnenmarkts.
- Die nächste Entwicklungsstufe ist die **Wirtschaftsunion**. Diese liegt dann vor, wenn die Unionsstaaten ihre Wirtschaftspolitiken angeglichen haben, idealerweise einschließlich der Steuersysteme und der wirtschaftspolitischen Steuerungsmechanismen. Zugleich werden hierdurch die bislang autonomen Gestaltungsmöglichkeiten der Mitgliedsländer in vielen wirtschaftspolitischen Bereichen deutlich eingeschränkt.
- Unter einer **Währungsunion** versteht man den Zusammenschluss souveräner Staaten zu einem einheitlichen Währungsgebiet. Dies kann entweder durch eine unwiderrufliche Fixierung der Wechselkurse der nationalen Währungen oder durch die Einführung einer gemeinsamen Währung, wie etwa dem Euro, geschehen. Üblicherweise setzt dies eine Wirtschafts-

3.1 · Regionalintegrationen

	Die 4 Grundfreiheiten des Europäischen Binnenmarktes seit 1. Januar 1993
Freier Warenverkehr	Keine Zölle oder mengenmäßige Beschränkungen, keine Waren-Grenzkontrollen, Angleichung von nationalen Normen und Vorschriften, gemeinsame Qualitätsstandards
Freier Dienstleistungsverkehr	Grenzüberschreitendes freies Angebot von Dienstleistungen, wie Leistungen von Architekten, Gutachtern, Werbeagenturen, Transportunternehmen, Energieversorgern, Telekommunikationsanbietern, Versicherungen, Handwerkern
Freier Personenverkehr (Freizügigkeit)	Reise-, Lern- und Arbeitsfreiheit, keine Personen-Grenzkontrollen, Niederlassungsfreiheit für Unternehmen, wechselseitige Anerkennung von Berufs- und Schulabschlüssen (in der EU durch das Schengen-Abkommen geregelt)
Freier Kapitalverkehr	Freier Geld- und Kapitalverkehr, keine Beschränkungen im Zahlungsverkehr und bei der Ein- und Ausfuhr von Währungen, keine Devisenkontrollen, gemeinsamer Markt für Finanzdienstleistungen / Banken und Unternehmensbeteiligungen, Harmonisierung der Bankenaufsicht

Abb. 3.2 Der Europäische Binnenmarkt

union voraus, wie dies auch in der Bezeichnung *Europäische Wirtschafts- und Währungsunion (EWWU)* zum Ausdruck kommt. In der EU wurde diese Voraussetzung bisher allerdings nur teilweise umgesetzt.
- Als die höchste Form der Integration wird allgemein die **Politische Union** angesehen. Hier entsteht durch die Zusammenlegung zentraler politischer Bereiche, also durch gemeinsame Institutionen, und einen weitergehenden politischen Souveränitätsverzicht ein neues staatliches Gebilde, vergleichbar mit den Vereinigten Staaten von Amerika.

3.1.2 Integrationswirkungen

Internationale Integration sagt noch nichts darüber aus, ob sich die Mitgliedstaaten gegenüber dem „Rest der Welt" eher abschotten wollen, oder ob sie Integration als Chance nutzen, ihre Wirtschaftsstrukturen zu verbessern und zu liberalisieren, um sich fit für den Weltmarkt zu machen. So betrachtet, wäre Integration eine Strategie zur Strukturverbesserung, zur Modernisierung von Wirtschaft und Gesellschaft und meist auch zur Deregulierung der Wirtschaft.

Primäres Ziel von Regionalintegrationen ist die Intensivierung des Handels zwischen den Mitgliedsländern. Werden zuvor aus Drittländern bezogene Waren nun aus Mitgliedsländern importiert, kommt es zu einer *Handelsumlenkung*: das Handelsvolumen zwischen den Integrations- und Drittländern verringert sich, während der Handel zwischen den Mitgliedsländern zunimmt. Dieser Effekt tritt auch dann auf, wenn Güter in Drittländern zwar billiger produziert werden, der Importpreis infolge eines möglichen höheren Zollniveaus des Integrationsraums aber über den Bezugspreisen von Integrationsländern liegt. Trotzdem treten für die Mitgliedsländer gewünschte *Wohlfahrtseffekte* auf: Durch die handelsschaffenden Effekte können Massenproduktions- und Spezialisierungsmöglichkeiten besser genutzt werden, sodass die vorhandenen Ressourcen effizienter eingesetzt werden können. *Drittländer* können dagegen Marktanteile oder sogar komplette Märkte an die Mitglieder der Regionalintegration verlieren, mit negativen Folgen für deren Wachstum, Einkommen und Beschäftigung. Dies kann negative handelspolitische Reaktionen dieser Länder zur Folge haben, die dann die Wohlfahrtsgewinne im Integrationsraum reduzieren können.

▶ **Beispiel**

So bedeutete beispielsweise die Einführung des EU-Außenzollsystems und die damit verbundenen höheren Zölle sowie die Übernahme des EU-Agrarsystems durch die neuen EU-Mitglieder Spanien und Portugal ab 1986 für die US-Farmer den Verlust von europäischen Absatzmärkten für ihre Agrarprodukte im Wert von rund 500 Mio US$ p.a. Gleichzeitig konnten die „alten" EU-Mitglieder ihre Exporte auf die iberische Halbinsel ausweiten. ◀

Schon eine *Freihandelszone* wirkt sich günstig auf die Absatzbedingungen von Unternehmen aus. Dies gilt umso mehr bei der weitergehenden Integrationsform des *Gemeinsamen Marktes*. Durch das Entstehen größerer Märkte und den Abbau sonstiger Behinderungen verbessern sich mittelfristig die Wirtschaftsstrukturen der Mitgliedsstaaten. Durch die höheren Absatz- und Gewinnmöglichkeiten werden Prozesse in Gang gesetzt, die in den Mitgliedsländern zu sinkenden Kosten (durch höhere Produktion und Bürokratieabbau), steigendem Knowhow (durch Spezialisierungen) und effizienterer Produktion (durch steigenden Wettbewerb) führen. Dies hat i. d. R. Produktivitätssteigerungen und tendenzielle Preissenkungen bei wachsendem Angebot zur Folge. *Konsumenten* profitieren von einem vergrößerten Binnenmarkt durch sinkende Preise und durch eine größere Produktauswahl. *Unternehmen* können durch höhere Umsätze, Kostensenkungen und

3.1 · Regionalintegrationen

gesteigerten Innovationsdruck ihre Gewinne steigern. Durch die erhöhte gesamtwirtschaftliche Leistungsfähigkeit, gestiegene internationale Wettbewerbsfähigkeit und zunehmende Investitionen profitiert auch der *Staat* in Form von steigenden Steuereinnahmen.

Außenstehenden Staaten bieten Regionalintegrationen grundsätzlich die Möglichkeit einer einheitlicheren Exportstrategie und die Aussicht auf einen verringerten bürokratischen Aufwand und somit auf größere Märkte und neue Exportmöglichkeiten. Hinzu kommt, dass steigende Importe aus Drittstaaten in den Integrationsraum auch Folgeeffekte des gestiegenen Wohlstands in den Integrationsstaaten sind, sodass die zuvor festgestellten Handelsumlenkungseffekte mittelfristig überkompensiert werden dürften. Dies gilt allerdings nur dann, wenn seitens der Regionalintegration die Bereitschaft besteht, die Zollschranken nicht zu stark zu erhöhen und sich Drittländern gegenüber nicht verstärkt abzuschotten, sich also verstärkt protektionistisch zu verhalten. Eine solche Politik wäre angesichts der oft erheblichen anfänglichen Anpassungskosten einzelner Länder oder Wirtschaftssektoren durch die Integration gerade in der Anfangsphase durchaus denkbar. Tatsächlich zeigte sich in der jüngeren Vergangenheit aber die Bereitschaft mit dem Voranschreiten der Integration und der wirtschaftlichen Stärkung der Integrationsländer auch die externen Handelshemmnisse zu reduzieren und die Wirtschaftsbeziehungen mit Drittstaaten sogar auszuweiten, wie dies etwa bei der EU-Osterweiterung beobachtet werden konnte (vgl. Koch 2005). Eine Zusammenfassung der Integrationswirkungen findet sich in ◘ Abb. 3.3.

Für die Integrationsländer treten auch **Integrationskosten** auf. Erfolgt die Handelsschaffung auf Kosten tendenziell günstiger produzierender Drittländer, die nur durch die Außenzölle vom Export in den Integrationsraum abgehalten werden, erfolgt die Versorgung mit diesen Gütern und Dienstleistungen nur zu sub-optimalen Bedingungen. Damit können zumindest durch die Handelsumlenkung vorübergehend auch negative Wohlfahrtseffekte auftreten. Weitere Kosten können in Form höherer *Umweltbelastung* auftreten, etwa durch die negativen Effekte des Produktionswachstums oder durch eine höhere Verkehrsbelastung und damit eine evtl. zu hohe Belastung der vorhandenen *Infrastruktur*. Der intensivere Wettbewerb im Integrationsraum kann vorübergehend auch zu höherer Arbeitslosigkeit führen oder eine Anpassung bestehender Verbraucherschutz- und Qualitätsnormen an ein – niedrigeres oder höheres – Gemeinschaftsniveau zur Folge haben. Die regelmäßig mit dieser Entwicklung einhergehende weitere Spreizung der *Einkommen* und *Vermögen* belastet zudem den gesellschaftlichen Zusammenhalt und erfordert Maßnahmen zur Verringerung sozialer Ungleichheit.

Betroffene Art	Interne Wirkungen ➢ für Integrationsländer	Externe Wirkungen ➢ für Drittländer
kurzfristige Wirkungen *Handel*	**Handelsschaffung**, dadurch: • Massenproduktions- und Spezialisierungseffekte • Höhere Gewinne • Höhere Beschäftigung • bessere Versorgung • Steigende Steuereinnahmen	**Handelsumlenkung**, dadurch • Sinkende Gewinne • Arbeitsplatzverluste • Verschlechterung der Versorgung • Sinkende Steuereinnahmen • Handelspolitische Reaktionen
mittelfristige Wirkungen *Wirtschaftsstruktur*	• Verbesserte Wirtschaftsstruktur und Wettbewerbsfähigkeit • Zusätzliche Exportmöglichkeiten • Kostensenkungs- und Innovationseffekte • Sinkende Preise und größere Produktauswahl • Verlust von Privilegien für bisher Begünstigte	• Zusätzliche Handelsschaffung • Induzierte Kostensenkungs- und Innovationseffekte • Zusätzliche Exportmöglichkeiten

Abb. 3.3 Integrationswirkungen

Aus Freihandelssicht ist daher eine generelle Beurteilung von Regionalintegrationen schwierig: Grundsätzlich kann sie befürwortet werden, wenn die Summe der gesamten *Wohlstandssteigerungen größer ist, als die der Wohlstandsminderungen*. Praktisch ist eine solche Gegenüberstellung aufgrund des Fehlens einer Vergleichsbasis sowie der dynamischen Effekte allerdings schwierig.

3.2 Die Europäische Union im Welthandel

Regionalisierung begann zunächst in Westeuropa mit der Schaffung der *Europäischen Wirtschaftsgemeinschaft* (EWG). Ziel der EWG war es, freien Handel und wirtschaftliche Kooperation zwischen den Mitgliedsländern zu fördern und durch Integration zu institutionalisieren. Die EWG entwickelte sich über eine Zollunion (1968) zu einem Gemeinsamen Markt (1993) und dann weiter zu einer Wirtschafts- und Währungsunion (1999), der seit 2022 20 der 27 Mitgliedsländer angehören.

2023 betrug der Anteil der EU-27 (nach dem Brexit, also ohne Großbritannien) mit ihren gut 450 Mio Einwohnern an der gesamten Weltwirtschaftsleistung (World GDP) etwa 15 % (China 18 %). Ihr Anteil am gesam-

3.2 · Die Europäische Union im Welthandel

ten Welthandel mit Gütern und Dienstleistungen lag 2022 (einschließlich Deutschlands mit etwa 7 %) bei 30 % (vgl. WTO 2023). Hiervon entfallen etwa 60 % auf den EU-Binnenhandel, also den Handel mit anderen EU-Mitgliedsländern, wobei für viele Mitgliedsstaaten die EU der mit Abstand wichtigste Handelspartner ist.

Für die EU lässt sich folgende Entwicklung feststellen: In der Anfangsphase ließen die durch die Integration induzierten Wachstums- und Einkommenssteigerungen in den zunächst sechs EWG-Staaten einen Importsog entstehen, der der Handelsumlenkung entgegenwirkte und zu einer Handelsausweitung mit Drittländern führte. Ab Anfang der 1970er-Jahre ging der Anteil des externen Handels zurück, wobei dies u. a. auf die zwei Weltrezessionen und die während dieser Phase stark gewachsene Rolle der Entwicklungsländer, insbesondere der ölexportierenden Länder, zurückzuführen ist. In den 1980er-Jahren verhinderte insbesondere die stark gewachsene weltwirtschaftliche Bedeutung der ost- und südostasiatischen Staaten, insbesondere der „Vier kleinen Tiger" (Singapur, Hongkong, Taiwan und Südkorea), eine relative Ausweitung der externen EG-Handelsbeziehungen, sodass diese stagnierten. Die politischen Veränderungen in Europa, hervorgerufen durch den Fall des „Eisernen Vorhangs", und der Beginn der Globalisierung führten ab Anfang der 1990er-Jahre wieder zu einer Ausweitung des EU-externen Handels. Die Wirtschaftsdynamik der europäischen Integration hatte damit insgesamt positive Auswirkungen auf die externen Handelspartner.

Dies wird gestützt durch die überwiegend freihandelsorientierte Haltung, die die EU in internationalen Verhandlungen und Institutionen vertritt. Hiervon ausgenommen ist allerdings vor allem der Handel mit Agrarprodukten, den die EU nach wie vor durch protektionistische Maßnahmen schützt. Auch deswegen sah und sieht sich die EU häufig mit generellen Protektionismus-Vorwürfen konfrontiert. Insbesondere in der zweiten Hälfte der 1980er-Jahre wurde befürchtet, dass sich die EU zu einer *Festung Europa* entwickeln würde. Diese Vorstellung bündelte Befürchtungen, dass die interne wirtschaftliche Liberalisierung, die mit der weiteren Integration der EU zu einem Binnenmarkt verbunden war, eine wachsende wirtschaftliche Abschottung nach außen nach sich ziehen würde, und sich die EU zu einem protektionistischen Handelsblock entwickeln würde. Es wurde erwartet, dass durch die zunehmenden verteilungs- und strukturpolitischen Probleme die Neigung einzelner Mitgliedstaaten, sich zumindest auf Zeit vor externer Konkurrenz zu schützen, eher ansteigen werde. Die Vielzahl neuer Regionalintegrationen in anderen Weltregionen ab der zweiten Hälfte der 1980er-Jahre sind zu einem großen Teil als Reaktion auf diese Erwartungen zu verstehen, wobei die EU hierbei eine Vorbildfunktion hatte. Dennoch blieben die neuen Integrationsansätze in den anderen Regionen häufig in der ersten Phase, der Freihandelszone, stecken, schon der nächste Schritt, die Zollunion, wurde – wenn überhaupt – nur in Ansätzen realisiert. Dies ist u. a. auf das Fehlen eines begleitenden erfolgreichen Aufbaus von unterstützenden supranationalen Institutionen zurückzuführen.

Die befürchtete Bildung einer handelspolitischen „Festung Europa" blieb aus. Vielmehr baute die EU das Netz ihrer internationalen Wirtschaftsbeziehungen durch unterschiedliche Abkommen mit einer Vielzahl von Ländern und Ländergruppen laufend aus. Die Vereinbarungen unterscheiden sich durch die Art der wechselseitig gewährten Handelserleichterungen und -zugeständnisse, sowie durch das angestrebte Verhältnis der Handelspartner zur EU. In regionaler Hinsicht konzentrierten sich die Kooperationen zunächst auf die Nachbarstaaten in Westeuropa (EFTA-Staaten) und später auf die MOE-Staaten in Mittel- und Ost-Europa, die Mittelmeeranrainerstaaten, sowie auf die regionalen Zusammenschlüsse in Südostasien (ASEAN) und in Lateinamerika (Mercosur). Darüber hinaus bestehen langfristige Kooperationen mit einer großen Gruppe von Entwicklungsländern, den früheren AKP-Ländern.[1] Neuere bilaterale Abkommen mit großen Handelspartnern, wie Kanada, China, den USA und Japan wurden bereits abgeschlossen oder werden derzeit verhandelt.

3.3 Die Bedeutung Asiens im Welthandel

Der grenzüberschreitende Handel, der Außenhandel, lässt sich grob in *intra-kontinentalen* und *inter-kontinentalen* Handel aufteilen, also in Handelsbeziehungen, die innerhalb eines Kontinents (intra) und zwischen den Kontinenten (inter) stattfindet. Der Anteil des interkontinentalen Handels liegt seit vielen Jahren bei etwa 25 % des Welthandels, der intra-kontinentale Handel liegt demnach bei etwa 75 %. Diese Konstanz ist bemerkenswert, da in diesem Zeitraum das weltweite Handelsvolumen stark anstieg und insbesondere der sog. Nord-Nord-Handel, der Handel zwischen den Industrieländern, stark zunahm. Zudem wurden weltweit Handelsbarrieren, gerade auch für den inter-kontinentalen Handel, abgebaut.

---

1 Unter *AKP-Ländern* wird eine Gruppe afrikanischer, karibischer und pazifischer Staaten verstanden (vgl. ▶ Kap. 9).

3.3.1 Verschiebung der interkontinentalen Handelsströme

Innerhalb des inter-kontinentalen Handels kam es bereits in den 1980er-Jahren zu erheblichen Verschiebungen. Seit Beginn der Globalisierung, etwa Mitte bis Ende der 1980er-Jahre,[2] geht die Bedeutung des Transatlantikhandels zurück, während diejenige des Transpazifikhandels und später auch des Europa-Asien-Handels zunimmt. Bereits 1984 übertraf der *Transpazifikhandel* zum ersten Mal das Volumen des Transatlantikhandels. Inzwischen hat auch der Europa-Asien-Handels das gleiche Volumen wie der Transpazifikhandel (vgl. hierzu ◘ Abb. 3.4).

Wichtigste Ursache für diese weltweite Verschiebung der Handelsströme waren die zunehmende Wachstumsdynamik und Exportoffensiven der asiatischen Länder: Dies war zunächst Japan, später die bereits erwähnten „Vier kleinen Tiger", Hongkong, Singapur, Taiwan und Südkorea und anschließend die neuen „Tigerstaaten" Malaysia, Thailand und Indonesien. Ab Ende der 1990er-Jahre wurde schließlich China zum wichtigsten Wachstumsfaktor in Asien.

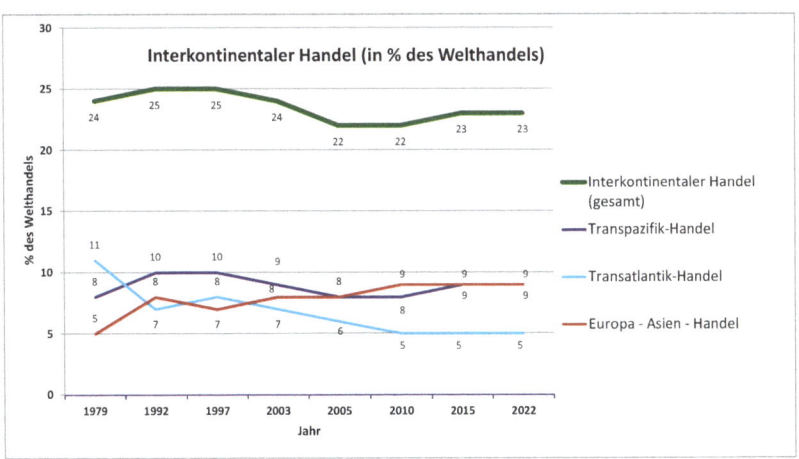

◘ Abb. 3.4 Entwicklung des interkontinentalen Handels. (Quelle: WTO World Statistical Review/ International Trade, div. Jahrgänge; UNCTAD online Datenbank; eigene Berechnungen)

---

2 Vgl. zum Beginn der Globalisierung und den entsprechenden Indikatoren Koch 2022, ▶ Kap. 3 und 4.

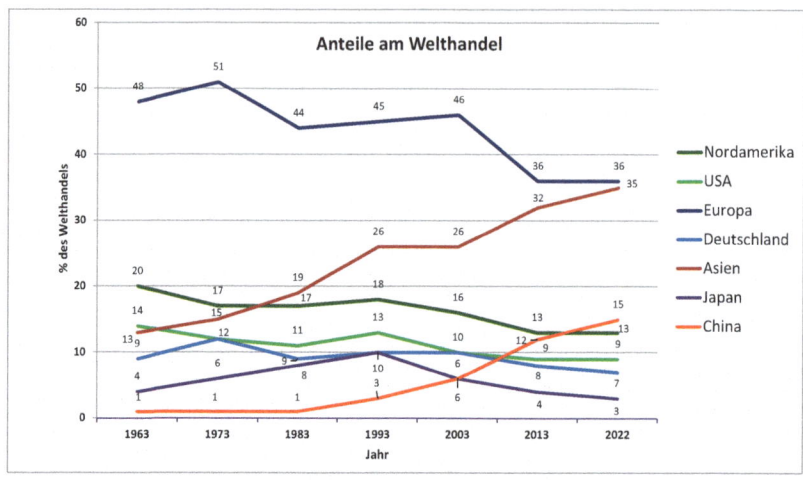

• **Abb. 3.5** **Die zunehmende Bedeutung Asiens im Welthandel**. (Quellen: WTO World Statistical Review/International Trade, div. Jahrgänge, eigene Berechnungen)

Seit Mitte der 1980er-Jahre ist damit Ost- und Südostasien die wirtschaftlich dynamischste Region der Welt. Die *Asienkrise* Ende der 1990er-Jahre konnte diese Rolle nur vorübergehend abschwächen. Der Anstieg des interkontinentalen Handels mit Asien in den letzten Jahren sowie die stark gewachsene Bedeutung des *Intra-Asien-Handels*, dieser nimmt inzwischen ein Viertel des gesamten Welthandels ein, ist damit auf die stark gewachsene ökonomische Bedeutung dieser Länder und inzwischen vor allem auf China zurückzuführen. So stieg der Anteil Asiens an den weltweiten Exporten nach etwa 18 % Anfang der 1980er-Jahre auf rund 26 % um die Jahrtausendwende und lag 2022 bei etwa 35 %. Damit liegt Asien auf Augenhöhe mit Europa, dessen Anteil am Welthandel von 46 % (2003) auf inzwischen 36 % zurückging. Der Anteil Chinas an den Weltexporten lag 1993 noch bei knapp 3 %, stieg 2003 auf knapp 6 % und lag 2022 bereits bei über 15 % (vgl. • Abb. 3.5).

3.3.2 Regionalintegrationen in Asien

Die dynamische Entwicklung vor allem Ost- und Südostasiens zeigt sich auch in der *Vielfalt* von Regionalintegrationen. Alle spielen eine wichtige Rolle bei der wachsenden Bedeutung Asiens im Welthandel. In der Vergangenheit galt dies insbesondere für die bereits 1967 gegründete ASEAN (*Association of South-East Asian Nations*), die sich 1992 weiterentwickelte zur

3.3 · Die Bedeutung Asiens im Welthandel

AFTA (*ASEAN Free Trade Area*) und 2015 zur AEC (*ASEAN Economic Community*).

ASEAN *(Association of South-East Asian Nations)* besteht aus den 10 Staaten Südostasiens: Indonesien, Thailand, Malaysia, Singapur, den Philippinen, dem Sultanat Brunei, Vietnam, Myanmar, Laos und Kambodscha (vgl. ◘ Abb. 3.6). ASEAN hatte 2022 rund 680 Mio Einwohner und ein BIP in Höhe von 3,6 Bio US$, dies entspricht etwa 80 % des deutschen BIP. Auf dem Höhepunkt des Vietnamkrieges gegründet, war ASEAN primär als sicherheitspolitisches Bündnis konzipiert. Erst 1977 wurde ein Handelspräferenzabkommen (*Preferential Trading Arrangement, PTA*) verabschiedet. Das Ziel, den Intra-ASEAN Handel auszubauen, wurde aber nur langsam realisiert.

AFTA (*ASEAN Free Trade Area*). Einen Aufschwung nahm der Gedanke der ökonomischen Zusammenarbeit mit dem vierten ASEAN-Gipfel 1992 in Singapur, auf dem – auch angesichts des Eindrucks der fortschreitenden Integration in Europa – der Beschluss gefasst wurde, die internen Zölle zu senken und andere protektionistische Maßnahmen abzubauen. Ziel war es bis 2008 eine Freihandelszone, die AFTA, zu schaffen. Tatsächlich wurde das Ziel für die Gründungsmitglieder bereits 2003 erreicht und der gesamte Prozess – nach längeren Übergangsfristen für die neuen Mitglieder – 2010 abgeschlossen.

◘ **Abb. 3.6** Association of South-East Asian Nations (ASEAN)

AEC (*ASEAN Economic Community*). Nach der AFTA sollte die wirtschaftliche Integration weiter vertieft werden. Ziel der 2015 beschlossenen AEC ist die Errichtung eines gemeinsamen Marktes mit den vier Freiheiten für Waren und Dienstleistungen, Investitionen, Fachkräften und Kapital bis 2025 („AEC2025"). Hierzu sollte die Wirtschaftspolitik besser abgestimmt und Barrieren für grenzüberschreitende Investitionen beseitigt werden. Zunächst wurde die Abschaffung von Zöllen fortgesetzt, sodass bereits 2019 über 98 % aller Zölle beseitigt waren. Die Intra-ASEAN-Exporte verdreifachten sich so von 2004 bis 2018 auf 650 Mrd US$ (2018), während sich im gleichen Zeitraum auch der Extra-ASEAN Handel mit China, dem inzwischen zweitgrößten ASEAN-Handelspartner, auf ca. 390 Mrd US$ vervierfachte.[3]

In der Zwischenzeit bildeten sich weitere Regionalintegrationen vor allem in Südostasien und Südasien. ◘ Abb. 3.7 gibt hierzu einen Überblick. Allerdings wird die konstruktive Weiterentwicklung vieler Regionalintegrationen

Regionalintegration (Gründung)	Ziele	Mitglieder
ASEAN (1967) Association of South East Asian Nations	Zunächst sicherheitspolitisches Bündnis, ab 1971: Schaffung einer "Zone des Friedens, der Freiheit und der Neutralität" (ZOPFAN), später engere wirtschaftliche Kooperation	10 Mitglieder Brunei Darussalam, Kambodscha, Indonesien, Laos, Malaysia, Myanmar, die Philippinen, Singapur, Thailand, Vietnam
AFTA (1992) ASEAN Free Trade Area	Aufbau einer Freihandelszone, insbesondere Absenkung der Zölle zwischen den Mitgliedern	
AEC (2015) ASEAN Economic Community (2015)	Schaffung eines gemeinsamen Marktes, bessere Abstimmung der Wirtschaftspolitik, Beseitigung der Barrieren für grenzüberschreitende Investitionen	
RCEP (2020) Regional Comprehensive Economic Partnership	Schaffung einer Freihandelszone	15 Mitglieder: ASEAN + 5 Australien, China, Neuseeland, Japan, Süd-Korea
APEC (1989) Asia-Pacific Economic Cooperation	Regionales Forum mit dem Ziel der Verbesserung der wirtschaftlichen Kooperation in der Pazifik-Region, langfristiges Ziel ist die Schaffung einer Freihandelszone	21 Mitglieder Australien, Brunei, Chile, China, Indonesien, Japan, Hongkong, Kanada, Malaysia, Mexiko, Neuseeland, Papua-Neuguinea, Peru, Philippinen, Russische Föderation, Singapur, Südkorea, Taiwan, Thailand, USA, Vietnam
CPTPP (2018) Comprehensive and Progressive Agreement for Trans-Pacific Partnership	Nach dem Rückzug der USA aus dem Vorläuferabkommen (TPP), das bereits 2016 unterzeichnet wurde, wurde das TPP unter dem Namen CPTPP fortgeführt mit dem Ziel der Schaffung einer Freihandelszone und entsprechendem Zollabbau. Zudem gibt es Regelungen zum Abbau von weiteren Handelshemmnissen, zum Schutz des geistigen Eigentums und zum Investitionsschutz.	11 Mitglieder Australien, Brunei, Kanada, Chile, Japan, Malaysia, Mexiko, Neuseeland, Peru, Singapur, Vietnam
SAARC (1985) South Asian Association for Regional Cooperation	Förderung der wirtschaftlichen Entwicklung und der kulturellen, wirtschaftlichen und sozialen Beziehungen	7 Mitglieder Bangladesch, Bhutan, India, Malediven, Nepal, Pakistan, Sri Lanka (zusätzlich 10 Staaten und die EU mit Beobachterstatus)
SAFTA (2006) South Asian Free Trade Area	Schaffung einer Freihandelszone durch eine schrittweise Reduzierung von Zöllen zwischen den Mitgliedern	

◘ **Abb. 3.7** Regionalintegrationen in Asien (Überblick)

---

3 Vgl. ASEAN Secretariat 2019; s.a. Ishikawa 2021.

durch politische Probleme zwischen den Mitgliedern, etwa mit China (RCEP, APEC), Russland (APEC) oder Myanmar (AEC) gehemmt.

3.4 Weitere Entwicklungen und Zusammenfassung

Regionalintegrationen wurden auch in anderen Welthandelsregionen gegründet. Eine der wichtigsten ist die 1994 gegründete Nordamerikanische Freihandelszone *(North American Free Trade Agreement, NAFTA)*, der die USA, Kanada und Mexiko angehörten. Das Abkommen wurde von dem US-Präsidenten *Donald Trump*, der die USA durch das bisherige Abkommen benachteiligt sah, während seiner ersten Amtszeit gekündigt und 2020 durch ein neues Abkommen *USA-Mexico-Canada (USMCA)* ersetzt. Die wichtigste Regionalintegration Lateinamerikas, der *Gemeinsame Markt Südamerikas (Mercosur)*, wurde bereits 1991 von Brasilien, Argentinien, Uruguay und Paraguay ins Leben gerufen. Bei beiden Zusammenschlüssen handelt es sich um mehr oder weniger entwickelte Freihandelszonen, bei denen die Intensivierung des innergemeinschaftlichen Handels durch einen beabsichtigten Abbau der vorhandenen Zölle und sonstiger Handelsrestriktionen im Mittelpunkt steht.

In Afrika bildeten 15 Staaten im südlichen Afrika 1992 die *Southern African Development Community (SADC)*, die 2008 in eine Freihandelszone umgewandelt wurde, ihre Ziele aber bisher nur partiell erreichte. Alle 55 Staaten Afrikas schlossen sich bereits 2002 zur *African Union (AU)* zusammen, die sich handelspolitisch 2019 zur *African Continental Free Trade Area (AfCFTA)* weiterentwickelte. Primäre Ziele sind auch hier die Liberalisierung des grenzüberschreitenden Waren- und Dienstleistungsverkehrs durch einen mittelfristig umfassenden Abbau der nationalen Zölle sowie die Schaffung von Mechanismen zur Beilegung von Streitigkeiten zwischen den Mitgliedsländern. Da viele der Ziele aber erst noch weiter konkretisiert werden müssen, dürften schnelle ökonomische Folgen kaum zu erwarten sein. Ein Problem sind zudem die gegensätzlichen Interessen zwischen kleinen wettbewerbsschwachen Ländern und größeren, exportstarken Ländern, wie Südafrika, Kenia und der Elfenbeinküste. Des Weiteren sind Zollsenkungen nur ein Baustein der Handelsliberalisierung. Bestehende nationale Quoten, Lizenzen sowie unterschiedliche technische Standards und bürokratische Verfahren behindern den Handel ebenfalls.

Fasst man die globalen Entwicklungen der letzten Dekade zusammen, so zeigen sich regional große Unterschiede:
- *Europa* ist nach wie vor mit 36 % der weltweit größte Export-Kontinent, verliert allerdings laufend Anteile an Asien, das Europa als größtes Welthandelszentrum in den nächsten Jahren überholen wird.
- Der Welthandelsanteil *Asiens* steigt laufend und liegt derzeit bei ca. 35 % des Welthandels. Damit entfallen auf Asien und Europa zusammen über 70 % des gesamten Welthandels. Haupttreiber ist China, das als weltweit größte Exportnation hierzu allein über 14 % beiträgt, während der Anteil der 10 ASEAN-Staaten stabil bei etwa 7 % liegt. Eine immer wichtigere Rolle spielt der innerasiatische grenzüberschreitende Warenaustausch, der deutlich die Möglichkeiten aufzeigt, die eine immer bessere Abstimmung der Produktionsstrukturen auf die Bedarfe der Nachbarländer mit sich bringt.
- *Nordamerikas* Welthandelsanteil stagniert derzeit bei etwa 13 %. Ein weiterer Rückgang könnte durch evtl. neue bilaterale Handelsabkommen mit Europa oder Asien gebremst werden. Andererseits wirkt sich die erratische Zollpolitik des derzeitigen Präsidenten auf den Handel mit vielen anderen Staaten bereits wenige Monaten nach seinem Amtsantritt 2025 negativ auf die Handelsbeziehungen der USA aus.
- Die Bedeutung *Lateinamerikas* für den Welthandel ist verhältnismäßig gering. Der Welthandelsanteil ging in den vergangenen 10 Jahren leicht auf 3 % zurück. Der Binnenhandel Lateinamerikas stagniert auf niedrigem Niveau, da die Wirtschaftsstrukturen nach wie vor eher an den Bedürfnissen der „nördlichen" Industrieländer ausgerichtet sind.
- Der Anteil des Kontinents *Afrika* mit seinen 55 Staaten am Welthandel liegt nach weiterhin bei weniger als 3 %, hiervon entfällt rund ein Drittel auf die 15 Länder der *Southern African Development Community (SADC)*. Der afrikanische Binnenhandel ist mit 0,5 % des Welthandels extrem gering, ein deutlicher Hinweis darauf, dass die im Aufbau befindliche AfCFTA dringend notwendig ist und dazu beitragen muss, die in vielen Ländern noch sehr ähnlichen Produktionsstrukturen zu diversifizieren und die Bedarfe der Nachbarländer stärker zu berücksichtigen (vgl. hierzu ◘ Abb. 3.8).

Anteil der Exporte an den weltweiten Exporten (in %)		
Jahr	2010	2022
Europa	37%	36%
Intra-Europa-Handel	26%	23%
Asien	33%	35%
Intra-Asien-Handel	16%	21%
Nordamerika	13%	13%
Intra-Nordamerika-Handel	6%	6%
Lateinamerika	4%	3%
Intra-Lateinamerika-Handel	1%	1%
Afrika	3%	3%
Intra-Afrika-Handel	0,5%	0,4%
Weltexporte in Mrd US$	15.304	24.917

◘ **Abb. 3.8** Welthandelsanteile ausgewählter Regionen und Regionalintegrationen. (Quellen: Eigene Berechnungen auf der Grundlage von WTO 2017, 2023; *Links*: UNCTADstat 10/2023)

3.5 Lernkontrolle

Kurz und bündig

Die *Globalisierung* führte zu einer intensiven wirtschaftlichen Verflechtung einer wachsenden Anzahl von Ländern weltweit. Unabhängig hiervon intensivieren sich regionale Wirtschaftsbeziehungen durch den Zusammenschluss von Staaten einer Region zu einer größeren Staatengemeinschaft, die verschiedene Stadien einer *Regionalintegration* annehmen kann: Üblicherweise intensiviert eine kleinere Gruppe von Ländern mit meist ähnlichen Wirtschaftsstrukturen ihre ökonomischen Beziehungen, indem sie gegenseitige Handelsbeschränkungen abbaut, um so ihre Handelsbeziehungen auszuweiten. Man unterscheidet hierbei verschiedene Integrationsformen und -stadien: Freihandelszone – Zollunion – Gemeinsamer Markt – Wirtschaftsunion und Währungsunion. Schon die Bildung einer *Freihandelszone* wirkt sich günstig auf die Absatzbedingungen von Unternehmen aus. Dies gilt umso mehr bei der weitergehenden Integrationsform des *Gemeinsamen Marktes.*

Regionalisierung begann zunächst in Westeuropa mit der Schaffung der *Europäischen Wirtschaftsgemeinschaft* (EWG). Die EWG entwickelte sich über eine Zollunion (1968) zu einem Gemeinsamen Markt (1993) und dann weiter zu einer Wirtschafts- und Währungsunion (1999), der derzeit 20 der 27 Mitgliedsländer angehören. Ab Anfang der 1970er-Jahre ging der Anteil des externen Handels zurück, wobei dies u. a. auf zwei Weltrezessionen zurückzuführen ist. In den 1980er-Jahren verhinderte insbesondere die stark gewachsene weltwirtschaftliche Bedeutung der ost- und südostasiatischen Staaten, insbesondere der *„Vier kleinen Tiger"* (Singapur, Hongkong, Taiwan und Südkorea), eine relative Ausweitung der externen EG-Handelsbeziehungen. Die politischen Veränderungen in Europa, hervorgerufen durch den Fall des „Eisernen Vorhangs", und der Beginn der Globalisierung führten ab Anfang der 1990er-Jahre wieder zu einer Ausweitung des EU-externen Handels.

Seit Mitte der 1980er-Jahre sind Ost- und Südostasien die wirtschaftlich dynamischsten Regionen der Welt, eine Entwicklung, die sich auch in der Gründung von verschiedenen *Regionalintegrationen* zeigt. Dies galt zunächst für die bereits 1967 gegründete ASEAN (*Association of South-East Asian Nations*), die sich 1992 weiterentwickelte zur AFTA (*ASEAN Free Trade Area*) und 2015 zur AEC (*ASEAN Economic Community*). In der Zwischenzeit bildeten sich weitere Regionalintegrationen vor allem in Südostasien und Südasien. Allerdings wird die konstruktive Weiterentwicklung vieler Regionalintegrationen durch politische Probleme zwischen den Mitgliedern, etwa mit China, Russland oder Myanmar, gehemmt.

Europa ist heute trotzdem noch mit 36 % der weltweit größte Export-Kontinent, er verliert allerdings laufend Anteile an Asien, dessen Welthandelsanteil laufend steigt. *Nordamerikas* Welthandelsanteil stagniert derzeit bei etwa 13 %. Die Bedeutung *Lateinamerikas* und auch *Afrikas* für den Welthandel, mit jeweils knapp 3 % sind gering. Dies gilt auch für den Binnenhandel zwischen den lateinamerikanischen und afrikanischen Staaten. Ein deutlicher Hinweis darauf, dass die Regionalintegrationen in beiden Kontinenten entscheidend dazu beitragen müssen, die in vielen Ländern noch sehr ähnlichen Produktionsstrukturen zu diversifizieren und die Bedarfe der Nachbarländer stärker zu berücksichtigen.

❓ Let's check

1. Was versteht man unter einer *Regionalintegration*?
2. Welcher *Zusammenhang* besteht zwischen der Bildung von Regionalintegrationen und der Globalisierung?
3. Welche *Motivationen* verbinden Länder, die sich zu einer Freihandelszone zusammenschließen?
4. Unter welchen Voraussetzungen können *Handelsablenkungseffekte* durch die *dynamischen Effekte* einer Regionalintegration überkompensiert werden?
5. Stellen Sie kurz die Entwicklung der *Europäischen Integration* dar.
6. Analysieren Sie die Ursachen für die „*Verschiebung der interkontinentalen Handelsströme*".
7. Stellen Sie den Zusammenhang zwischen der *ASEAN* und der *AEC* dar.
8. Wie haben sich die *Welthandelsanteile* der wichtigsten Welthandelsregionen entwickelt?

❓ Vernetzende Aufgaben – recherchieren, analysieren beurteilen

Die EU hat bereits erste Schritte für den Abschluss eines Freihandelsabkommens mit dem Mercosur unternommen. Welche Vor- und Nachteile und welche Schwierigkeiten bei der Umsetzung sehen Sie?

Literatur

Literatur[4]

ADB (2022) Asian Economic Integration Report 2022
ASEAN Secretariat (2019) ASEAN Integration Report 2019.
Ishikawa, K. (2021) The ASEAN Economic Community and ASEAN economic integration; in: Journal of Contemporary East Asia Studies, Volume 10, 2021 – Issue 1: ASEAN Economic Community (AEC) and East Asia in the Changing World Economy
Koch, E. (2005) EU-Osterweiterung, eine ökonomische Herausforderung – für wen? In: Koch, E. (Hrsg.) Osterweiterung der EU – neue Chancen für interkulturelle Kooperation; München, Mering
Koch, E. (2022) Globalisierung: Wirtschaft und Politik. Chancen – Risiken – Antworten; 3. Aufl., Wiesbaden
Koch, E. (2023) Internationale Wirtschaftsbeziehungen I. Internationaler Handel zwischen Freihandel und Protektionismus; 4. Aufl., Wiesbaden

---

[4] Letzter Zugriff auf die unter „Literatur" und „Links" genannten Internetquellen jeweils 12/2024.

UNCTAD online Datenbank
WTO (2017) (2023) International Trade Statistics 2017, 2023, sowie frühere Jahrgänge.
WTO World Statistical Review/International Trade, div. Jahrgänge

Links

EU: https://european-union.europa.eu/principles-countries-history/history-eu_de
AfCFTA: https://au-afcfta.org/
APEC: https://www.apec.org/
ASEAN: https://asean.org
AU: https://au.int/en/
Mercosur: https://www.mercosur.int/en/
SAARC: https://www.saarc-sec.org/
SAFTA: https://www.un.org/ldcportal/content/south-asian-free-trade-area-safta
Statista-Freihandelszonen: https://de.statista.com/infografik/23526/ausgewaehlte-freihandelszonen-und-ihr-anteil-am-weltweiten-bruttoinlandsprodukt/ Creative Commons-Lizenz CC BY-ND 3.0
UNCTADstat 10/2023: https://wits.worldbank.org/;
USMCA: https://www.gtai.de/de/trade/usa/zoll/united-states-mexico-canada-agreement-usmca%2D%2D269346
WITS (World Integrated Trade Solutions): https://wits.worldbank.org/

Gründe für Außenhandelsbeziehungen

Inhaltsverzeichnis

4.1	Nicht-Verfügbarkeiten von Gütern – 55	
4.1.1	Eingeschränkte Verfügbarkeit von Produktionsfaktoren – 55	
4.1.2	Gestörter oder alternativer Einsatz von Produktionsfaktoren – 57	
4.1.3	Subjektive Nicht-Verfügbarkeiten – 58	
4.2	Kosten- und Preisunterschiede – 60	
4.2.1	Absolute Kostenvorteile – 60	
4.2.2	Komparative Kostenvorteile – 60	
4.2.3	Ursachen für Kostenunterschiede – 64	
4.3	Weitere Importursachen – 70	
4.4	Ansätze zur Erklärung von Exporten – 73	
4.5	Lernkontrolle – 77	
	Literatur – 79	

© Der/die Autor(en), exklusiv lizenziert an Springer Fachmedien Wiesbaden GmbH, ein Teil von Springer Nature 2025
E. Koch, *Internationaler Handel und Handelspolitik*, Studienwissen kompakt,
https://doi.org/10.1007/978-3-658-47964-0_4

> **Lernagenda**
>
> **Folgende Fragen werden in Kap. 4 beantwortet:**
> - Welche Rolle spielt eine *eingeschränkte Nicht-Verfügbarkeit* von Produktionsfaktoren für Importe?
> - Inwiefern können *politische Entscheidungen* die Verfügbarkeit von Produktionsfaktoren beeinflussen?
> - Was kann man unter einer *subjektiven Nicht-Verfügbarkeit* von Gütern verstehen?
> - Unter welchen Voraussetzungen lassen sich Importe durch *komparative Kostenvorteile* erklären?
> - Welche Erklärungsmöglichkeiten für *Kostenunterschiede* zwischen Ländern lassen sich unterscheiden?
> - Welcher Zusammenhang besteht zwischen der *Faktorausstattung* und den *Faktorproduktivtäten* eines Landes?
> - Was versteht man unter dem *Faktorproportionentheorem*?
> - Ist *inter-industrieller* Handel ein eigenständiger Erklärungsansatz für Importe?
> - Welche Rolle spielt *global sourcing* für den internationalen Handel?
> - Welche Bedeutung haben *Transnationale Unternehmen* für den internationalen Handel?
> - Welche volks- und betriebswirtschaftlichen *Erklärungsansätze* gibt es für Exporte?

Außenhandel umfasst Ex- und Importbeziehungen, die auf vielfältige Weise miteinander verknüpft sein können, deren *volkswirtschaftliche* Ursachen aber auch autonom betrachtet werden können. Grob gesagt, werden Güter importiert, um die Versorgung der Bevölkerung im Inland zu verbessern bzw. zu ermöglichen, da die betreffenden Waren im Inland nicht oder nur teurer produziert werden können. Dies gilt sinngemäß auch für Dienstleistungen, deren Betrachtung aber zunächst ausgeklammert bleiben soll. Exporte werden aus volkswirtschaftlicher Sicht dagegen primär zur Finanzierung von Importen und zur Erhöhung des Wirtschaftswachstums getätigt. Im Folgenden werden zunächst verschiedene Importerklärungen diskutiert, anschließend wird auf die unterschiedlichen Gründe für Exporte eingegangen.

4.1 Nicht-Verfügbarkeiten von Gütern

Güter sind aus verschiedenen Gründen nicht verfügbar: Einheimische Produzenten können beispielsweise aufgrund klimatischer Gegebenheiten, aus technischen Gründen oder infolge staatlicher Einflussnahme (Verbote etwa aus verbraucherschutz- oder umweltpolitischen Gründen) von inländischen Nachfragern gewünschte Produkte entweder gar nicht oder nicht in genügendem Umfang bzw. in der gewünschten Ausführung oder Qualität bereitstellen. Oder sie sind aufgrund ökonomischer Überlegungen, etwa wegen einer zu geringen Nachfrage bzw. zu geringer Gewinnaussichten, hierzu nicht bereit, sodass auf Importe zugegriffen werden muss. Daneben führen – subjektive oder objektive – Präferenzen der Nachfrager für ausländische Güter definitionsgemäß zur Nicht-Verfügbarkeit dieser Güter im Inland.

Eine *absolute Nicht-Verfügbarkeit* von Gütern liegt dann vor, wenn ein Land das benötigte Gut dauerhaft nicht bereitstellen kann und keine akzeptablen Substitutionsmöglichkeiten vorhanden sind. Bei der Frage der *Substituierbarkeit* spielen sowohl *objektive* Gesichtspunkte, etwa der Grad der Homogenität vergleichbarer Produkte, wie auch die *subjektive* Bereitschaft der Nachfrager auf Alternativprodukte auszuweichen, eine wesentliche Rolle. In weiter entwickelten Ländern kann meist nur von einer *relativen Nicht-Verfügbarkeit* von Gütern ausgegangen werden, da diese i. d. R. entweder temporär nicht verfügbar sind oder eine Substitution zwar grundsätzlich möglich ist, aber aus den oben genannten Gründen nicht geschieht. Gehen wir nun der Frage nach, *warum* Güter nicht verfügbar sind.

4.1.1 Eingeschränkte Verfügbarkeit von Produktionsfaktoren

Die Bereitstellung von Gütern in einem Land wird maßgeblich von den volkswirtschaftlichen Produktionsmöglichkeiten sowie von den Fähigkeiten und der Bereitschaft der Produzenten bestimmt, diese Güter auch tatsächlich zu produzieren. Die Produktion von Gütern und Dienstleistungen erfolgt unter einem möglichst optimalen Einsatz der vorhandenen **Produktionsfaktoren**. Ein Gut ist also offensichtlich dann nicht oder nicht in ausreichender Menge oder Qualität verfügbar, wenn Produktionsfaktoren nicht oder nicht in ausreichender Menge bzw. Qualität vorhanden sind oder aus bestimmten Gründen nicht zur Produktion des benötigten Gutes eingesetzt

werden (können). Unter Produktionsfaktoren im volkswirtschaftlichen Sinn werden üblicherweise Natur, Arbeit und Sachkapital verstanden:
- **Natur** ist die Summe aller von dieser bereitgestellten Einsatzgüter, wie die *klimatischen Bedingungen* und der Grund und *Boden* als Produktionsstandort und landwirtschaftliche Produktionsquelle sowie dessen *mineralische Beschaffenheit*, also etwa die Möglichkeit seltene Erden (in einem komplexen Verfahren) zu gewinnen oder sie als *Primärenergieträger* für fossile und regenerative Energien zu nutzen (Erdöl, Gas, Sonne, Wind, Wasser);
- **Arbeit** umfasst die verschiedenen Arten wirtschaftlich nutzbarer menschlicher Arbeitskraft, wie körperliche, planend-konzeptionelle, leitende, kommunikative, organisatorische oder forschend-kreative Tätigkeiten;
- **Sachkapital** wiederum beinhaltet alle produzierten Produktionsmittel wie beispielsweise Maschinen, Werkzeuge, Büros, Produktionsanlagen oder Informationstechnik.

Die Nicht-Verfügbarkeit von Gütern kann auf die eingeschränkte Verfügbarkeit des **Produktionsfaktors Natur** zurückzuführen sein: So führen unterschiedliche geologisch-geografische Gegebenheiten zu einer ungleichen Verteilung von *mineralischen Rohstoffen* (Abbauprodukte), während unterschiedliche klimatische Verhältnisse ungleiche Voraussetzungen für die Produktion *agrarischer Rohstoffe* (Anbauprodukte), wie tropische Früchte oder Genussmittel, nach sich ziehen. Häufig besteht zwar die Möglichkeit zu hohen Produktionskosten trotzdem Rohstoffe zu fördern bzw. Agrarprodukte anzubauen (z. B. Ölförderung aus Ölsand oder Produktion von tropischen Früchten in Treibhäusern), aufgrund der knappen vorhandenen ökonomischen Ressourcen, werden solche Möglichkeiten jedoch nur in Ausnahmesituationen erwogen. Trotzdem wird an diesen Beispielen deutlich, dass die Grenzen zwischen *absoluter* und *relativer* Nicht-Verfügbarkeit fließend sind.

Während sich die natürlichen Produktionsvoraussetzungen meist nur schwer und dann i. d. R. nur mit Hilfe des verstärkten Einsatzes von Kapital und/oder Arbeit (z. B. Vergrößerung der bebaubaren Landfläche durch Eindeichung oder den zusätzlichen Einsatz von Bewässerungsmethoden) beeinflussen lassen, können Qualitäts- und Quantitätsdefizite der **Produktionsfaktoren Arbeit und Kapital** grundsätzlich überwunden werden. Sie sind damit prinzipiell relativer Natur, auch wenn sich Defizite über längere Zeiträume erstrecken können. *Quantitätsdefizite*, d. h. zu geringe Mengen an einsetzbarem Sachkapital oder Arbeitskräften, können entwicklungsbedingt sein, etwa durch fehlende Investitionsbereitschaft von einheimischen oder ausländischen Unternehmern oder demografische, politische (Kriege, Binnenflüchtlinge) oder konjunkturelle (zu geringes Arbeitskräfteangebot) Ursachen haben. In allen Fällen fehlen die für die Produktion benötigten Voraussetzungen und somit die Möglichkeit, die für den Inlandsmarkt benötigten Güter zur Verfügung zu stellen. *Qualitätsdefizite* können sowohl beim Faktor Arbeit durch fehlendes Know-how, mangelnde Erfahrung oder zu niedriges Bildungs- und Ausbildungsniveau, als auch beim Faktor Sachkapital, etwa in Form veralteter Anlagen, fehlender Technologien oder ungeeigneter Produktionsverfahren auftreten. Sie können lang- oder kurzfristiger Natur sein *(technological gap)* und u. a. zurückzuführen sein auf unterschiedliche historische oder kulturelle Bedingungen, unzureichende Rahmenbedingungen, wie eine ungeeignete Wirtschaftspolitik, eine korruptionsanfällige Rechtsordnung, ein mangelhaftes Bildungs- und/oder Gesundheitssystem oder problematische Verhaltensweisen von Unternehmern und/oder Arbeitnehmern, wie Inflexibilität, zu langsame Lern- und Umsetzungsprozesse, Kapitalflucht etc.

4.1.2 Gestörter oder alternativer Einsatz von Produktionsfaktoren

Sind Produktionsfaktoren in ausreichender Anzahl und Qualität vorhanden, können trotzdem Umstände vorliegen, die den Einsatz oder die notwendige Kombination der Faktoren so beeinflussen, dass die Produktion der benötigten Güter verhindert wird. Ursachen hierfür können politische oder unternehmerische Entscheidungen sein, aber auch im Bereich der „höheren Gewalt" angesiedelt sein.

Beispiele für **staatlich** verursachte Änderungen des Einsatzes von Produktionsfaktoren sind *Produktionsbeschränkungen* oder *Produktionsverbote*, etwa aus verbraucher-, gesundheits- oder umweltpolitischen Gründen, zeitraubende und gegebenenfalls teure bürokratische *Genehmigungsprozeduren* sowie eine politisch gewünschte *Umleitung von Ressourcen*, etwa im Falle von Kriegsvorbereitungen oder staatlichen Prestigeobjekten. Schließlich können auch *ungeeignete volkswirtschaftliche Koordinations- und Organisationsformen* mit zentralen Lenkungssystemen und zentraler Abwicklung des Außenhandels etwa durch staatliche Handelsorganisationen (*Zentralverwaltungswirtschaften*) die Fähigkeit einer Volkswirtschaft, benötigte Produkte bereitzustellen, reduzieren.

► **Beispiel**

Deutschland

Deutschland wäre theoretisch in der Lage über einen begrenzten Zeitraum einen großen Teil des Eigenbedarfs an *Erdgas* durch den Einsatz von *Fracking* sicher zu stellen. Da diese Methode jedoch im eigenen Land aus politischen Gründen seit 2017 verboten ist, muss Erdgas, das im Ausland – auch unter Nutzung der Fracking-Technologie – gefördert wird, importiert werden. Eine alternative Möglichkeit zur Sicherstellung der Energieversorgung ist der Einsatz von regenerativen Energien. Die hierfür notwendigen politischen Weichenstellungen erfolgten jedoch nicht frühzeitig genug und wurden nicht mit dem nötigen Nachdruck umgesetzt. Hinzu kommen umständliche, zeitverzögernde bürokratische und gerichtliche Prozeduren und Genehmigungsprozesse, kontraproduktive politische Entscheidungen auf regionaler Ebene und zu wenig vorausschauendes strategisches Handlungs- und Durchsetzungsvermögen früherer Regierungen. ◄

Bei **Unternehmen** stehen in Abhängigkeit von der jeweiligen Unternehmensstrategie für die Bereitstellung von Gütern und Dienstleistungen beispielsweise die Erhöhung des Marktanteils, höhere Gewinne und steigende Aktienkurse (*shareholder value*) im Vordergrund. Da die zur Verfügung stehenden Ressourcen begrenzt sind, bedeutet jede Entscheidung einen *Verzicht auf die Produktion* möglicher alternativer, aber aus unternehmenspolitischen Gründen nicht sinnvoller Produkte – eine Situation, die derzeit in der deutschen Automobilindustrie eine große Rolle spielt. In diesen Fällen werden also Güter trotz grundsätzlich vorhandener Produktionsmöglichkeiten aufgrund der bestehenden *Unternehmensprioritäten* im Inland nicht oder nicht in genügendem Umfang zur Verfügung gestellt.

Auch *Fehlplanungen* reduzieren das Zur-Verfügung-Stellen von Gütern und Dienstleistungen oder führen zu einer konjunkturell oder strukturell bedingten Unterauslastung der Produktionskapazitäten. Zudem haben *externe Ursachen*, wie kriegsbedingte Ressourcenzerstörung, Naturkatastrophen oder Missernten, vergleichbare Folgen.

4.1.3 Subjektive Nicht-Verfügbarkeiten

Eine andere Situation liegt dann vor, wenn sich bei hoher Produktähnlichkeit von einheimischen und ausländischen Produkten objektive Unterschiede nicht oder kaum feststellen lassen, inländische Nachfrager aber trotzdem die ausländische Produktvariante vorziehen. Damit ist das entsprechende Gut aus *subjektiver Sicht* im Inland nicht verfügbar. Ursachen sind i. d. R. mit

4.1 · Nicht-Verfügbarkeiten von Gütern

dem ausländischen Produkt verknüpfte Image- oder Qualitätsfaktoren, durch die eine *Produktdifferenzierung* entsteht oder verstärkt wird, durch die die Substitutionswahrscheinlichkeit durch inländische Produkte reduziert wird. Eine solche Strategie der *Marktsegmentierung durch Produktdifferenzierung*, die sowohl auf regionalen oder nationalen Märkten als auch auf internationalen Märkten stattfindet, fördert die subjektive Nicht-Verfügbarkeit der betreffenden Waren auf dem Inlandsmarkt. Diese Strategie wird auf vielen Teilmärkten, meist für Konsumgüter, eingesetzt: Sie gilt für Autos oder Smartphones ebenso wie für Früchte, Designmöbel oder Ferienpauschalreisen. Die Ausbildung der gewünschten *Konsumentenpräferenzen* für bestimmte Importprodukte wird durch warenästhetische Maßnahmen, wie Werbung, Produktdesign oder Verpackung, initiiert und unterstützt, sodass sich bestimmte gewünschte *Produkt- oder Markenimages* von Importprodukten herausbilden.

Es bleibt also festzuhalten, dass bestimmte Güter oder Dienstleistungen im Inland nicht verfügbar sind, was von den Konsumenten durch den Grad ihrer *Substitutionstoleranz* entschieden wird. Da das weltweite Angebot an Gütern und Dienstleistungen sich durch die internationale Arbeitsteilung, neue Anbieter, Produktinnovationen, den Einsatz von warenästhetischen Maßnahmen und durch Konsumentenpräferenzen laufend ändert, wird das Volumen im Inland nicht verfügbarer und damit importierter Güter tendenziell zunehmen. ◘ Abb. 4.1 fasst die verschiedenen Varianten der Nicht-Verfügbarkeit noch einmal zusammen.

Nicht-Verfügbarkeit von Gütern im Inland					
Eingeschränkte Verfügbarkeit von Produktionsfaktoren		Gestörter oder anderweiger Einsatz von Produktionsfaktoren			Subjektive Nicht-Verfügbarkeiten
Immobiler Produktionsfaktor Natur	Mobile Produktionsfaktoren Arbeit und Kapital	Staat	Unternehmen	Externe Faktoren / Höhere Gewalt	
• Fehlende mineralische Rohstoffe z.B. Erdöl, Kupfer, Lithium, Kobalt • Fehlende agrarische Rohstoffe z.B. trop. Früchte, Weizen, Kaffee	• Qualitätsdefizite, z.B. fehlende Ausbildung und Erfahrung; veraltete Produktionsverfahren und Techniken • Quantitätsdefizite, z.B. Mangel an geeigneten Arbeitskräften; zu geringe / veraltete Sachkapitalausstattung	• falsche Anreize und Steuerung • Exportzwang zur Devisenbeschaffung • Bürokratische Genehmigungsprozesse • Umleitung von Ressourcen (Kriege)	• Priorität für gewinnträchtigere Produkte • Fehlplanungen bzw. Fehlentscheidungen • Engpässe (Konjunktur, Lieferketten) • Streiks / Aussperrungen	• Naturkatastrophen • Missernten • Flüchtlingsprobleme • Kriege und Unruhen	• Bestimmte subjektive Erwartungen werden durch Inlandsprodukte nur unzureichend erfüllt • Positive Länder- und Produktimages ausländischer Produkte • Einfluss von Produktdifferenzierung und Marktsegmentierung

◘ **Abb. 4.1** Nicht-Verfügbarkeiten von Gütern

4.2 Kosten- und Preisunterschiede

Neben den Nicht-Verfügbarkeiten und damit insbesondere Unterschieden in den Produktionsvoraussetzungen in den jeweiligen Ländern sind vor allem unterschiedliche Preis- und Kostensituationen für Import-Exportbeziehungen verantwortlich. Sind ausländische Güter billiger als einheimische Produkte, so ist es offensichtlich vorteilhaft diese zu importieren.

4.2.1 Absolute Kostenvorteile

Allgemein gilt, dass ausländische Produkte *absolute Kostenvorteile* aufweisen, wenn die Produktionskosten im Inland höher sind als die entsprechenden Kosten im Ausland. Das Inland könnte dann auf die Produktion dieses Gutes verzichten und seinen Bedarf durch Importe decken, vorausgesetzt, es ist in der Lage, sich die entsprechende Menge der für die Bezahlung der ausländischen Güter benötigten *Devisen* zu beschaffen. Weist umgekehrt ein Land bei der Produktion von Gütern absolute Kostenvorteile auf, kann es die Produktion dieser Güter forcieren und die im Inland nicht benötigten Mengen exportieren. Absolute Kostennachteile können somit Importe, absolute Kostenvorteile Exporte erklären. Schon *Adam Smith* (1723–1790) begründete Außenhandel mit absoluten Kostenunterschieden.

Die Vorteilhaftigkeit eines solchen Handels hängt allerdings von verschiedenen Faktoren ab: Offensichtlich ist die Art der Produkte von Bedeutung. Spezialisierung kann zu einer Festlegung auf Produktionsstrukturen führen, die nur wenig Entwicklungspotenzial beinhalten und in eine entwicklungspolitische Sackgasse führen. So muss beispielsweise gewährleistet sein, dass die Deviseneinnahmen für die exportierten Güter in der Lage sind die Kosten für die Güterimporte zu erwirtschaften, um eine wachsende Verschuldung durch die Aufnahme von Fremdwährungskrediten im Ausland zu vermeiden. Zudem darf die Spezialisierung nicht zu einem Verlust an Flexibilität, spezifischem Know-how oder zu nur schwer reversiblen Produktionsstrukturen und Abhängigkeiten von den Weltmarktbedingungen führen.

4.2.2 Komparative Kostenvorteile

Würden wir uns auf diesen Erklärungsansatz beschränken, würde daraus folgen, dass Länder, die keine absoluten Kostenvorteile gegenüber dem Ausland besitzen, wohl kaum Exporte tätigen könnten. Ebenso bietet dieser An-

4.2 · Kosten- und Preisunterschiede

satz keine Erklärung für Importe aus Ländern, die absoluten Kostennachteile im Vergleich mit dem eigenen Land aufweisen. *David Ricardo* (1772–1823) gelang es mit seiner **Theorie komparativer Kostenvorteile** (s. *Links*) nachzuweisen, dass ein Land auch dann ökonomische Vorteile aus Importen ziehen kann, wenn es bei allen Produkten absolute Kostenvorteile gegenüber dem Ausland hat. Umgekehrt bedeutet dies, dass Länder, die nur absolute Kostennachteile aufweisen, ebenfalls Außenhandel betreiben können. Da die Produktionsmöglichkeiten jedes Landes aufgrund seiner beschränkten Ressourcen begrenzt sind, müsse es sich, nach *Ricardo*, auf die Produktion der Güter *spezialisieren*, bei denen die komparativen Vorteile im Vergleich zu anderen Ländern am höchsten sind und diese Produkte verstärkt exportieren. Umgekehrt müsse es die Produktion der Güter, die im Vergleich mit dem Ausland komparative Nachteile haben, einschränken und diese verstärkt importieren. Außenhandel lässt sich daher auch als strategische Nutzung komparativer Vorteile interpretieren.

Hierbei weist ein Land dann gegenüber einem anderen Land einen komparativen Kostenvorteil auf, wenn es niedrigere „Opportunitätskosten" bei der Produktion eines Gutes hat als das andere Land. Unter *Opportunitätskosten* versteht man dabei den aus dem Einsatz von begrenzt vorhandenen Produktionsfaktoren notwendigerweise entstehenden Verzicht auf alternative produktive Verwendungsmöglichkeiten. Ein Land hat also dann einen komparativen Kostenvorteil (niedrigere Opportunitätskosten), wenn es bei der Produktion des betreffenden Gutes auf weniger produzierte Einheiten anderer Güter verzichten muss.

▶ **Beispiel**

Ricardo verdeutlicht diese Situation mit einem anschaulichen Beispiel: „Zwei Menschen können sowohl Schuhe als auch Hüte herstellen, und doch ist der eine dem anderen in beiden Beschäftigungen überlegen. Aber in der Herstellung von Schuhen kann er seinen Konkurrenten um 33 % übertreffen, in der von Hüten dagegen nur um 20 %. Würde es dann nicht im Interesse beider liegen, dass der Überlegene sich ausschließlich auf die Schuhmacherei und der darin weniger Geschickte auf die Hutmacherei verlegen sollte?"[1] ◀

---

1 D. Ricardo, zit. nach Birnstiel 1982: Theorie und Politik des Außenhandels, Stuttgart, S. 34.

Mit den Erlösen aus dem Export der komparativ vorteilhaften Güter können aus dem Ausland mehr Einheiten der kostenbenachteiligten Produkte erworben werden, als dies durch inländische Produktion möglich gewesen wäre. Damit verbessert sich die Versorgung im Inland, der Wohlstand nimmt zu. Gleichzeitig erhalten beide Länder durch die verstärkte Spezialisierung die Möglichkeit (mehr) zu exportieren und so ihre Versorgungssituation insgesamt zu verbessern. Jedes Land kann sich auf die wirtschaftlichen Aktivitäten konzentrieren, bei denen vergleichsweise weniger Ressourcen eingesetzt werden müssen, um das gleiche Niveau an Güterversorgung der Bevölkerung zu erreichen. Für alle beteiligten Länder entstehen durch *Spezialisierung* und verstärkte Nutzung der *internationalen Arbeitsteilung* ökonomische Vorteile.

Ob für beide Länder eine *Spezialisierung* auf die Güter mit komparativen Vorteilen tatsächlich ökonomisch so interessant ist, dass die mit der Spezialisierung und den damit verbundenen Strukturänderungen einhergehenden Nachteile überkompensiert werden können, hängt in der Realität tatsächlich aber von einer Reihe von **Voraussetzungen** ab:

— Zunächst setzt eine erfolgversprechende Spezialisierungsstrategie **freien Warenaustausch**, zumindest aber langfristig stabile Regelungen im internationalen Warenverkehr voraus, da sonst einseitige Spezialisierungen zu riskant wären. Handelsbeschränkungen, also Protektionismus auf Seiten der Abnehmerländer, etwa Zölle, würde kalkulierte Spezialisierungsvorteile möglicherweise verhindern.

— Der **Weltmarktpreis** eines Gutes wird sich zwischen den nationalen Preisen einpendeln. Hierbei sind nicht nur die Produktions- und sämtliche *Transaktionskosten*, wie Transport- und Versicherungskosten, zu berücksichtigen, sondern zusätzlich die – in der Regel schwankenden – *Wechselkurse* sowie die *Angebots- und Nachfrageverhältnisse* auf dem Weltmarkt.

— Spezialisierungen sind nur dann sinnvoll, wenn die Produktionswerte und Marktverhältnisse beider Güter bzw. Gütergruppen ähnlich sind, sodass keine längerfristigen erheblichen **Leistungsbilanzdefizite** entstehen. Dies wäre dann der Fall, wenn die mit den eigenen Exportgütern erzielten Deviseneinnahmen wesentlich geringer ausfallen, als die für die Importe aufzuwendenden Devisenausgaben.

— Da sich die Weltmarktbedingungen schnell ändern können, sind Länder im Vorteil, deren Produkte eine **flexible Anpassung** ihrer Ex- und Importpalette an die sich verändernden Weltmarktbedingungen erlauben. Dies gilt eher für Produzenten industrieller Fertigwaren mit einer breiten

4.2 · Kosten- und Preisunterschiede

Produktpalette. Umgekehrt sind diejenigen Länder benachteiligt, die sich auf Produkte spezialisieren, die eine Umstellung oder Anpassung weniger schnell erlauben. Dies gilt vor allem für die Güter des primären Sektors, also mineralische und landwirtschaftliche Produkte.

- Ferner müssen die **dynamischen Effekte** von Spezialisierungen berücksichtigt werden, da die Gefahr besteht, dass bestehende Entwicklungsdifferenzen bei den sich auf unterschiedliche Güter und Wirtschaftssektoren spezialisierenden Ländern festgeschrieben werden. Im Allgemeinen werden hier ebenfalls eher *die* Länder von Spezialisierungen profitieren, also weitere Entwicklungsimpulse erhalten, die sich auf die Produktion von technologie- und wissensintensiven Produkten konzentrieren. Dies kann zu einer *„Zementierung asymmetrischer Produktionsstrukturen"* führen: Während sich die eine Ländergruppe auf zukunftsträchtige Produkte spezialisiert, würden sich andere Länder auf die Produktion und den Export weniger entwicklungsrelevanter Produkte spezialisieren, die wegen ihrer Homogenität und Austauschbarkeit intensiver Konkurrenz auf dem Weltmarkt ausgesetzt sind.

▶ **Beispiel**

Viele Entwicklungsländer erzielen ihre Deviseneinnahmen nach wie vor vorwiegend aus dem Export agrarischer oder mineralischer – zumeist unverarbeiteter – Rohstoffe. Um die Exporterlöse zu steigern wird die Spezialisierung zugunsten von Exportprodukten, wie z. B. Baumwolle, Kaffee, Kakao oder tropische Früchte, vorangetrieben und der Anbau von für die Bevölkerung lebensnotwendigen Subsistenzprodukten reduziert. Die für die Selbstversorgung mit Nahrungsmitteln, wie beispielsweise Getreide, benötigte Anbaufläche sinkt – bei meist wachsender Bevölkerung. Die Folge ist, dass der Import von Weizen oder Mais für die Herstellung von Grundnahrungsmitteln zunimmt. Damit sinkt die Selbstversorgungskapazität dieser Länder, sodass diese mehr und mehr Grundnahrungsmittel einführen müssen und vom Weltmarkt mit seinen häufig stark schwankenden Preisen abhängig werden (vgl. ▶ Kap. 9). So führte beispielsweise die Blockade ukrainischer Weizenexporte während des russischen Angriffskriegs ab 2022 zu massiven Versorgungsproblemen vor allem in ost- und nordafrikanischen Ländern. Auch Länder, die sich auf den Export fossiler Energieträger, wie Erdgas oder Erdöl, spezialisiert haben, werden bei nachlassender Weltmarktnachfrage, infolge von klima- oder politisch bedingter Neuorientierung der Energiepolitik der Abnehmerländer, ihre Exportstrategie neu ausrichten müssen. ◀

— Eng damit verknüpft ist das Problem, dass eine weltweite Verbesserung der Versorgung durch Außenhandel **keineswegs gleich verteilte Wohlstandszuwächse** impliziert. So profitieren nicht alle Länder und vor allem nicht alle gesellschaftlichen Gruppen in diesen Ländern in gleichem Umfang von Außenhandelsbeziehungen. Spezialisierungsprozesse werden immer diejenigen gesellschaftlichen Gruppen benachteiligen, die zuvor von der Produktion des Gutes, das nun nicht mehr oder in geringerem Umfang hergestellt wird, profitiert haben. Verteilungsprobleme zwischen den Ländern wie auch innerhalb der Länder werden in vielen Fällen jedoch *Handelsbeschränkungen* (vgl. ▶ Kap. 6) auslösen, die den im Ricardo-Modell postulierten Freihandel verhindern.

Konzentriert sich ein Land auf die Produktion und den Export von Industriegütern, wird dies – wie in England im 19. Jahrhundert – zunächst zu sozialen und ökonomischen Problemen für die Landbevölkerung führen, während der Export dieser Industrieprodukte dazu führt, dass die Fertigwarenproduktion der importierenden Länder unter Wettbewerbsdruck gerät. Indien wies zu Beginn des 19. Jahrhunderts noch einen Exportüberschuss an Textilien auf, wenige Jahrzehnte später waren die Grundlagen der indischen Industrie jedoch durch die englische Protektionspolitik und die zunehmenden englischen Textilexporte zerstört.

Aufgrund der generellen Begrenztheit der Ressourcen und der dynamischen Entwicklung der Weltwirtschaft wird kein Land in der Lage sein, in allen Bereichen preisgünstiger bzw. qualitativ besser als alle anderen Länder zu produzieren. Die Exportländer werden daher ständig versuchen ihre Ressourcen in jenen Bereichen einzusetzen, in denen ihre Wettbewerbsvorteile am größten sind. Da die Güter, die nicht produziert werden, importiert werden, wird es nur durch Außenhandel möglich sein, die negativen Folgen knapper und unterschiedlich verteilter Ressourcen zu begrenzen.

4.2.3 Ursachen für Kostenunterschiede

Absolute und komparative Kostenunterschiede und daraus resultierende Preisunterschiede sind von einer Vielzahl von Faktoren abhängig. Die **Inlandsfaktoren** bestehen im Wesentlichen aus den *Produktionskosten*, den *Marktverhältnissen* und der damit zusammenhängenden Preispolitik der Anbieter sowie möglichen Einflüssen des *Staates* auf Produktion und Preise.

- Die *Produktionskosten* setzen sich zusammen aus den Kosten für die einzelnen Produktionsfaktoren, also Arbeitskosten, Kapitalkosten und möglichen Kosten für Grund und Boden. Diese *Faktorkosten* werden beeinflusst von der Leistungsfähigkeit der Faktoren, den *Faktorproduktivitäten*, die ihrerseits von den verfügbaren absoluten Mengen und den Qualitäten der Faktoren, also der *Faktorausstattung*, abhängen. Die verwendeten *Produktionsverfahren* und das Marktvolumen – mit wachsender Marktgröße werden Massenproduktionseffekte (*Skaleneffekte*) wirksam – haben ebenso Einfluss auf Produktivität und Faktorkosten wie die Relationen der eingesetzten Faktoren zueinander, die sog. *Faktorproportionen* (s.u.).
- *Marktstruktur* und Wettbewerbsverhältnisse, also Anzahl und Verhaltensweisen der Wettbewerber und Nachfrager, beeinflussen die Marktpreise: ein Nachfrageüberhang führt tendenziell zu steigenden Preisen, ein Angebotsüberhang zu Preissenkungen, während das Marktverhalten der Anbieter und Nachfrager auf den *Beschaffungsmärkten* den Preis für Vorprodukte beeinflusst. Zudem hat die Situation auf den *Faktormärkten*, also etwa auf den Arbeitsmärkten, einen entscheidenden Einfluss auf Kosten und Preise.
- Der *Staat* und damit die Politik beeinflussen Kosten und Preise ebenfalls. Abgesehen davon, dass der Staat selbst Preise für von ihm angebotene Leistungen durch Gebühren festsetzt *(administrierte Preise)*, die Eingang in die unternehmerische Preiskalkulation finden können, wirken auch viele wirtschaftspolitische Maßnahmen direkt auf die Kosten- und Preisstrukturen. So verändert das Niveau der *Infrastrukturinvestitionen* (Bildung und Wissenschaft, Verkehr und Kommunikation, Umweltschutz etc.) die Voraussetzungen für die inländische Produktion und damit für die internationale Wettbewerbsfähigkeit einheimischer Produzenten, während *indirekte Steuern*, wie Umsatz- und Verbrauchssteuern, unmittelbar die Güterpreise beeinflussen. *Importzölle* auf Roh- und Halbfertigprodukte verteuern die inländischen Fertigprodukte, *Subventionen* und *Exportförderungsmaßnahmen* begünstigen dagegen inländische Produzenten und führen zu Wettbewerbsvorteilen.

Unter „**Weltmarktfaktoren**" können die *Wettbewerbs- und Machtverhältnisse* auf dem Weltmarkt und die damit verbundenen Einflüsse auf die Weltmarktpreise, die Transportkosten (*Lieferkettenprobleme*) und die Entwicklung der Wechselkurse zusammengefasst werden. Hinzu kommen neben *geopolitischen Faktoren* die spezifischen *Außenwirtschaftspolitiken* der

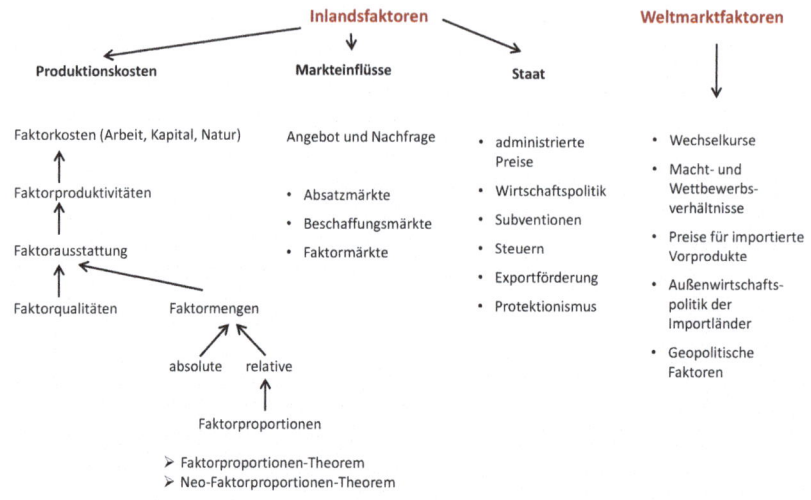

Abb. 4.2 Ursachen für Preisunterschiede

potenziellen Importländer: Zölle und sonstige Handelshemmnisse sowie die Angebots- und Nachfrageverhältnisse auf deren Märkten. ◘ Abb. 4.2 fasst diese Faktoren noch einmal in einer Übersicht zusammen.

- **Produktionskosten und Produktivitäten**

Zunächst hängen die Produktionskosten von Gütern im Wesentlichen von den Preisen für den Einsatz der Produktionsfaktoren, den Faktorkosten, ab. Diese weisen international große Unterschiede auf. So spielen in der öffentlichen Diskussion vor allem unterschiedliche **Arbeitskosten** als Ursache für Produktionskostenunterschiede eine Rolle. Nachdem Deutschland lange die internationale Vergleichstabelle angeführt hat, liegt es inzwischen (nur noch) im oberen Mittelfeld.

Als Vergleich werden üblicherweise die durchschnittlichen *Lohnstückkosten* herangezogen. Hierfür setzt man die durchschnittlichen Arbeitskosten je Stunde in Bezug zur gesamtwirtschaftlichen Produktion pro Stunde. Die gesamtwirtschaftlichen Lohnstückkosten errechnen sich durch das Verhältnis aus Bruttoeinkommen aus unselbstständiger Arbeit und dem realen, also inflationsbereinigten, BIP.

Wie ◘ Abb. 4.3 zeigt, liegt das Lohnkostenniveau in vielen europäischen Staaten, aber auch beispielsweise in den USA und Japan, zum Teil erheblich unter dem deutschen Niveau.

4.2 · Kosten- und Preisunterschiede

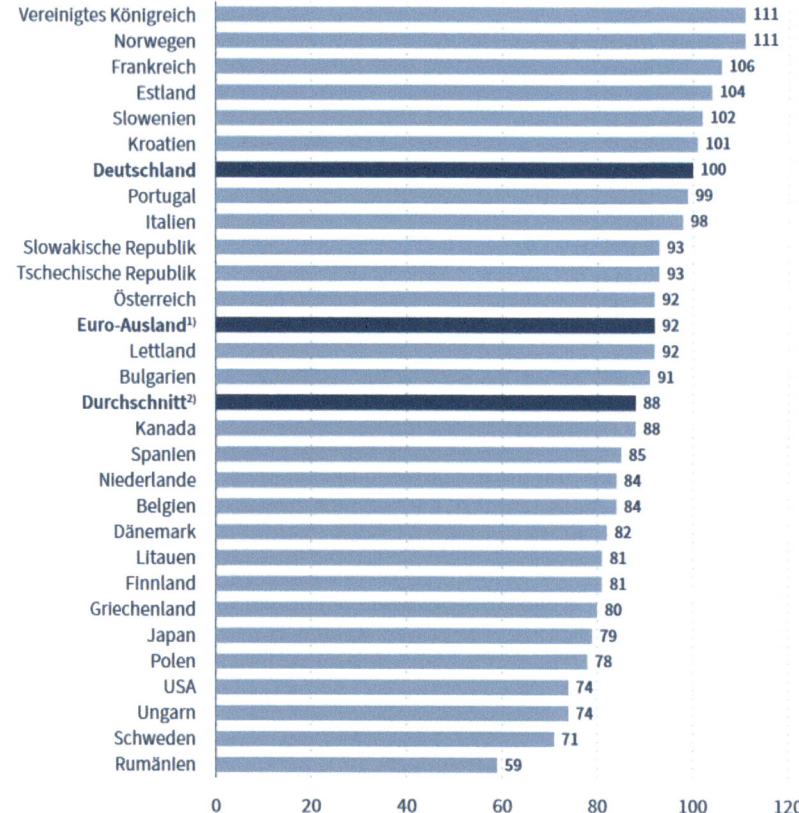

■ Abb. 4.3 Europäische Lohnstückkosten 2021. (Quelle: Schröder 2022, Abb. 1)

Tatsächlich ist aber der Anteil der **direkten Lohnkosten** an den Produktionskosten verhältnismäßig gering. In den 2010er-Jahren schwankte er in Deutschland um 15 % und liegt in vielen Sektoren erheblich darunter, vor allem aufgrund des zunehmenden Einsatzes des Faktors Kapital in Form von Maschinen, Industrierobotern und Digitalisierung und zukünftig auch von künstlicher Intelligenz (*KI*). Die Produktionskosten, also die Kosten der eingesetzten Produktionsfaktoren, müssen zudem in Abhängigkeit von den mit ihrem Einsatz erzeugten Leistungen, ihren *Produktivitäten*, betrachtet werden.

> Unter **Produktivität** versteht man die *technische Leistungsfähigkeit* einer Verursachungsgröße. So wird die *Arbeitsproduktivität* mit Hilfe des pro Arbeitsstunde erzeugten Produktionsergebnisses und die *gesamtwirtschaftliche Arbeitsproduktivität* durch das Verhältnis der nationalen Wertschöpfung einer Periode, dem BIP, zur Menge der eingesetzten Arbeitseinheiten bzw. zur Anzahl aller Erwerbstätigen gemessen. Ferner können sektorale oder einzelwirtschaftliche Produktivitäten berechnet werden, wobei alle Ergebnisse erst durch den Vergleich mit anderen Ländern oder Zeitperioden interessant werden, also etwa durch periodische oder internationale Produktivitätsvergleiche.

Niedrige *Faktorproduktivitäten* führen i. d. R. auch zu niedrigen Faktorkosten. Ist die Arbeitsproduktivität niedrig, können nur relativ geringe Löhne gezahlt werden, steigt die Arbeitsproduktivität, können höhere Löhne durchgesetzt werden, sodass auch die Faktorkosten steigen. Hohe Faktorkosten werden demnach durch höhere Faktorproduktivitäten relativiert. Da aber steigende Faktorproduktivitäten in einzelnen Sektoren häufig erst zeitverzögert zu höheren Kosten führen, haben diese Sektoren Kostenvorteile und sind so in der Lage, ihre Wettbewerbsfähigkeit – auch auf dem Weltmarkt – zu steigern.

- **Unterschiedliche Faktorausstattung**

Produktionsfaktoren sind nicht homogen. Sie weisen unterschiedliche **Qualitäten** auf, die die Produktivität beeinflussen. Die Produktivität des *Sachkapitals* ist abhängig von dem jeweiligen Stand der Technik und damit auch von dem Umfang und der Qualität der getätigten Investitionen. Die Produktivität der *Arbeit* ist abhängig vom Ausbildungs- und Bildungsniveau, von einschlägigen Erfahrungen, dem kumulierten Wissen, der Organisation der Arbeit und der technischen Kapitalausstattung des Arbeitsplatzes. Damit hängt die Arbeitsproduktivität auch wieder von der Leistungsfähigkeit des eingesetzten Sachkapitals ab. Leistungsfähige Geräte, Werkzeuge und Maschinen, eng verknüpft mit dem Stand der Digitalisierung, also beispielsweise mit dem Einsatz von *KI*, erhöhen die Arbeitsproduktivität. *Natur* (Boden) als Standortfaktor kann entscheidend sein für die Anbindung an Verkehrsnetze und den problemlosen Zugang zu Infrastruktur, zu schnellen Internetverbindungen, zur Gewinnung neuer Arbeitskräfte und auch zu staatlichen Leistungen, die mit dem Standort verknüpft sind. Im Agrarbereich ist die Qualität des Bodens u. a. abhängig von den enthaltenen Mineralstoffen, dem Mikroklima oder dem Einsatz von Düngemitteln.

4.2 · Kosten- und Preisunterschiede

Auch die absolut vorhandenen bzw. einsetzbaren **Faktormengen** haben einen Einfluss auf die Faktorproduktivitäten: Eine zu geringe Verfügbarkeit von *Sachkapital*, etwa Maschinen oder auch Dünger, limitiert die Produktivität des Bodens. Ein zu geringer Einsatz von Industrierobotern, von leistungsfähiger Software oder von ergonomisch eingerichteten Arbeitsplätzen verringert die Arbeitsproduktivität. Ausreichende Verfügbarkeit von Sachkapital dagegen ermöglicht größere Produktionszahlen und kann zu Einsparungen infolge von Massenproduktionseffekten (*Skaleneffekte*) führen. Eine zu geringe Anzahl verfügbarer und geeigneter *Arbeitskräfte* oder Fachkräfte (!) bzw. eine zu geringe Gesamtarbeitszeit (Krankheit, Feiertage, 3-Tagewoche) wird den Umfang der tatsächlich geleisteten Arbeitszeit verringern und die Auslastung des Faktors Kapitals und dessen Produktivität negativ beeinflussen.

Auch die in dem Land bestehenden **Faktorproportionen** beeinflussen die Faktorkosten und damit die Güterpreise. Unter Faktorproportionen versteht man die relativen Anteile der Produktionsfaktoren am gesamten Produktionspotenzial eines Landes. Auf dieser Überlegung aufbauend entwickelten *Eli Heckscher* und *Bertil Ohlin* 1933 das **Faktorproportionentheorem** *(Heckscher-Ohlin-Theorem)* (s. Links).

> ▶ **Beispiel**
>
> **Faktorpoportionentheorem**
>
> Ausgangspunkt ist ein Zwei-Länder/Zwei-Faktoren-Modell. *Land A* ist mit dem Produktionsfaktor Sachkapital vergleichsweise reichlicher ausgestattet als mit dem Produktionsfaktor Arbeit, während sich die Situation in *Land B* genau entgegengesetzt darstellt. Wird nun vereinfachend von gleichen Faktorproduktivitäten ausgegangen, spiegeln sich die relativen *Knappheiten* der Produktionsfaktoren in den jeweiligen *Faktorentlohnungen* wider. So wird der relativ häufiger vorhandene Produktionsfaktor auch der vergleichsweise billigere Faktor sein, der dann aus Kostengründen auch häufiger eingesetzt wird: *Land A*, das ja über vergleichsweise viele Maschinen verfügt, wird pro Arbeitskraft verhältnismäßig viel Sachkapital einsetzen und eher *kapitalintensiv* produzieren, während *Land B*, das über vergleichsweise viele Arbeitskräfte verfügt, eher *arbeitsintensiv* produzieren wird. Daraus folgt, dass Länder, die über relativ viele Arbeitskräfte verfügen, als *Niedriglohnländer* Preisvorteile im internationalen Wettbewerb aufweisen, wenn sie sich auf die Produktion von arbeitsintensiv hergestellten Gütern spezialisieren. Entsprechendes gilt für relativ kapitalreiche Länder, die sich als *Hochlohnländer* auf die Produktion und den Export kapitalintensiver Produkte konzentrieren. ◀

Heckscher und Ohlin unterstellten homogene Faktoren. Wie bereits angesprochen, müssen Arbeit und Sachkapital jedoch differenzierter gesehen werden, sie weisen Unterschiede auf und sind damit auch unterschiedlich leistungsfähig. Erweiterte Versionen des Heckscher-Ohlin-Ansatzes, wie das *Neo-Faktorproportionen-Theorem*, berücksichtigen diese Tatsache. Allgemeines Ergebnis dieser Überlegungen bleibt jedoch, dass unterschiedliche Einsatzverhältnisse von Arbeit und Kapital auch zu unterschiedlichen Produktionskosten und so zu Preisunterschieden im internationalen Wettbewerb führen (vgl. auch ◘ Abb. 4.3).

▶ **Beispiel**
Entwicklungsländer
Viele Entwicklungsländer fragen gebrauchte Maschinen (Kräne, Textilmaschinen, Traktoren etc.) nach. Einerseits sind diese schnell verfügbar und kosten nur einen Bruchteil des Neupreises. Andererseits sind Unternehmen und Arbeitskräfte möglicherweise auch noch nicht in der Lage innovative High-Tech-Geräte, sinnvoll einzusetzen und zu warten, da die hierfür notwendigen technischen Voraussetzungen (noch) nicht vorhanden sind. Gleichzeitig kann es für Volkswirtschaften, die mit dem Produktionsfaktor Arbeit relativ reichlich ausgestattet sind, sinnvoll sein, zunächst auf arbeitssparende Technologien zu verzichten und sich auf die Schaffung von Arbeitsplätzen und damit auf den Aufbau von arbeitsintensiven Produktionsstrukturen zu konzentrieren. ◀

4.3 Weitere Importursachen

■ **Intra-industrieller Handel**

Bisher wurden vorwiegend Handelsbeziehungen zwischen Ländern mit sehr unterschiedlichen Ressourcenausstattungen betrachtet, die dann zu einem großen Teil zu *komplementärem* Handel, also Handel mit einander ergänzenden Gütern, beispielsweise also Rohstoffe und Fertigwaren, führen. Tatsächlich entfällt aber der größte Teil des Welthandels auf den Handel zwischen Industrieländern mit ähnlichen Faktorausstattungen, deren Nachfrager ebenfalls vergleichbare Produktions- und Präferenzstrukturen besitzen. Daher werden auch vorwiegend ähnliche industrielle Produkte gehandelt. Ex- und importieren also zwei Staaten entsprechend ihrer Handelsstatistik jeweils Güter der gleichen Gütergruppe, also tendenziell *substitutive Güter*, so betreiben sie **intra-industriellen** Handel: Deutsche Pkw werden nach Japan exportiert, während gleichzeitig japanische Pkw von Deutschland importiert werden. Werkzeugmaschinen werden sowohl von Frankreich nach Schweden als auch von Schweden nach Frankreich exportiert.

Tatsächlich liegt der intra-industrielle Handel zwischen den Industrienationen seit Beginn der Globalisierung in den 1980er-Jahren auf einem gleichbleibend hohen Niveau, während viele Schwellenländer in diesem Bereich einen starken Anstieg verzeichnen.[2] Auch intra-industrieller Handel lässt sich zu einem Teil mit *Nicht-Verfügbarkeiten* sowie *Kosten-* und *Preisunterschieden* erklären. Die zunehmende Ausdifferenzierung oder *Enthomogenisierung* der Produkte geht einher mit einer immer stärkeren *Spezialisierung* der Produzenten, die ihrerseits Produkte anbieten, die sich aus einer Vielzahl von Einzelkomponenten zusammensetzen, die auf dezentralisierten Beschaffungsmärkten von wiederum spezialisierten Produzenten angeboten werden. Dieser Prozess wird intensiviert durch entsprechende Forschungs- und Entwicklungsaktivitäten, die durch Produktinnovationen und Patente zu *temporären Monopolstellungen* oder zumindest zu Wettbewerbsvorteilen in einzelnen Marktsegmenten führen. Hinzu kommen Größenvorteile und preisstrategische Überlegungen der Anbieter.

Die modelltheoretisch häufig unterstellte unrealistische *vollkommene Konkurrenz* wird in der Realität zur *monopolistischen Konkurrenz*, in der monopolistische Spielräume vor allem durch Substitutionsangebote von konkurrierenden Unternehmen und die jeweilige *Substitutionstoleranz* der Nachfrager begrenzt wird. Zudem sind reale Märkte gekennzeichnet durch *Marktunvollkommenheiten*, wie unvollständige Informationen, erfahrungsbasierte Präferenzen der Käufer oder partielle Lieferengpässe, die den in Modellen häufig unterstellten sog. *vollkommenen Markt* verhindern. Der intensive Wettbewerb zwingt die Anbieter, durch Produkt- und/oder Verfahrensinnovationen die Leistungsfähigkeit der Produktionsfaktoren ständig zu verbessern: Effizientere Maschinen, besser ausgebildete Arbeitskräfte in Verbindung mit einer immer leistungsfähigeren Infrastruktur wirken effizienzsteigernd, was sich in temporären Kostenvorteilen niederschlägt und die betreffenden Güter export- bzw. importfähiger macht.

---

2   Der Anteil des intra-industriellen Handels kann mit Hilfe des sog. *Grubel-Lloyd Indexes* (vgl. *Links*) gemessen werden: ein Niveau ab etwa 0,6 (1,0 ist das Maximum) verweist bereits auf einen großen Anteil intra-industriellen Handels.

- **Global Sourcing**

Steigende Importe werden durch *global sourcing* begünstigt. Hierunter wird die strategische Internationalisierung unternehmerischer Beschaffungsaktivitäten verstanden. Für die Aufnahme konkreter Außenhandelsbeziehungen müssen vielfältige Informationen eingeholt werden, neben den Preisen zählen hierzu u. a. Lieferfähigkeit, Schnelligkeit, Pünktlichkeit und Zuverlässigkeit sowie evtl. Service- und Garantieleistungen des Lieferanten. Hinzu kommen die Flexibilität und Anpassungsfähigkeit beim Eingehen auf Kundenwünsche sowie Zahlungs- und Finanzierungsbedingungen.

Das (neue) deutsche *Lieferkettengesetz* führt seit 2023 zu mehr Auflagen und neuer Verantwortung, auch für Subunternehmen (vgl. BMZ 2021). Deutsche Unternehmen mit mindestens 1000 Mitarbeitern müssen die Einhaltung der Menschenrechte und der Arbeitsbedingungen bei ihren Zulieferern weltweit kontrollieren. Die 2024 verabschiedete *EU-Lieferketten-Richtlinie* wird nach der Umsetzung in nationales Recht, vermutlich ab 2028, zu teilweise noch schärferen Vorgaben führen. Unternehmen werden dazu verpflichtet in ihrer Lieferkette auf menschenwürdige Arbeitsplätze und die Einhaltung von Umweltstandards zu achten. Sie müssen höhere Sorgfaltspflichten wahrnehmen und ihre Lieferanten besser überprüfen.[3] Nach Schätzungen der Europäischen Kommission werden von der Richtlinie rund 13.000 Unternehmen in der EU sowie weitere 4.000 Unternehmen aus Drittstaaten, die auf dem europäischen Binnenmarkt tätig sind, betroffen sein.

- **Transnationale Unternehmen**

Nach Berechnungen der UNCTAD hatten die größten 100 transnationalen Unternehmen 2019 zusammen einen weltweiten Umsatz von über 10 Bio US$, von dem über die Hälfte (57 %) auf Auslandsaktivitäten entfiel (UNCTAD 2021). Ein transnationales Unternehmen *(Transnational Corporation, TNC)* besteht aus der Muttergesellschaft am Sitz des Unternehmens sowie meist mehreren Tochtergesellschaften in anderen Ländern.[4] Insgesamt wurde die Anzahl der weltweit aktiven TNCs bereits im Jahre 2008 auf über

---

3 Vgl. hierzu neben dem *Link*: EU-Lieferketten-Richtlinie auch den *Link*: EU-Entwaldungsverordnung.
4 Der Begriff TNC wurde zuerst von Bartlett und Ghoshal 2002 definiert. Vgl. zu diesem Abschnitt auch Koch 2022, ▶ Kap. 5.

80.000 mit über 800.000 Tochtergesellschaften geschätzt, die weltweit etwa 45 Mio. Mitarbeiter außerhalb ihres Heimatstandortes beschäftigten. Eine aktuellere Untersuchung von McKinsey (2015) geht nach konservativen Schätzungen ebenfalls von 81.000 TNCs für das Jahr 2013 aus. Geschätzt entfallen auf die TNCs ca. 15 % des *World GDP* und etwa *zwei Drittel des gesamten Welthandels*.

Für die Betrachtung des Außenhandels relevant ist auch die Tatsache, dass nach Schätzungen der UNCTAD rund ein Drittel des gesamten grenzüberschreitenden Handels (also etwa die Hälfte des gesamten Welthandels der TNCs) auf **Intra-Unternehmenshandel** entfällt, also auf den Warenaustausch innerhalb eines TNC mit seinen verschiedenen Standorten (UNCTAD, WIR 2004). Dies würde hochgerechnet derzeit einem Gesamtvolumen von etwa 8 Bio US$ weltweit entsprechen.

Für diese Außenhandelstransaktionen sind die oben genannten länderspezifischen Gründe weniger bedeutsam. Vielmehr sind konzerninterne Außenhandelsgründe relevant, wie die Nutzung spezieller Kompetenzen an den Auslandsstandorten, die Realisierung von Skaleneffekten oder von Lohnkostenvorteilen. Durch die Gestaltung unternehmensinterner *Verrechnungspreise* können zudem steuerlich relevante Möglichkeiten interner Gewinnverrechnung genutzt werden. Auch kann ein Unternehmen auf diese Weise flexibler auf Änderungen der Produktionsbedingungen, wie ungünstige bzw. günstige staatliche Regelungen und Auflagen oder Wechselkursänderungen, reagieren. Durch die Verlagerung von Teilen der Produktion in ein Land, dessen Währung abgewertet wurde, können Kosten verringert werden. Andererseits können höhere Importschranken im Stammland auch dazu führen, dass Teile der Produktion wieder aus dem Ausland abgezogen werden (*reshoring*).

4.4 Ansätze zur Erklärung von Exporten

Ein Land benötigt für Importe i. d. R. ausländische Zahlungsmittel *(Devisen)*, die entweder durch Einnahmen für Exporte oder durch Kapitalimporte, und damit u. a. durch eine Verschuldung in ausländischer Währung, erworben werden müssen. Aus volkswirtschaftlicher Sicht sind Exporte demnach eine wichtige Möglichkeit **Devisen** für die Finanzierung von Importen zu beschaffen. Zudem erhöhen sie tendenziell das **Wirtschaftswachstum,** tragen zur *Beschäftigungssicherung* bei und generieren zusätzliche *Steuereinnahmen.* Betriebswirtschaftlich betrachtet vergrößern Unternehmen durch Exporte ihre Umsatz- und **Gewinnmöglichkeiten**.[5] Durch die höhere (Export-) Produktion können Massenproduktionseffekte *(Skaleneffekte)*, also vor allem Rationalisierungs- und Kostensenkungsvorteile, realisiert werden. Zudem werden Lern- und Innovationsprozesse (*Skill-Effekte*) begünstigt. Größere Weltmarktanteile stärken die Marktmacht und ermöglichen eine bessere Nutzung globaler Lieferantenstrukturen.

Kann die inländische Güterproduktion aus verschiedenen Gründen im Inland nicht absorbiert werden, etwa aufgrund saisonaler landwirtschaftlicher Überproduktion oder von strukturellen oder konjunkturbedingten Nachfragerückgängen können Exporte ein Ventil für **Überschussproduktionen** *(vent-for-surplus)* darstellen und so die Auslastung vorhandener Produktionskapazitäten gesichert werden.

> ▶ **Beispiel**
>
> China begann 2015 einen Masterplan „Made in China 2025" (MIC 2025) umzusetzen, durch den der Inlandsanteil der Produktion in 10 wichtigen Branchen stark erhöht werden sollte. U. a. wollte man mit Hilfe einer intensiven Unterstützung der Industrie Weltmarktführer bei E-Autos werden. Die Gründung einer Vielzahl neuer Firmen führte zu Überkapazitäten und damit zu einer Überproduktion von Fahrzeugen, die trotz hoher Rabatte aufgrund der konjunkturellen Situation im Inland nicht abgesetzt werden konnten. Es wird geschätzt, dass daraufhin allein 2023 etwa 5 Mio. Fahrzeuge exportiert werden sollten. ◀

Nach der **Produktlebenszyklus-Hypothese** *(Vernon)*, die für eine Vielzahl von Gütern nachgewiesen werden konnte, durchlaufen viele Produkte typischerweise vier Phasen: eine Innovations-, eine Ausreifungs-, eine Standardisierungs- und eine Auslaufphase. Bis in die Standardisierungsphase hinein nehmen Produktions- und Absatzzahlen zu: Durch die mit der Massenfertigung einhergehenden Kostensenkungen, die in Form von Preissenkungen weitergegeben werden, können neue Käuferschichten erschlossen werden, bis eine Marktsättigung eintritt. Der Produktlebenszyklus kann nun verlängert werden, wenn spätestens mit Beginn der Standardisierungsphase die aufgebauten Produktionskapazitäten für zusätzliche **Exporte** genutzt werden. Der Technologietransfer kann allerdings zu Imitationen in Niedriglohnländern führen, die dann in der Lage sind, die Produkte preisgünstiger

---

5 vgl. hierzu Koch 2022, insbesondere ▶ Kap. 6.

4.4 · Ansätze zur Erklärung von Exporten

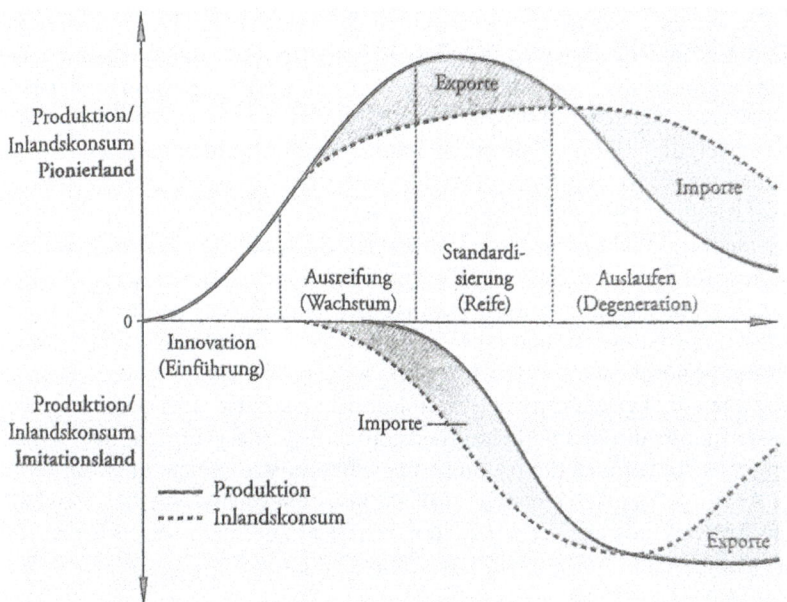

◘ **Abb. 4.4   Produktlebenszyklus und Außenhandel.** (Eigene Darstellung)

auf dem Weltmarkt anzubieten, sodass diese Güter nun importiert werden.
◘ Abb. 4.4 stellt diesen Zusammenhang grafisch dar.

Hieran knüpft die **Linder-Hypothese** (*Steffan Burenstam-Linder*) an. Aufgrund empirischer Beobachtungen in den 1950er-Jahren stellte Linder bei der Untersuchung von industriellen Fertigwarenexporten in andere Industrieländer fest, dass die Eroberung von Auslandsmärkten meist erst nach dem Ausschöpfen der inländischen Marktmöglichkeiten in Angriff genommen wurde, um die Produktionskapazitäten weiterhin auszulasten und den Produktzyklus zu verlängern. Aus einem anderem Blickwinkel betrachtet, kann argumentiert werden, dass ein Gut erst dann auf ausländischen Märkten wettbewerbsfähig wird, wenn es sich auf dem Inlandsmarkt bewährt hat. Damit leistete die Linder-Hypothese einen Beitrag zur Erklärung des Handels mit Industrieprodukten zwischen ähnlich strukturierten Ländern (s. o.). Heute dürfte dieses Konzept allerdings nur in wenigen ausgewählten Fällen funktionieren. Die wachsende Bedeutung, die heute dem Faktor Zeit zukommt, um Marktanteile zu erhöhen und Pioniergewinne zu erzielen, führt dazu, dass eine breite Akzeptanz, evtl. über mehrere Produktzyklusperioden hinweg, nur noch selten abgewartet werden kann.

Die volkswirtschaftlich erwünschten Wirkungen der Exporte sind Begründung für eine aktive (strategische) Handelspolitik, die unterschiedliche Ausprägungen und Intensitäten aufweisen kann. **Strategische Handelspolitik** soll dem eigenen Land bzw. dem betreffenden Sektor Wettbewerbsvorteile verschaffen. Durch eine aktive *Industriepolitik* werden nationale Unternehmen gefördert, um diesen Produktions- und Absatzvorteile im Ausland zu verschaffen. Dies geschieht meist zu Lasten ausländischer Wettbewerber, aber auch der nicht geförderten nationalen Sektoren. Die staatliche Unterstützung umfasst eine große Palette von *Fördermaßnahmen*, wie Forschungsunterstützung für einheimische Exportunternehmen, die Gewährung von direkten Exportsubventionen oder die staatliche Übernahme von politischen und ökonomischen Exportrisiken (vgl. ▶ Kap. 7). So kann, wie oben gezeigt, auch die Erweiterung der Produktionskapazitäten über den nationalen Bedarf hinaus durch staatliche Maßnahmen gefördert werden, um Skaleneffekte zu nutzen und die produzierten Überschüsse gezielt zu exportieren. Der Aufstieg Japans zu einer der großen Exportnationen sowie die wirtschaftliche Entwicklung der „Tigerstaaten" basierte zu einem wesentlichen Teil auf dem gezielten Aufbau von Exportkapazitäten.

> ▶ **Beispiele**
> Weitere Sektorbeispiele sind die japanische und später die koreanische Werftindustrie, die malaysische und später die taiwanesische Halbleiterindustrie und die koreanische Automobilproduktion. ◀

Die Entscheidung Exporte zu fördern, kann für einzelne Länder – insbesondere rohstoffexportierende Entwicklungsländer – dazu führen, dass für die Inlandsproduktion benötigte Ressourcen nun für die Produktion von Exportgütern eingesetzt werden (müssen) oder im Inland erzeugte Produkte den inländischen Konsumenten entzogen werden. Der Vorteil der Verfügbarkeit von Importprodukten wird dann mit dem Nachteil der eingeschränkten oder Nicht-Verfügbarkeit inländischer Waren erkauft. Länder sind dann beispielsweise auf Nahrungsmittelimporte angewiesen, da sie die Versorgung der eigenen Bevölkerung mit Grundnahrungsmitteln nicht sicherstellen können. ◘ Abb. 4.5 gibt einen kurzen Überblick über die diskutierten Gründe für den Außenhandel.

- Das Importland besitzt bestimmte Güter nicht und kann sie auch nicht selbst produzieren
  - **Absolute Nicht-Verfügbarkeiten** > *keine Substitutionsmöglichkeiten*
  - **Relative Nicht-Verfügbarkeiten** > *Substitutionsmöglichkeiten vorhanden*

- **Subjektive Präferenzen**: Konsumenten wünschen explizit ausländische Güter

- Das Importland hat Kostennachteile, das Exportland Kostenvorteile
  - **Absolute Kostenunterschiede** (Adam Smith): Andere Länder können bestimmte Güter absolut billiger herstellen
  - **Komparative Kostenunterschiede** (David Ricardo) Länder importieren Güter, bei denen sie komparative Kostennachteile haben und exportieren Güter, bei denen sie komparative Kostenvorteile haben

- **Qualitätsunterschiede** *(abhängig von der Substitutionstoleranz)* führen zu Außenhandel

- **Unterschiedliche Faktorausstattung** bei fehlender oder zu geringer Mobilität der Produktionsfaktoren unterschiedlichem technologischen Entwicklungsstand (technologische Lücke)

- **Intra-industrieller Handel; Global Sourcing; Intra-Unternehmenshandel**

- **Volkswirtschaftliche Gründe für Exporte**
  - Finanzierung von Importen durch Deviseneinnahmen
  - Wirtschaftswachstum: Beschäftigungssicherung, Steuereinnahmen

- **Betriebswirtschaftliche Gründe für Exporte**
  - Nutzung von Skaleneffekten, Erreichen größerer Weltmarktanteile und Marktmacht, höhere Gewinne
  - Auslastung der Produktionskapazitäten bzw. Nutzung von Angebotsüberschüssen (vent-for-surplus)
  - Verlängerung des Produktlebenszyklus

Abb. 4.5 Gründe für Außenhandel. (Überblick)

4.5 Lernkontrolle

Kurz und bündig

Außenhandel umfasst Ex- und Importbeziehungen. Güter werden importiert, da sie aus verschiedenen Gründen nicht verfügbar sind. Etwa weil die hierfür notwendigen *Produktionsfaktoren* (Natur, Arbeit, Sachkapital) nicht oder nicht in ausreichender Menge bzw. Qualität vorhanden sind oder aus bestimmten Gründen nicht zur Produktion des benötigten Gutes eingesetzt werden (können). Wenn bei hoher Produktähnlichkeit objektive Unterschiede zwischen einheimischen und ausländischen Produkten nicht oder kaum feststellen sind, können inländische Nachfrager aus subjektiven Gründen trotzdem die ausländische Produktvariante vorziehen – sodass das entsprechende Gut aus *subjektiver Sicht* im Inland nicht verfügbar ist.

Meist weisen Importgüter jedoch absolute oder komparative Kostenvorteile auf. Ein Land hat dann gegenüber einem anderen Land einen *komparativen Kostenvorteil*, wenn es bei der Produktion des betreffenden Gutes auf weniger produzierte Einheiten anderer Güter verzichten muss. Ein Land kann sich dann auf die Produktion derjenigen Güter spezialisieren, bei denen es geringere „Opportunitätskosten" aufweist als das jeweils andere Land. Die Vorteilhaftigkeit einer solchen Spezialisierung hängt jedoch von verschiedenen Voraussetzungen ab, wie beispielsweise freiem Warenaustausch, keinen Handelsbeschränkungen der Handelspartner oder stabilen Wechselkursen. Die Kosten wiederum sind u. a. abhängig von der quantitativen und qualitativen Ausstattung der Länder mit Produktionsfaktoren (*Faktormengen und -proportionen*) und ihrer jeweiligen technischen Leistungsfähigkeit (*Produktivität*).

Der größte Teil des Welthandels entfällt auf den Handel zwischen Industrieländern mit ähnlichen Faktorausstattungen, deren Nachfrager ebenfalls vergleichbare Produktions- und Präferenzstrukturen besitzen. Daher werden weltweit auch vorwiegend ähnliche industrielle Produkte gehandelt. Auch dieser *intra-industrielle* Handel lässt sich zu einem Teil mit Nicht-Verfügbarkeiten sowie Kosten- und Preisunterschieden erklären, wobei die Produzenten sich immer stärker spezialisieren und durch Produktinnovationen temporäre Monopolstellungen in einzelnen Marktsegmenten erlangen (*monopolistische Konkurrenz*). Importe werden zudem durch *global sourcing* begünstigt, der strategischen Internationalisierung unternehmerischer Beschaffungsaktivitäten. Hierbei sind zukünftig höhere Auflagen u. a. durch das deutsche *Lieferkettengesetz* und die *EU-Lieferketten-Richtlinie* zu berücksichtigen. Größte Akteure im Welthandel sind hierbei *Transnationale Unternehmen* (TNCs), auf die etwa zwei Drittel des gesamten Welthandels entfallen.

Aus volkswirtschaftlicher Sicht sind *Exporte* eine wichtige Möglichkeit *Devisen* zu beschaffen, zudem erhöhen sie tendenziell das *Wirtschaftswachstum*, tragen zur *Beschäftigungssicherung* bei und generieren zusätzliche *Steuereinnahmen*. Weiterhin können sie als Ventil für Überschussproduktionen (*vent-for-surplus*) dienen, die Auslastung vorhandener Produktionskapazitäten sichern und dazu beitragen den *Produktlebenszyklus* zu verlängern.

❓ Let's check

1. Wodurch kann der *optimale Einsatz der vorhandenen Produktionsfaktoren eines Landes* gestört werden und welche Konsequenzen kann dies haben?
2. Welche Rolle spielt die *Substitutionstoleranz* bei der subjektiven Nicht-Verfügbarkeit von Gütern?
3. Unter welchen Voraussetzungen kann die Theorie der *komparativen Kostenvorteile* Außenhandelsbeziehungen erklären?
4. Welcher Zusammenhang besteht zwischen *Faktorproduktivitäten und Faktorkosten*?
5. Welche Überlegungen lassen sich aus dem *Faktorproportionen-Theorem* in Bezug auf die Exportmöglichkeiten von Entwicklungsländern ableiten?
6. Wie lässt sich *intra-industrieller Außenhandel* erklären?
7. Erläutern Sie *volkswirtschaftliche Gründe* für Exporte.
8. Welche Bedeutung hat das *Vent-for-Surplus* Theorem heute?

❓ Vernetzende Aufgaben – recherchieren, analysieren, beurteilen

Eine positive Entwicklung der Produktivitäten ist eine wichtige Voraussetzung für die steigende Wettbewerbsfähigkeit eines Landes. Versuchen Sie diesen Zusammenhang anhand von verschiedenen Ländern zu belegen.

Literatur

Literatur[6]

Bartlett, C. & Ghoshal, S. (2002) Managing across borders. The transnational solution. London.

BMZ (2021). Fragen und Antworten zum Lieferkettengesetz. https://www.ihk.de/blueprint/servlet/resource/blob/5374644/69fe0aac1e4e7062790db534885e1f5f/faq-lksg-bmz-data.pdf

Koch, E. (2022) Globalisierung: Wirtschaft und Politik. Chancen – Risiken – Antworten; 3. Aufl., Wiesbaden

Koch, E. (2023) Internationale Wirtschaftsbeziehungen I. Internationaler Handel zwischen Freihandel und Protektionismus; 4. Aufl., Wiesbaden

---

6 Letzter Zugriff auf die unter „Literatur" und „Links" genannten Internetquellen jeweils 12/2024.

Krugman, P.R. et al. (2019) Internationale Wirtschaft: Theorie und Politik der Außenwirtschaft, u.a. München, 11. Aufl., 2019

McKinsey & Company (2015) Playing to win: The new global competition for corporate profits. Full Report. September 2015. www.mckinsey.com/business-functions/strategy-and-corporate-finance/our-insights/the-new-global-competition-for-corporate-profits.

Schröder, C. (2022) Lohnstückkosten im internationalen Vergleich; in: Institut der deutschen Wirtschaft, IW-Trends 3/2022

UNCTAD. World Investment Report (WIR) (2004) und (2021); New York/Genf, sowie weitere Jahrgänge

Links

EU-Entwaldungsverordnung: https://www.bmel.de/DE/themen/wald/waelder-weltweit/entwaldungsfreie-Lieferketten-eu-vo.html; https://eur-lex.europa.eu/legal-content/DE/TXT/?uri=CELEX%3A32023R1115

EU-Lieferketten-Richtlinie: https://www.haufe.de/sustainability/soziales/ein-ueberblick-die-eu-lieferketten-richtlinie-csddd_575770_625620.html

Faktorproportionen-Theorem: https://www.fuw.ch/article/das-heckscher-ohlin-theorem

Grubel-Lloyd Index: https://sitmturkey.com/2022/11/intra-industry-trade-iit-grubel-lloyd-index/

Komparative Kosten: https://studyflix.de/wirtschaft/komparativer-kostenvorteil-1754

Vor- und Nachteile von Außenhandelsbeziehungen

Inhaltsverzeichnis

5.1 Vorteile des Außenhandels – 82
5.1.1 Vorteile von Exporten und Exportüberschüssen – 83
5.1.2 Vorteile von Importen und Importüberschüssen – 84
5.1.3 Internationale Vorteile – 86

5.2 Nachteile des Außenhandels – 87
5.2.1 Abhängigkeit als Kernproblem – 87
5.2.2 Nachteile von Exporten und Exportüberschüssen – 90
5.2.3 Nachteile von Importen und Importüberschüssen – 91
5.2.4 Ungleiche Verteilung der Vorteile – 94
5.2.5 Weitere Probleme – 98

5.3 Lernkontrolle – 102

Literatur – 104

© Der/die Autor(en), exklusiv lizenziert an Springer Fachmedien Wiesbaden GmbH, ein Teil von Springer Nature 2025
E. Koch, *Internationaler Handel und Handelspolitik*, Studienwissen kompakt, https://doi.org/10.1007/978-3-658-47964-0_5

Lernagenda
Folgende Fragen werden in Kap. 5 beantwortet:
- Wie können Unternehmen *Skalen-, Skill- und Scope-Effekte* nutzen?
- Welche *Vorteile* haben Importe auf *nationaler* und *internationaler* Ebene?
- Inwiefern ist „*Abhängigkeit*" das Kernproblem von Importen?
- Welche *Nachteile* haben *Importe* und *Exporte* auf nationaler und internationaler Ebene?
- Warum sind *Außenhandelsvorteile* ungleich verteilt?
- Auf welche Weise verstärkt internationaler Handel *Umwelt-* und *Klimaprobleme*?
- Inwiefern kann internationaler Handel *Krisen* verschärfen oder entschärfen?
- Welcher Zusammenhang besteht zwischen *Sozialstandards* und der *Exportfähigkeit* eines Landes?

Außenhandelsbeziehungen haben unterschiedliche Auswirkungen auf die beteiligten Staaten, sowie auf die unterschiedlichen sozialen Gruppen, wie Unternehmer, Konsumenten und Arbeitnehmer, in den betreffenden Ländern. Vorteile haben i. d. R. Produzenten und Arbeitnehmer im Exportland, sofern Gewinn- und Einkommenssteigerungen realisiert werden können, sowie Konsumenten in den Importländern, aufgrund der besseren Verfügbarkeit von Waren und tendenziell sinkender Güterpreise. Nachteile können für Produzenten und Arbeitnehmer in den Importländern entstehen, etwa in Form einer möglichen Verringerung der Einkommen infolge gesunkener Produktion von Konsumgütern oder für Nachfrager nach Exportprodukten in den Exportländern, die möglicherweise steigende Preise infolge tendenzieller Knappheiten für diese Produkte hinnehmen müssen. Hinzu kommen Vor- und Nachteile, die sich international aus Außenhandelsbeziehungen ergeben.

5.1 Vorteile des Außenhandels

Exporte sind Güter und Dienstleistungen, die im Inland für das Ausland bereitgestellt werden. Damit entsprechen die Vorteile von Exporten zunächst den Vorteilen steigender Güter- bzw. Dienstleistungsproduktion: Die Produktion von Exportgütern schafft i. d. R. *Arbeitsplätze* bzw. sichert bestehende Arbeitsplätze und trägt somit zu einer Verbesserung der Beschäftigungssituation bei. Analog hierzu sind Importe die Produktion von Gütern und Dienstleistungen im Ausland für das Inland. Damit verbessert der Import von Konsumgütern vor allem die *Versorgung* im Importland im Hinblick auf die angebotene Warenmenge und möglicherweise auf die Warenqualität. Falls Versorgungslücken bestehen, werden diese verringert.

5.1.1 Vorteile von Exporten und Exportüberschüssen

Die tendenziell zunehmende Beschäftigung durch Exporte erhöht das *Einkommen* aller Beteiligten: der Arbeitnehmer, der Unternehmer und – durch steigende Steuereinnahmen – auch des Staates. Exportunternehmen können aufgrund steigender Stückzahlen (*Skalen-Effekte*) ihre Kosten senken und über mögliche Preissenkungen die inländische Versorgung verbessern sowie ihre generelle *Wettbewerbsfähigkeit* erhöhen. Durch zunehmende Spezialisierung können sie neues Wissen akkumulieren (*Skill-Effekte*) und in Verfahrens- und Produktinnovationen umsetzen. Dabei werden sie motiviert, ihre Effizienz durch die Verbesserung ihrer Organisations-, Management- und Planungsmethoden weiter zu erhöhen. Sie werden ferner motiviert, ihre Forschungs- und Entwicklungsaktivitäten, auch im Hinblick auf Nachhaltigkeitsaspekte, zu intensivieren. Auf diese Weise steigt die Produktivität und möglicherweise auch die Angebotsvielfalt (*Scope-Effekte*). Größere Produktvielfalt und Spezialisierungen ermöglichen die verstärkte Nutzung komparativer Vorteile von Arbeit (Spezialwissen, Know-how, Erfahrung, Fertigkeiten), Kapital, Boden, Klima etc. Darüber hinaus zwingt der internationale Wettbewerb die Unternehmen günstige ausländische Produktions- und Beschaffungsmöglichkeiten zu nutzen und den Staat, die rechtlichen und infrastrukturellen Rahmenbedingungen permanent zu verbessern, um Beschäftigungsmöglichkeiten und damit die eigenen Einnahmen zu erhöhen.

Wie erwähnt, ist die Erzielung von Exporterlösen in Form von *Devisen* eine wichtige Voraussetzung dafür, dass Importe, die in fremder Währung bezahlt werden müssen, auch bezahlt werden können. Da durch Importe, etwa von Rohstoffen, erst Produktionsvoraussetzungen geschaffen werden, tragen Exporte *indirekt* zur Inlandsproduktion bei. Neben der Finanzierung benötigter Importe geschieht dies auch durch die Nutzung von ausländischem technologischem Wissen, das durch Güter- oder Lizenzerwerb, aber auch durch Dienstleistungsimporte für die Produktion im Inland nutzbar gemacht werden kann.

Durch Exporte können im Inland produzierte aber hier *nicht absetzbare Güter* auf ökonomisch sinnvolle Weise verwertet werden (vgl. ▶ Kap. 4). Dies gilt sowohl für Agrarüberschüsse als auch für Güter, die aus verschiedenen Gründen nicht im Inland verkauft werden können sowie für Güter, die zur Realisierung von Skaleneffekten bzw. zur Auslastung bestehender Überkapazitäten produziert wurden.

Ein **Exportüberschuss**, also eine positive Handels- und/oder Dienstleistungsbilanz, kann zudem **Defizite** in anderen Teilbilanzen der Leistungsbilanz kompensieren oder reduzieren und damit dazu beitragen, eine möglicherweise notwendig werdende Kreditaufnahme im Ausland (Kapitalimporte) zu verringern.

5.1.2 Vorteile von Importen und Importüberschüssen

Das größere Angebot auf dem inländischen Markt intensiviert den Wettbewerb, soweit ähnliche Produkte – aber evtl. nicht in genügendem Umfang oder entsprechender Qualität – vorhanden sind, und übt Druck auf die Preise aus, sodass die Güterversorgung der Bevölkerung zu tendenziell *günstigeren Preisen* erfolgt.

Importe von Investitionsgütern, Rohstoffen, Energieträgern oder Vorprodukten, wie beispielsweise Speicherchips oder Batteriezellen, sowie von technologischem Wissen, etwa in Form von Patenten und Lizenzen, sind im Falle der Nicht-Verfügbarkeit im Inland *Voraussetzung für die inländische Produktion*. In anderen Fällen, etwa bei inländischen absoluten oder komparativen Kostennachteilen, ermöglichen Importe eine kostengünstigere Produktion, indem auf eine teure Eigenproduktion oder weniger geeignete Substitutionsprodukte verzichtet werden kann. Durch Importe kann also der Einsatz der vorhandenen eigenen Ressourcen verbessert und effizienter gestaltet oder überhaupt erst genutzt werden – mit positiven Auswirkungen auf Beschäftigung und Einkommen. Geeignete Importe leisten so einen Beitrag zur Verbesserung der *nationalen Wettbewerbsfähigkeit*.

Durch Importe werden *Nachteile* und Risiken der Produktion im Inland vermieden und in das Lieferland verlagert. Konjunkturell bedingte *Beschäftigungsschwankungen* sowie zu niedrige Kapazitätsauslastungen konjunktursensibler Produktionen, die bei einer höheren Eigenproduktion auftreten würden, werden verringert. *Umweltbelastungen* durch die Güterproduktion im eigenen Land bzw. eine umstrittene Ausbeutung eigener

Ressourcen, etwa durch *fracking*, werden durch Importe von umweltgefährdenden Produkten bzw. von auch im eigenen Land vorhandenen Rohstoffen vermieden. Daher können Importe auch einerseits als *Export von Umweltbelastung* und andererseits als Beitrag zur Sicherung eigener Reserven interpretiert werden. Angesichts der globalen und damit grenzüberschreitenden Umweltproblematik kann sich der Umweltvorteil von Importen allerdings nur auf abgegrenzte lokale Umweltprobleme der Produktion beziehen.

Ein **Importüberschuss**, der sich beispielsweise in einem Handelsbilanzdefizit ausdrückt, steigert die genannten Wirkungen tendenziell. Insbesondere für Entwicklungs- und Schwellenländer sind Investitionsgüterimporte, auch wenn sie zu Handelsbilanzdefiziten führen, Voraussetzung für den Aufbau, die Diversifizierung oder Modernisierung der eigenen Produktion und damit für die Verbesserung der nationalen Wettbewerbsfähigkeit. Zwar leben die betreffenden Länder in dieser Phase „über ihre Verhältnisse", können jedoch die Defizite durch Kapitalimporte finanziert werden, die aufgrund attraktiver Anlagemöglichkeiten ins Inland fließen, kann dies zu einer dauerhaften Verbesserung der wirtschaftlichen Verhältnisse des Landes führen. U. U gilt dies auch für ausgewählte Importe von Konsumgütern. Da durch diese aber definitionsgemäß keine neuen Güter erzeugt werden, besteht im Falle eines durch überhöhte Konsumgüterimporte erzeugten Handelsbilanzdefizits die Gefahr, dass das Land Schwierigkeiten hat, eine ausgeglichene Handels- und Leistungsbilanz zu erreichen. Die Finanzierung der Importüberschüsse wird langfristig von dem Willen ausländischer Kapitalgeber abhängig sein, die Kapitallücke mit Krediten und Direktinvestitionen zu finanzieren, sodass sich die Auslandsverschuldung des betreffenden Landes tendenziell vergrößern wird.

Zusammenfassend lässt sich schlussfolgern, dass sich durch Handelsliberalisierung, also durch die Teilnahme eines Landes am Freihandel und damit an der internationalen Arbeitsteilung, der nationale Wohlstand überproportional erhöht. Allerdings sind mit dieser Feststellung noch keine Aussagen über die Verteilung der Wohlfahrtsgewinne gemacht. Diese hängt maßgeblich von den ausgleichenden Maßnahmen des jeweiligen Landes ab, die sich unter dem Begriff *Kompensationspolitik* zusammenfassen lassen.[1]

---

1 Vgl. zu Kompensationspolitik: Koch 2022, ▶ Abschn. 8.4.

5.1.3 Internationale Vorteile

Die klassische Außenhandelstheorie stellt neben den nationalen Wohlstandssteigerungen vor allem auch die durch den Freihandel induzierten *internationalen Wohlstandssteigerung*en in den Vordergrund: Ein Land, das für einen größeren Markt als seinen eigenen produziert, kann seine Arbeitsteilung und damit seine Produktionsmethoden verbessern. Damit können auch weltweit knappe Ressourcen besser eingesetzt werden, sodass sich die Versorgung mit Gütern und Dienstleistungen verbessert. Damit kann durch internationalen Handel ein weltweiter *Ausgleich von Mangel und Überfluss* herbeigeführt werden: Angebotsüberschüsse werden gegen Devisen verkauft, während Versorgungslücken gegen Devisenzahlungen geschlossen werden.

Zudem begünstigt die weltweite Vernetzung durch Handelsbeziehungen eine tendenzielle *Verringerung internationaler Krisen*. Dies allein schon deswegen, weil die internationale Verständigungsbereitschaft aufgrund der wechselseitigen Abhängigkeiten, der partiell verbesserten interkulturellen Kommunikation sowie der wechselseitigen Kenntnis der ökonomischen und politischen Gegebenheiten zunimmt. Dies gilt besonders für die Nationen bzw. Regionen, die durch Wirtschaftsbeziehungen sowieso schon eng miteinander verflochten sind, also vor allem für die Gruppe der Industrieländer und für bestimmte in *Regionalintegrationen* zusammen geschlossenen Entwicklungsländergruppen. Tatsächlich hat zwar die Gesamtzahl kriegerischer Auseinandersetzungen seit dem Zweiten Weltkrieg zugenommen, viele davon waren jedoch innerstaatliche Bürgerkriege bzw. Konsequenz kolonialer Grenzziehungen oder – bis Ende der 1980er-Jahre – Stellvertreterkriege im Gefolge des Kalten Krieges. Zwischenstaatliche Auseinandersetzungen, fanden dagegen meist zwischen Ländern mit nur geringen Außenhandelsbeziehungen statt. ◘ Abb. 5.1 fasst die Vorteile des internationalen Handels zusammen.

5.2 · Nachteile des Außenhandels

Inländische Vorteile		Internationale Vorteile
Exporte	**Importe**	
Schaffung und Sicherung von Arbeitsplätzen, Einkommen, Gewinnen und Steuereinnahmen	Bessere Versorgung im Inland durch Vergrößerung der Gütervielfalt (Qualität, Innovation, Preis) und Intensivierung des Wettbewerbs	Steigerung des allgemeinen Wohlstands durch Nutzung internationaler Arbeitsteilung
Erzielung von Wettbewerbsvorteilen durch Skalen-, Skill- und Scope-Effekte: Kostensenkungen, Innovationseffekte, Spezialisierungen, Effizienzsteigerungen	Schaffen von Produktionsvoraussetzungen (z. B. Rohstoffe, Energieträger,)	Ausgleich von Mangel und Überfluss
Exporterlöse sichern die Finanzierung von Importen durch Deviseneinnahmen	Verbesserung der Produktionsmöglichkeiten (z.B. Patente, preisgünstige Vorprodukte)	Tendenz zur Krisenvermeidung aufgrund wechselseitiger Abhängigkeit
(Möglicher) Abbau von Produktionsüberschüssen	Vermeidung von Produktionsnachteilen im Inland (z.B. Umweltbelastung, schwankende Kapazitätsauslastung)	
Handelsbilanzüberschuss	**Handelsbilanzdefizit**	
Tendenzielle Verstärkung der Wirkungen		
Finanzierung von Defiziten in anderen Teilbilanzen der Leistungsbilanz		

Abb. 5.1 Vorteile des internationalen Handels

5.2 Nachteile des Außenhandels

Eine Beurteilung der Auswirkungen von Außenhandelsbeziehungen auf einzelne Länder, Regionen oder die Weltwirtschaft muss neben den Vorteilen auch die möglichen Nachteile aufzeigen. Auch hier kann wieder zwischen Nachteilen für die betreffenden Länder und Nachteilen, die sich international aus Außenhandelsbeziehungen ergeben können, unterschieden werden.

5.2.1 Abhängigkeit als Kernproblem

Die Reduzierung bestimmter Produktionen bzw. das Nichtvorhandensein dieser Produkte im Inland und der daraus entstehende Zwang, diese Produkte zu importieren, sowie die Notwendigkeit, die für den Erwerb dieser Produkte erforderlichen Devisen i. d. R. durch Exporte auf dem Weltmarkt erwirtschaften zu müssen, führt zu *Abhängigkeiten* von den Außenhandelspartnern. Diese können sich generell erhöhen oder es können Abhängigkeiten von einzelnen Ländern entstehen, wie dies lange Zeit im Fall Deutschlands von Gasimporten aus Russland war oder derzeit bei seltenen mineralischen Rohstoffen aus China der Fall ist. Das führt dazu, dass politische Aktionen und Reaktionen – evtl. auch mögliche Sanktionen – anderer Länder und insbesondere der Wirtschaftspartner antizipiert und im handelspolitischen Kontext berücksichtigt werden müssen. So können protektionistische Maßnahmen der Handelspartner zum Ausschluss von *Importquellen*, etwa von benötigten Rohstoffen, Energieträgern oder wichtigen Vorprodukten, wie etwa Computerchips, führen und der Verlust eigener *Exportmöglichkeiten* kann weit reichende Folgen für Arbeitnehmer und Unternehmen im Inland haben.

▶ **Beispiel**

Die Verdopplung der chinesischen Autoexporte 2023 nach Thailand, dem regionalen Marktführer bei der Ausfuhr von in Thailand gefertigten japanischen Kraftfahrzeugen, führte zu einem Rückgang der Umsätze der thailändischen Automobilhersteller und der Ankündigung der japanischen Automobilproduzenten ihre Werke in Thailand zu schließen. ◀

Während *Exportabhängigkeit* vor allem zu einer verstärkten Berücksichtigung der Interessen und der ökonomischen Situation der Empfängerländer führen kann, kann *Importabhängigkeit* zu einem ökonomisch-politischen Wohlverhalten gegenüber den Lieferanten von benötigten Technologien oder von Rohstoffen führen. Dies gilt insbesondere dann, wenn Substitutionsmöglichkeiten kaum vorhanden oder sehr teuer sind und im Nicht-Versorgungsfall schwerwiegende wirtschaftliche Probleme zu befürchten sind. In solchen Fällen sind auch kriegerische Auseinandersetzungen zur Sicherung der eigenen Versorgung möglich.

▶ **Beispiel**

Die Sicherung der Ölversorgung durch die Länder am Persischen Golf war ein wesentlicher Grund für die beiden Golfkriege der USA in den 1990er- und 2000er-Jahren. Die Kontrolle des irakischen Diktators über die Ölreserven von Kuwait wurden als Bedrohung für die eigene Energieversorgung gesehen. Auch für den zweiten Golfkrieg dürfte der Zugang der USA zu den irakischen Ölvorkommen ebenfalls ein wesentliches Motiv gewesen sein. ◀

5.2 · Nachteile des Außenhandels

Die deutsche **Exportabhängigkeit** (vgl. *Links*) steigt seit Ende der 1990er-Jahre laufend an. Sie verdoppelte sich in den letzten 30 Jahren auf inzwischen etwa 43 %. Sektoral betrachtet, exportierten die wichtigsten Exportbranchen, wie Chemie, Pharma, Maschinenbau, Kraftfahrzeuge und Datenverarbeitungsgeräte jeweils zwischen 60 und 70 % ihrer Produktion. Werden indirekte Exporte (s.o.) und Sekundärwirkungen, wie die aus diesen Einkommen resultierende Konsumgüternachfrage im Inland, einbezogen, so ist bereits weit über der Hälfte der deutschen Wirtschaft von Exporten abhängig.

Die **Importabhängigkeit** Deutschlands (vgl. *Links*) ist zwar etwas geringer, betrug 2023 aber auch etwa 39 %, wobei die Abhängigkeit einzelner Bereiche, etwa der fossilen Energieträger (Steinkohle, Mineralöl, Gas), vieler Rohstoffe, wie *seltene Erden*[2] oder Metallerze nach wie vor extrem hoch ist und meist über 95 % liegt. Nach einer Umfrage des Ifo-Instituts waren 2024 37 % aller deutschen Betriebe im verarbeitenden Gewerbe auf wichtige Vorprodukte aus China angewiesen, wobei dieser Anteil allerdings zwei Jahre zuvor noch fast 10 % höher lag (vgl. *Links:* Deutsche Energiewende); vgl. hierzu auch ◘ Abb. 5.2.

Jahr Indikator	1995	2000	2010	2020	2023
Bruttoinlandsprodukt (BIP)[1)]	1.895	2.109	2.564	3.368	4.195
Warenexporte	383	597	859	1.061	1.389
Dienstleistungsexporte	61	93	178	292	410
Gesamte Exporte	444	690	1.037	1.353	1.799
Anteil der Exporte am BIP	*23 %*	*33 %*	*40 %*	*40 %*	*43 %*
Warenimporte	339	538	700	863	1.163
Dienstleistungsimporte	88	142	203	285	474
Gesamte Importe	427	680	903	1.148	1.637
Anteil der Importe am BIP	*23 %*	*32 %*	*35 %*	*34 %*	*39 %*

◘ **Abb. 5.2** Export- und Importabhängigkeit Deutschlands, 1) Angaben in Mrd Euro, alle Zahlen gerundet. (Quelle: Deutsche Bundesbank, Zahlungsbilanzstatistik div. Jahrgänge; eigene Berechnungen)

---

2 Richtiger: Metalle der seltenen Erden

Zur Feststellung von Abhängigkeiten können auch die *Außenhandelsquoten* von Ländern verglichen werden. Hierzu werden Export- und Importanteile am BIP addiert. Die Außenhandelsquote kann dann als *„Offenheitsgrad"* oder als *Außenhandelsabhängigkeit* interpretiert werden. Die deutsche Außenhandelsquote schwankt seit 2010 um 80 % und liegt derzeit bei 90 %. Damit befindet sich Deutschland im internationalen Vergleich in einer Spitzengruppe. In der OECD liegt der durchschnittliche Offenheitsgrad nur bei knapp 60 %, in Frankreich und Großbritannien bei 65 % beziehungsweise 64 %, in Japan bei 35 % und in den USA bei nur 26 % (vgl. *Links*: Exportabhängigkeit). Diese überdurchschnittliche „Offenheit" der Wirtschaft ist politisch gewollt und zu einem wesentlichen Teil Ursache für den vergleichsweise großen Wohlstand unseres Landes. Gleichzeitig geht sie aber auch einher mit zu geringen Investitionsquoten im Inland, etwa im Bereich öffentlicher Infrastruktur (Digitalisierung, Schienenverkehr, Straßenbau, Energiepolitik, E-Ladeinfrastruktur) und erhöht die Abhängigkeit von der Politik der ausländischen Handelspartner. Die ausländische Politik beinhaltet Instrumente, wie verstärkte *Autarkiebemühungen* etwa des Haupthandelspartners China verbunden mit einer *Abkoppelung* von ausländischen Importen (*„decoupling"*), dem Erschweren von Importen durch *protektionistische* Maßnahmen der USA („*Buy American*", „*MAGA*", Zollpolitik), aus unterschiedlichen Gründen induzierte *Lieferkettenunterbrechungen* oder Angriffskriege, die wiederum entsprechende Reaktionen, wie etwa *Sanktionen* in diesem Fall gegen den Aggressor Russland, erfordern.

5.2.2 Nachteile von Exporten und Exportüberschüssen

Bei Exporten fallen die Nachteile der Leistungsbereitstellung im Inland an. So belastet die zusätzliche Güterproduktion die Umwelt. Güterexporte können daher grundsätzlich auch als *Import von Umweltbelastung* gesehen werden, für Dienstleistungsexporte gilt dies definitionsgemäß nicht. Ferner übernimmt der Exportsektor konjunkturbedingte *Absatz- und Beschäftigungsrisiken* für die Importländer. Da die Produktionsmöglichkeiten einer Volkswirtschaft zudem prinzipiell begrenzt sind, stehen die für die Exportproduktion benötigten Produktionsfaktoren für die *Versorgung des Inlands* nicht zur Verfügung. Es besteht die Möglichkeit, dass bestimme Exportgüter für die Inlandsversorgung nicht oder aufgrund einer zu knappen Bereitstellung nur zu hohen Preisen erhältlich sind und/oder nur gegen knappe Devisen als Importgüter zur Verfügung stehen. Eine derartige Situation kann insbesondere dann auftreten, wenn die durch die Exporte erwirtschafteten Devisen für den Import von Investitions- oder Rüstungsgütern oder auch von Luxus-Konsumgütern eingesetzt werden, wie dies häufig in vielen Entwicklungsländern der Fall ist.

> ▶ **Beispiele**
> Werden fruchtbare Böden für die Exportproduktion benötigt, etwa für Genussmittel, wie Kaffee und Tee oder tropische Früchte, Blumen etc., stehen für die Eigenversorgung häufig nur noch mindere Bodenqualitäten zur Verfügung, die das allgemeine Nahrungsmittelangebot verknappen und damit verteuern. Dies gilt insbesondere für Länder, deren Exporte hauptsächlich aus landwirtschaftlichen Produkten bestehen. Tropische Früchte waren eine Zeit lang in den Philippinen oder in Kuba nur zu Preisen erhältlich, die für die eigene Bevölkerung zu hoch waren oder sie wurden dieser nur in schlechterer „Nicht-Exportqualität" angeboten. Werden nicht regenerierbare Rohstoffe, wie Gold, Zinn, Bauxit oder Energieträger wie Uran, Kohle, Erdöl oder Erdgas exportiert, so werden endliche eigene Ressourcen zugunsten anderer Länder unter häufig katastrophalen Menschenrechts- und Umweltbedingungen ausgebeutet. ◀

Sind die Produktionskapazitäten ausgelastet, wird ein Anstieg der Exportnachfrage tendenziell zu einem *Preisanstieg im Inland* führen. Bei einem Handelsbilanzüberschuss steht den durch die erhöhte Exportproduktion geschaffenen Einkommen kein entsprechendes Warenangebot gegenüber. Wird der Einkommensüberhang nicht in vollem Umfang gespart, so trifft er als Nachfrage auf ein zu geringes Angebot, mit der Folge steigender Preise. Da Exportüberschüsse tendenziell Arbeitsplätze im Ausland vernichten können, besteht ferner die Möglichkeit, dass das Ausland zu Gegenmaßnahmen greift und sich durch Zölle oder sonstige protektionistische Maßnahmen mit unmittelbaren Auswirkungen auf die Beschäftigungssituation im Exportland vor Importen schützt (vgl. ▶ Kap. 6). Dies ist beispielsweise eine wesentliche Begründung für die protektionistische Handelspolitik der USA gegenüber der EU und China, aber auch von Europa gegenüber China.

5.2.3 Nachteile von Importen und Importüberschüssen

Ersetzen Importe inländische Produkte, können tendenziell Arbeitsplätze und somit Einkommensmöglichkeiten im Inland vernichtet werden. Ebenfalls können sonstige mit der Produktion im Inland verbundene Vorteile entfallen: Abgesehen davon, dass in diesen Bereichen wegen der sinkenden Inlandsproduktion eventuell auf Massenproduktions- und Spezialisierungsvorteile verzichtet werden muss, fällt insbesondere ins Gewicht, dass das spezifisches Produktions- und Anwendungswissen nicht mehr benötigt wird und damit möglicherweise ebenso verschwindet wie Investitionen und Forschung in diesem Bereich.

> ▶ **Beispiel**
>
> In Deutschland wurde die Entwicklung und Produktion von Batteriezellen für E-Autos lange Zeit – vor allem aus Kostengründen – asiatischen Herstellern überlassen. Inzwischen wurde realisiert, dass es sich hier für eine der weltweit führenden Automobilnationen um eine Schlüsseltechnologie handelt und es wird verstärkt – trotz anfangs gewisser Kostennachteile – in neue *Gigafactories* investiert.[3] Das gleiche gilt für die Produktion von Halbleitern. Auch hier sind Autozulieferer und Maschinenbauer von asiatischen Chipherstellern abhängig. Mit erheblichen Mitteln werden inzwischen Produzenten in der EU gefördert, um den europäischen Anteil an der steigenden weltweiten Halbleiterproduktion bis 2030 auf 20 % zu verdoppeln. ◀

Dies gilt auch für tradiertes technisches Know-how oder spezifische lokale Erfahrungen, wie beispielsweise eine den natürlichen Bedingungen angepasste Landnutzung in afrikanischen Ländern. Betroffen von den hieraus entstehenden Nachteilen sind Arbeitnehmer, Unternehmen, Wirtschaftssektoren oder ganze Regionen. Der Verlust von Wissen bzw. der Verzicht auf die Entwicklung und Verwertung von neuem zukunftsorientiertem Wissen beeinträchtigt zudem mögliche Synergieeffekte sowie eine in vielen Bereichen immer stärker benötigte interdisziplinäre Kompetenz.

Aufgrund von Importnotwendigkeiten kann die Produktion von Exportgütern zur Bereitstellung von benötigten Devisen selbst dann notwendig werden, wenn die Produktion unter nicht optimalen Bedingungen erfolgt, also mit Kosten- und Produktionsnachteilen verbunden ist und so zu einer schlechteren Versorgung der Bevölkerung führt (s. o.). Gegebenenfalls müssen hierfür auch Exporte subventioniert werden, um den Absatz auf dem Weltmarkt zu ermöglichen. Ob dies ökonomisch sinnvoll ist, hängt davon ab, ob die öffentlichen Mittel in anderen Verwendungszwecken ertragreicher – auch unter langfristigen Aspekten – einsetzbar gewesen wären.

---

3 Vgl. Harloff/Hebermehl 2022.

5.2 · Nachteile des Außenhandels

Genügen Importgüter u. U. nicht den *nationalen Schutzstandards* des Importlandes, besteht die reale Gefahr einer gesundheitlichen Schädigung der Konsumenten. Solche Gefahren treten vor allem bei Massenkonsumgütern auf, etwa bei Lebensmitteln oder bei preiswerten Ge- und Verbrauchsgütern, wie elektrischen Küchengeräten oder Spielzeug, die den Verbraucher- und Gesundheitsschutzstandards der Importländer nicht entsprechen. So können Lebensmittel unerwünschte Zusätze enthalten oder mit giftigen Substanzen, etwa illegalen Pestiziden, behandelt worden sein. Elektrische Geräte genügen u. U. anerkannten Sicherheitsstandards nicht oder werden sogar illegal nach solchen formal deklariert, ohne jedoch die Voraussetzungen hierfür zu erfüllen.

> ▶ **Beispiele**
>
> Schon früh tauchten auf westlichen Märkten Produkte auf, etwa Elektroartikel aus Ostasien, die zwar mit den geforderten Prüfzeichen, wie GS, VDE oder CE, versehen waren, jedoch nicht diesen Anforderungen entsprachen. „Lampen und Funkkopfhörer, Drohnen, Steckdosenleisten oder Handfunkgeräte … überschwemmen seit Jahren zunehmend den Markt. Das hängt auch damit zusammen, dass immer mehr Kunden im Internet einkaufen, wobei Lieferungen schwer zu kontrollieren sind. Die Bonner Bundesnetzagentur, die über einen störungsfreien Funk- und Radiobetrieb wacht, der Zoll und die regionalen Aufsichtsbehörden führen angesichts der Importschwemme einen schwierigen Kampf. … Bei der Bundesnetzagentur überwachen bereits mehr als 400 Mitarbeiter an 20 Standorten den Markt und beheben Funkstörungen … Die Zahl der aus dem Verkehr gezogenen Produkte hat sich in kurzer Zeit mehr als verdoppelt: Von 530.000 Geräten 2014 wuchs sie 2016 auf rund 1,25 Millionen." (*Links:* Ramsch-Elektrogeräte) ◀

Importüberschüsse, also Handelsbilanzdefizite, können Leistungsbilanzdefizite verursachen, die entweder zu einer Verringerung der Devisenreserven führen oder Kapitalimporte notwendig machen. Ein längerfristiger Trend zu hohen Defiziten kann wegen der daraus möglicherweise entstehenden Auslandsverschuldung zu erhöhter Abhängigkeit vom Ausland, wachsender Beschränkung der wirtschaftspolitischen Handlungsfähigkeit und zu Wirtschafts- und Finanzkrisen führen, die ausländische Finanzinvestoren veranlassen, ihr Kapital aus diesen Ländern abzuziehen. Dies wiederum führt meist relativ schnell zu Währungsabwertungen, Kursverlusten an den Wertpapierbörsen, einer Erhöhung der Auslandsschulden (ausgedrückt in der abgewerteten inländischen Währung), Konkursen und einer dramatisch steigenden Arbeitslosigkeit.

Schließlich können steigende Preise bei Importgütern, insbesondere bei kaum substituierbaren Rohstoffen oder Energieträgern, das Preisniveau im Inland stark beeinflussen. Eine *importierte Inflation* entsteht dann, wenn die gestiegenen Preise von den importierenden inländischen Unternehmen als Preiserhöhungen an ihre Kunden weitergegeben werden.

5.2.4 Ungleiche Verteilung der Vorteile

Die klassische Außenhandelstheorie kommt zu dem grundsätzlichen Ergebnis, dass die durch Freihandel zunehmende internationale Arbeitsteilung internationale Wohlfahrtsgewinne mit sich bringt, eine Aussage über die *Verteilung* der Vorteile jedoch nicht gemacht werden kann. In der Realität profitieren aber keineswegs alle Länder in gleicher Weise von der Aufnahme und Intensivierung von Außenhandelsbeziehungen.

Der internationale Handel (Güter und Dienstleistungen) stieg in den ca. 30 Jahren zwischen 1990 und 2022 fast auf das Achtfache, von etwa 4 auf 31 Bio US$. An diesen internationalen Handelsprozessen sind zwar praktisch alle Länder beteiligt, jedoch in sehr unterschiedlichem Ausmaß. Die grenzüberschreitenden wirtschaftlichen Aktivitäten konzentrieren sich auf die großen Industrieländer Europas, Nordamerikas und Asiens, die BRICS-Staaten (derzeit noch Brasilien, Russland, Indien, China, Südafrika) und eine kleine Gruppe weiterer Schwellenländer meist in Ost- und Südostasien. Insgesamt entfällt mehr als die Hälfte des grenzüberschreitenden Handels mit Gütern und Dienstleistungen auf nur 10 (von ca. 210) Ländern und fast 80 % auf nur 25 Länder (vgl. ◘ Abb. 5.3).

Kategorie	Top 10-Länder	Top 25-Länder
Güterexporte	49%	77%
Güterimporte	52%	78%
Dienstleistungsexporte	56%	81%
Dienstleistungsimporte	54%	77%
Durchschnitt (ungewichtet)	**53 %**	**78%**

◘ Abb. 5.3 **Konzentration des Außenhandels auf wenige Länder** (in % des Welthandels). (Quellen: WTO 2023; eigene Berechnungen)

5.2 · Nachteile des Außenhandels

Die große Mehrheit der Staaten dieser Erde spielt also nur eine marginale Rolle im Welthandel. Das bedeutet keineswegs, dass diese Länder keinen Außenhandel betreiben. Es bedeutet allerdings, dass ihr Vernetzungsgrad und damit ihre Bedeutung und ihr Einfluss verhältnismäßig gering sind. Viele der nachfolgenden Aussagen gelten daher vorwiegend für die große Gruppe der Entwicklungsländer, die zum Teil nur in geringem Umfang in den Weltmarkt eingebunden sind (vgl. hierzu ▶ Kap. 9):

(1) Die Länder unterscheiden sich aufgrund z. T. historisch bedingter Ursachen in der *Ausstattung mit Produktivkräften*: Viele rohstoffreiche frühere Kolonien und heutige Entwicklungsländer verfügen immer noch über eine vergleichsweise geringe Ausstattung mit Kapitalgütern und qualifizierten Arbeitskräften.

(2) Die *Wettbewerbssituation* auf dem Weltmarkt ist aufgrund der angebotenen Produkte unterschiedlich. Viele Länder verfügen über nur wenige international nachgefragte Güter oder ihre Angebotsmacht auf dem Weltmarkt ist zu gering, um gewinnbringende Preise durchsetzen zu können. So sind Länder, die sich auf den Export von Rohstoffen oder arbeitsintensiven Konsumwaren, wie beispielsweise Textilien, spezialisiert haben, aufgrund der starken Produkthomogenität einer weit stärkeren Konkurrenz durch Länder mit ähnlichen Angebotsstrukturen ausgesetzt als High-Tech und Spezialgüter exportierende Industrieländer.

(3) Die *Exportgüter der verschiedenen Länder unterscheiden sich* in Bezug auf Umweltbelastung und Ressourcenschonung, ihres technologischen Gehalts, ihrer Beschäftigungswirkung oder ihres Kostensenkungspotenzials. Massenproduktions- und Spezialisierungsvorteile in größerem Umfang sind meist nur bei der Produktion von Fertigwaren möglich. Werden vorwiegend Rohstoffe oder Agrarprodukte exportiert, ist die Realisierung solcher Vorteile nur begrenzt und häufig nur unter Inkaufnahme ökologischer Nachteile möglich.

(4) Ein notwendiger Strukturwandel belastet Unternehmen und Staaten mit hohen *Investitions- und Folgekosten*, etwa in Form von Infrastruktur- und Ausbildungsinvestitionen. Das hierfür benötigte Kapital muss zunächst meist als Kredit im Ausland in ausländischer Währung aufgenommen werden muss. Dadurch wächst die *Auslandsverschuldung*. Dies hat wiederum einen erhöhten Exportzwang zur Folge, da meist nur so die für die Rückzahlung benötigten Devisen eingenommen werden können. Dieser Effekt bleibt allerdings dann aus, wenn gleichzeitig die Importe zunehmen und die im Inland ansässigen *transnationalen Unternehmen* (TNCs) ihre Gewinne ins Ausland transferieren. Staatliche Fördermaßnahmen führen zudem zu wachsender Staatsverschuldung,

die wegen unzureichender inländischer Kapitalmärkte meist auf ausländischen Kapitalmärkten wiederum durch Kapitalimporte finanziert werden muss.

> ▶ Beispiel
> **China**
> … ist inzwischen ein wichtiger Player in der internationalen Entwicklungsfinanzierung. Die von China an die *Low Income Countries (LICs)* vergebenen Kredite übersteigen in letzter Zeit die von internationalen Organisationen, wie IWF oder Weltbank, vergebenen Kredite. Dabei nutzt China auch die Seidenstraßen-Initiative *(Belt and Road Initiative)* für kreditfinanzierte Infrastrukturprojekte. Weltweit schulden Staaten den chinesischen Unternehmen, die diese Aufträge ausführen derzeit etwa 400 Mrd. US$. Meist werden diese Kredite zu Marktkonditionen vergeben und als Sicherheiten werden Rechte an nationaler Infrastruktur, Rohstoffen oder Land verlangt. Viele Kreditverträge geben dem Kreditgeber zudem ein außerordentliches Kündigungsrecht, das auch vom politischen Wohlverhalten abhängen kann. In der Vergangenheit gab es häufiger Fälle, in denen sich die von China finanzierten Infrastrukturprojekte für das Schuldnerland als nicht rentabel erwiesen, die Kredite nicht zurückgezahlt werden konnten und China das Recht zur Nutzung der Pfänder eingeräumt werden musste.[4] ◀

(5) Der Aufbau von Produktionsmöglichkeiten für neuartige *zukunftssichere Produkte* ist neben der Existenz infrastruktureller Voraussetzungen auch an begünstigende staatliche Rahmenbedingungen geknüpft, die in vielen Entwicklungsländern (noch) nicht bestehen. Die leistungsfähigere Konkurrenz der Industriestaaten lässt zudem möglichen technologieintensiven Entwicklungsländerprodukten, sofern sie nicht von in diesen Ländern ansässigen Auslandsunternehmen produziert bzw. angeboten werden, häufig keine Chance.

(6) Schließlich wird der Welthandel durch *protektionistische Einflussnahme* verzerrt: In vielen Ländern werden Exporte direkt gefördert und/oder Importe behindert (vgl. ▶ Kap. 6 und 7), sodass sich die Rahmenbedingungen für spezialisierungswillige Länder verändern und nur schwer prognostizierbar sind.

---

4 Vgl. u. a. Horn et al. 2019, Gelper et al. 2021, Caskey 2022.

Fazit dieser Überlegungen ist, dass die am internationalen Handel teilnehmenden Nationen sehr unterschiedlich von diesem profitieren: Ausgangssituation, Exportgüterangebot, Wettbewerbsfähigkeit, ökonomisches Umfeld, aber auch die Weltmarktsituation und das Verhalten der ausländischen Konkurrenz (Marktmacht, Innovationstempo, Protektionismus) in einem sich ständig wandelnden dynamischen Umfeld entscheiden maßgeblich über die möglichen nationalen Vorteile, die sich aus gezielten Exportstrategien ergeben können. Gleichzeitig belastet der damit einhergehende notwendige Strukturwandel die Länder in unterschiedlicher Weise. Außenhandelsvorteile fallen daher überproportional bei leistungsstarken Industrie- und Schwellenländern mit entsprechender Produktionsstruktur und flexiblen Anpassungsmöglichkeiten an. Für diese Gruppe ergibt sich in der Regel ein Netto-Wohlstandszuwachs. Für andere Staaten ist eine detaillierte Analyse und gegebenenfalls die Einräumung von Sonderbedingungen notwendig, um die Anpassungslasten nicht in *Nettoverluste aus dem Außenhandel* umschlagen zu lassen.

Selbst dann, wenn ein Land Vorteile aus internationalen Handelsbeziehungen realisiert, profitieren hiervon niemals alle gesellschaftlichen Gruppen in gleichem Maße – auch hier sind die Vorteile ungleich verteilt. Den Wohlstandsgewinnen Weniger stehen nur geringe Gewinne oder sogar Verluste anderer Gruppen gegenüber. So können bisherige Besitzer *knapper Ressourcen* durch wettbewerbsfähigere Importe ihre privilegierte Position verlieren. Im Vergleich mit der Situation vor Aufnahme der Handelsbeziehungen erleiden sie ökonomische Nachteile durch sinkende Einkommen oder Gewinne oder (strukturelle) Arbeitslosigkeit: Besitzer bislang *knapper Arbeitskraft*, z. B. Fachkräfte in Spezialberufen, können ihre Einkommens- oder Beschäftigungsprivilegien infolge billigerer Auslandskonkurrenz verlieren; Besitzer von bislang *knappem Wissen*, etwa technischer oder marktspezifischer Erfahrung, verlieren ihren Informationsvorteil, während kleinere und mittlere Unternehmen oder Spezialanbieter infolge von Wettbewerbsvorteilen ausländischer Produzenten vom Markt verdrängt werden können. Diese Nachteile können sowohl *Einzelpersonen, einzelne Unternehmen, bestimmte Sektoren* (z. B. Maschinenbau, Automobilzulieferer oder Landwirtschaft), *Regionen* (z. B. strukturschwache Randregionen oder ganze Industrieregionen) oder auch *Länder* insgesamt betreffen, deren Leistungsfähigkeit oder Ressourcenausstattung zu gering ist, um dem Wettbewerbsdruck durch andere Regionen oder Sektoren standhalten bzw. diesen durch wettbewerbsfähigere Aktivitäten kompensieren zu können.

5.2.5 Weitere Probleme

- **Verschärfung der Umwelt- und Klimaproblematik**

Neben der Tatsache, dass das durch die Ausdehnung des internationalen Handels induzierte weltweite Wirtschaftswachstum die Umweltbelastung allgemein ansteigen lässt, ist internationaler Handel auch mit spezifischen Umweltproblemen verknüpft. Die benötigten Transportdienstleistungen (Zunahme des LKW-Verkehrs, der See- und Luftfracht), die für die verlängerten Lieferketten benötigt werden, verursachen Klima- und Umweltschäden.

Ein weiteres internationales Problem stellt das Umwelt- oder *Öko-Dumping* dar. Niedrigere Produktionskosten sind häufig der entscheidende Wettbewerbsvorteil von Entwicklungs- und Schwellenländern auf dem Weltmarkt. Deren Produktionskosten werden maßgeblich von den nationalen Schutzniveaus im Umweltbereich, den Umweltstandards, beeinflusst. Sind die Umweltstandards niedrig, steigt die Exportnachfrage und die Produktion wird auf Kosten der Umwelt ausgedehnt. Durch diese gezielte *Externalisierung* von Kosten wird die eigene nationale Wettbewerbsposition im internationalen Wettbewerb verbessert. Gleichzeitig wird die Umwelt durch Öko-Dumping geschädigt. So werden Abwässer, etwa aus Textilfabriken, ungeklärt an die Umwelt abgeben. Giftstoffe finden sich dann im Trinkwasser oder – durch als Düngemittel verwendeten Klärschlamm – in den Nahrungsmitteln. Die Kosteneinsparungen stärken daher zwar die Wettbewerbsposition des betreffenden Landes, verschlechtern jedoch gleichzeitig neben der nationalen auch die internationale Umweltsituation. Nur durch die Etablierung und Durchsetzung internationaler Standards kann ein destruktiver „Absenkungswettbewerb", ein *race-to-the-bottom,* verhindert werden.

- **Verschärfung von Krisen**

Wechselseitige ökonomische Abhängigkeiten stärken die Kooperation zwischen Ländern und wirken somit tendenziell krisenverringernd, dies gilt aber nur dann, wenn von der inhaltlichen Seite des Warenaustausches abstrahiert wird. Durch den Handel mit Waffen und Rüstungstechnologien werden bewaffnete Auseinandersetzungen, Bürgerkriege und zwischenstaatliche Kriege häufig erst ermöglicht und tendenziell verlängert. Die Aufrüstung von Staaten oder einzelnen Gruppen mit Waffen, die Bereitstellung von Technologien für die Verbesserung der Rüstungstechnik oder Lieferungen, die die Herstellung von Atomwaffen ermöglichen, versetzen die betreffenden Länder vielfach erst in die Lage, Bedrohungspotenziale zu entwickeln und damit Kriege auch tatsächlich und nicht nur auf der Propagandaebene führen zu können.

5.2 · Nachteile des Außenhandels

▶ **Beispiel**

So trug Anfang der 1990er-Jahre die Versorgung des Irak mit Atomtechnik, Waffen und anderen Rüstungsgütern, die Unterstützung der Armee durch Schulung und Ausbildung (Dienstleistungsimport!), die Verbesserung bestehender Technik (z. B. Reichweitenverlängerung der vorhandenen Scud-Raketen) sowie die Bereitstellung von Know-how (z. B. bezüglich der Einsatzfähigkeit von B- und C-Waffen) u. a. durch deutsche Unternehmen in ganz erheblichem Umfang dazu bei, dass sich die damalige Golfkrise in einen Golfkrieg verwandeln konnte, die mit dem Überfall des Irak auf Kuwait begann und zu den bekannten weitreichenden Folgen für die gesamte Region führte. Trotz Änderungen oder Verschärfungen der nationalen und internationalen Exportgesetzgebung und entsprechender Kontrollen ist kaum zu erwarten, dass sich der Umfang der Rüstungsexporte – auch in Krisengebiete – in Zukunft nennenswert reduzieren wird, wie die derzeitigen Kriege in der Ukraine, in Nahost und im Sudan zeigen. ◀

- **Illegaler Handel**[5]

Auch der illegale Handel profitiert von international offenen Grenzen. Kontrollmöglichkeiten werden durch die großen Volumina des legalen Handels, den Anstieg des Onlinehandels, die geschickte Nutzung der Transportkapazitäten und die beschränkten personellen Kontrollkapazitäten begrenzt. Zudem wird hierfür meist das *Darknet*, der nicht öffentlich zugängliche, verschlüsselte Bereich des Internets, genutzt. Nach Zahlen von *Europol* werden von den weltweit etwa 750 Mio. Containern, in denen rund 90 % der globalen Warenströme transportiert werden, nur etwa 2 % überprüft, vor allem auch deswegen, weil bei einer höheren Prüfquote negative Folgen für die Abwicklung des Handelsverkehrs befürchtet werden!

▶ **Beispiele**

Illegaler Handel erstreckt sich auf viele Bereiche: Neben dem besonders abstoßenden Menschenhandel und dem Handel mit menschlichen Organen handelt es sich hierbei vor allem um den illegalen Handel (Ex- und Importe) u. a. mit geschützten Tieren und Tierprodukten, Drogen, Rüstungsgütern, gefälschten Pharmaprodukten, imitierten Markenprodukten (Produktpiraterie), Tropenhölzern und gestohlenen Fahrzeugen. ◀

---

5 s. a. Koch 2022, ▶ Abschn. 7.2.3.

Der Menschenhandel und der besonders brutale kriminelle Handel mit menschlichen Organen, bei dem Menschen Organe – häufig unter Zwang – entnommen und an gut situierte Patienten, meist aus reichen Ländern, verkauft werden, stellt eine eigene besonders kriminelle Kategorie dar. Für Unternehmen ist aber auch die Verletzung von Urheberrechten durch ausländische Produzenten *(Produktpiraterie)* ein wachsendes globales Problem. Gefälschte Produkte bedeuten Schäden für Image, Umsatz, Arbeitsplätze und können auch Gefahren für Verbraucher bedeuten. 2019 wurden die Umsatzverluste durch gefälschte Produkte – vor allem Uhren, Bekleidung, Spielzeug, Handtaschen, Zigaretten und Verpackungsmaterialien – auf global 460 Mrd. € geschätzt.[6] Die entstandenen Schäden sind allerdings nur selten konkret nachweisbar.

Auch Handelsbeziehungen, mit denen gegen vereinbarte politische Sanktionen gegen einzelne Länder verstoßen wird, sind problematisch. So werden Handelsembargos umgangen, indem Waren falsch ausgezeichnet werden oder an Adressaten in Länder verschickt werden, die sich nicht an den Embargos beteiligen oder Sanktionen nicht umsetzen und auftragsgemäß den Weitertransport der Waren in das sanktionierte Land übernehmen, etwa Technologieexporte von Deutschland nach Kasachstan, die dann an Russland weiter exportiert werden.

- **Sinkende Sozialstandards**[7]

Internationaler Handel kann auch dazu führen, dass nationale **Schutzregeln** abgebaut oder deren Ausbau verhindert werden. Um die nationale Wettbewerbsfähigkeit zu erhalten oder zu verbessern ist die Politik gezwungen, die nationalen Rahmenbedingungen laufend zu überprüfen und anzupassen. Ein typisches Beispiel sind kostenrelevante **Sozialstandards**. Hierzu zählen u. a. Regelungen in Bezug auf die Höhe von Mindestlöhnen, Lohnfortzahlungen im Krankheitsfall, bezahlten Urlaub, Arbeitszeiten, die Bezahlung von Überstunden, die Zulässigkeit von Nachtarbeit, vereinbarte Ruhezeiten, Mitbestimmungsregelungen oder Kündigungsrechte. Sind die Staaten nicht in der Lage oder nicht bereit, das Schutzniveau zu senken, oder erhöhen sie es sogar, kann es von Unternehmerseite – nationalen Unternehmen oder ausländischen Investoren – zu Umgehungsstrategien kommen, etwa durch die tatsächliche oder angedrohte Verlagerung der Produktion in Staaten mit niedrigerem Regulierungsniveau. ◘ Abb. 5.4 fasst die Nachteile des internationalen Handels zusammen.

---

6 EU 2018 zit. von Wipper 2021.
7 Vgl. zu dieser Thematik auch ▶ Abschn. 8.6.

5.2 · Nachteile des Außenhandels

Inländische Nachteile		Internationale Nachteile
Exporte	Importe	
Abhängigkeit als Kernproblem auf nationaler und internationaler Ebene		
Ungleiche Verteilung von Außenhandelsvorteilen auf nationaler und internationaler Ebene		
Übernahme von Absatz- und Beschäftigungsrisiken für das Ausland	Möglicher Verzicht auf Arbeitsplätze und Einkommen	Klima- und Umweltprobleme durch zunehmenden Handel (Transporte, Schadstoffemissionen, Öko-Dumping)
Übernahme von Produktionsrisiken (z.B. Umweltrisiken)	Verzicht auf entwicklungs- und produktionsbedingte Vorteile (Zukunftstechnologien, Erfahrungen, Synergieeffekte)	Krisenverschärfung durch Handel mit Rüstungsgütern
Evtl. Beeinträchtigung der inländischen Versorgung (Ausbeutung von Ressourcen, Verwendung knapper Faktoren)	Erfordert Deviseneinnahmen durch Exporterlöse zur Finanzierung	Menschenhandel, Illegaler Güterhandel (Produktpiraterie, Handel mit Drogen, geschützten Produkten, Rüstungsgütern, Waffen, gestohlenen Gütern etc.)
	Gesundheitsgefahren durch Importe durch Nichtbeachtung von Verbraucherschutzgesetzen	
Inflationsrisiken durch Kapazitätsüberlastung	Inflationsrisiken durch „importierte Inflation"	Sozialdumping durch sinkende Niveaus von kostenrelevanten Sozialstandards
Handelsbilanzüberschuss	Handelsbilanzdefizit	
Tendenzielle Verstärkung der Wirkungen		
Forderungsrisiko: Bei Abwertungen sinkt der Gegenwert von Devisenforderungen	Tendenz zur Auslandsverschuldung	
Evtl. protektionistische Gegentendenzen		

Abb. 5.4 Nachteile des internationalen Handels

In den letzten Jahren hat die *Verlagerung von Arbeitsplätzen* aus Industrieländern mit kostenintensiveren höheren Sozialstandards in Entwicklungsländer mit niedrigeren sozialen Standards und geringeren Lohnkosten allerdings aus verschiedenen Gründen abgenommen. *Re-shoring* oder *near shoring*, also die Rückholung von Arbeitsplätzen in das eigene Land oder in benachbarte Länder, ist Folge einer Restrukturierung der Globalisierung: Die stärkere Berücksichtigung von möglicherweise gestörten Lieferketten sowie von geostrategischen Überlegungen, wie einer *de-risking* Strategie in Bezug auf China, wird in den nächsten Jahren wahrscheinlich weiter zunehmen.

5.3 Lernkontrolle

🎓 Kurz und bündig

Vorteile von Außenhandelsbeziehungen haben Unternehmer und Arbeitnehmer im *Exportland* durch die Realisierung von *Gewinnen* und die *Sicherung von Beschäftigung* sowie der Staat durch steigende *Steuereinnahmen*. Ein Exportüberschuss kann zudem Defizite in anderen Teilbilanzen der Leistungsbilanz kompensieren. Im *Importland* verbessern Konsumgüter die *Versorgung der Bevölkerung*, während Importe von Investitionsgütern und Rohstoffen vielfach *Voraussetzung für die inländische Produktion* sind. Gleichzeitig werden Nachteile und Risiken der Produktion im Inland vermieden und in das Lieferland verlagert. International betrachtet, bewirkt internationale Arbeitsteilung und der *weltweit optimierte Einsatz knapper Ressourcen*, dass kostengünstiger produziert werden kann, sodass sich die Leistungsfähigkeit der Volkswirtschaften insgesamt erhöht, die Produktivität steigt und sich auf diese Weise die *weltweite Versorgung mit Gütern und Dienstleistungen* verbessert. Zudem kann internationaler Handel einen weltweiten *Ausgleich von Mangel und Überfluss* bewirken.

Sind bestimmte benötigte Produkte im Inland nicht vorhanden, müssen diese Produkte importiert und die für die Bezahlung dieser Produkte erforderlichen Devisen i. d. R. durch Exporte erwirtschaftet werden. Dies kann zu *Abhängigkeiten* führen, dem zentralen *Nachteil* des Außenhandels. Während *Exportabhängigkeit* u. U. zu einer verstärkten Berücksichtigung der Interessen der Empfängerländer führen kann, kann *Importabhängigkeit* ein ökonomisch-politisches Wohlverhalten gegenüber den Lieferanten von benötigten Technologien oder Rohstoffen zur Folge haben. Bei Exporten fallen zudem die *Nachteile der Leistungsbereitstellung* im Inland an. So belastet die zusätzliche Güterproduktion die Umwelt, während der Exportsektor konjunkturbedingte Absatz- und Beschäftigungsrisiken für die Importländer übernimmt. Ersetzen Importe inländische Produkte, sind tendenziell Arbeitsplätze und somit *Einkommensmöglichkeiten im Inland* gefährdet. Ebenfalls können sonstige mit der Produktion im Inland verbundene Vorteile entfallen, wie etwa die Entwicklung oder der Erhalt von Erfahrungswissen oder Investitionen in die Entwicklung von spezifischem neuem Wissen.

Hinzu kommt, dass nur *wenige Länder* vom Außenhandel tatsächlich profitieren – fast 80 % des weltweiten Außenhandels entfallen auf nur 25 Länder. Die meisten Länder können aus unterschiedlichen Gründen nur in sehr gerin-

5.3 · Lernkontrolle

gem Umfang am Welthandel teilnehmen: Exportgüterangebot, Wettbewerbsfähigkeit, ökonomisches Umfeld, die Weltmarktsituation und das Verhalten der ausländischen Konkurrenz verhindern eine stärkere Beteiligung und die Möglichkeit größere *Vorteile* aus dem Außenhandel zu ziehen. Zudem profitieren die gesellschaftlichen Gruppen nur in sehr unterschiedlichem Umfang: Den Wohlstandsgewinnen Weniger stehen nur geringe Gewinne oder auch Verluste anderer Gruppen gegenüber. Besitzer bisher knapper Ressourcen können durch wettbewerbsfähigere Importe ihre privilegierte Position verlieren. Sie erleiden ökonomische Nachteile durch sinkende Einkommen oder (strukturelle) Arbeitslosigkeit: Diese Nachteile können sowohl Einzelpersonen, einzelne Unternehmen, bestimmte Sektoren oder Regionen oder auch Länder betreffen.

Schließlich verschärft das durch den internationalen Handel induzierte weltweite Wirtschaftswachstum die globale *Umweltbelastung* und die Klimakrise, trägt zur Entstehung und Verlängerung *bewaffneter Auseinandersetzungen* bei und ermöglicht *kriminellen illegalen Handel* – mit Menschen, Tieren, geschützten oder gefälschten Produkten.

❓ Let's check

1. Welche Vor- und Nachteile lassen sich aus der Tatsache, dass Exporte mit der „*Produktion im Inland für das Ausland*" gleichzusetzen sind, ableiten?
2. Tragen Außenhandelsbeziehungen zur Verringerung oder zur Intensivierung von *Krisen* und bewaffneten Auseinandersetzungen bei?
3. Unter welchen Voraussetzungen stellen *Abhängigkeiten* im Außenhandel ein Kernproblem dar?
4. Wie hat sich die *deutsche Export- und Importabhängigkeit* in den letzten 20 Jahren entwickelt?
5. Diskutieren Sie mögliche Vor- und Nachteile steigender Exporte für *Entwicklungsländer*.
6. Warum sind Vorteile von Außenhandelsbeziehungen international und intra-national *ungleich verteilt*?
7. Unter welchen Umständen und in welchen Bereichen besteht die Gefahr eines *race-to-the-bottom*?

❓ Vernetzende Aufgaben – recherchieren, analysieren, beurteilen

Ist internationaler Handel angesichts der vielfältigen und noch zu erwartenden internationalen Folgen der Klimakrise noch zu befürworten?

Literatur

Literatur[8]

Caskey, G.W. (2022) Chinese Development Lending & the Amplification Effect. https://spaces-cdn.owlstown.com/blobs/2s12zgn23pomc1unytrw3t9prlrr

Deutsche Bundesbank: Zahlungsbilanzstatistik, versch. Jahrgänge

Gelper, A. et al. (2021) How China Lends. A Rare Look into 100 Debt Contracts with Foreign Governments

Harloff, T./Hebermehl, G. (2022) Batteriezellen-Fertigung in Deutschland und Europa BMW nimmt Akku-Kompetenzzentrum bald in Betrieb. https://www.auto-motor-und-sport.de/tech-zukunft/alternative-antriebe/batteriezellen-fertigung-deutschland-wo-elektroauto-akkus-entstehen/

Horn, S. et al. (2019) China's Overseas Lending; in: Kiel Working Paper No. 2132, June 2019

Koch, E. (2022) Globalisierung: Wirtschaft und Politik. Chancen – Risiken – Antworten; 3. vollständig überarbeitete Aufl., Wiesbaden

Wipper, A. (2021) Produktpiraterie – Eine wachsende globale Herausforderung und deren Bekämpfung; https://kpmg-law.de/newsservice/produktpiraterie-eine-wachsende-globale-herausforderung-und-deren-bekaempfung/

WTO (2023) World Trade Statistical Review 2023

Links

Deutsche Energiewende: https://www.tagesschau.de/wissen/klima/rohstoffe-energiewende-100.html; https://www.sueddeutsche.de/wirtschaft/abhaengigkeit-von-china lux.7qW4V UwxbmvSW8SNk8wvtc?reduced=true

Exportabhängigkeit: https://www.handelsblatt.com/politik/deutschland/aussenhandel-wie-gefaehrlich-deutschlands-export-abhaengigkeit-werden-kann/27471338.html

Importabhängigkeit: https://www.produktion.de/wirtschaft/so-kann-sich-deutschland-aus-rohstoffabhaengigkeiten-loesen-864.html

Ramsch-Elektrogeräte: https://www.focus.de/digital/produkte/gefaehrliche-zeitbomben-zahl-seit-2014-verdoppelt-ramsch-elektrogeraete-ueberschwemmenmarkt_id_7363358.html

---

[8] Letzter Zugriff auf die unter „Literatur" und „Links" genannten Internetquellen jeweils 12/2024.

Importpolitik

Inhaltsverzeichnis

6.1 Freihandel oder Protektionismus? – 107

6.2 Zölle als Instrument der Protektion – 110
6.2.1 Schutzwirkungen – 110
6.2.2 Ertragswirkungen – 112
6.2.3 Abwehr von Protektionismus Dritter – 113
6.2.4 Weitere Zollarten – 115

6.3 Nicht-tarifäre Handelshemmnisse – 118

6.4 Beurteilung des Protektionismus – 123

6.5 Lernkontrolle – 126

Literatur – 127

© Der/die Autor(en), exklusiv lizenziert an Springer Fachmedien Wiesbaden GmbH,
ein Teil von Springer Nature 2025
E. Koch, *Internationaler Handel und Handelspolitik*, Studienwissen kompakt,
https://doi.org/10.1007/978-3-658-47964-0_6

> **Lernagenda**
>
> **Folgende Fragen werden in Kap. 6 beantwortet:**
> - Wie begründeten *Adam Smith* und *David Ricardo* die Idee des Freihandels?
> - Welche Vor- und Nachteile hat *Protektionismus* sowohl für das eigene Land als auch für die Handelspartner?
> - Welche *Zollarten* gibt es und wie sollen sie wirken?
> - In welchen Ländern spielt die *Ertragswirkung* von Zöllen eine größere Rolle und warum?
> - Ist die Erhebung von *Exportzöllen* sinnvoll?
> - Wie lassen sich *Antidumping- und Ausgleichszölle* begründen?
> - Wie wirken *nicht-tarifäre Handelshemmnissen* (NTHs)?
> - Unter welchen *Voraussetzungen* können auch *technische Normen* wie NTHs wirken?
> - Wie wird ein Land seine *protektionistische Politik* rechtfertigen?

Die Liberalisierung der Handelsbeziehungen, also die Ausweitung des *Freihandels*, ist ein wichtiges Element vieler internationaler Vereinbarungen. Für das Allgemeine Zoll- und Handelsabkommen (GATT) und die Welthandelsorganisation (WTO) ist es das Kernprinzip, zudem ist es Auslöser und Kernbestandteil von Integrationsabkommen und bilateralen Handelsabkommen. Aufgrund der wohlstandsfördernden Funktion des Freihandels ist dies nicht verwunderlich: Abgesehen von der größeren Warenvielfalt durch Importe führt der steigende Wettbewerb zu sinkenden Güterpreisen, sodass das Warenangebot tendenziell billiger wird und mehr Menschen Güter erwerben können bzw. mit dem eigenen Einkommen mehr Produkte erwerben können.

Andererseits können zu teuer produzierende inländische Betriebe durch preisgünstigere Importe ihre Wettbewerbsfähigkeit verlieren, sodass die Beschäftigung möglicherweise abnimmt und die Anzahl der Personen, die sich die nun preiswerter gewordenen Waren leisten können, sinkt. Wird also Freihandel gefordert, so setzt dies auch die Bereitschaft voraus, die damit verbundenen Anpassungsprozesse zu akzeptieren und möglichst auch von politischer Seite abzufedern. Erscheinen die Anpassungskosten aber als zu hoch, kann es auch im Interesse von Staaten liegen, den freien Handels- und Dienstleistungsaustausch einzuschränken und Handelsbarrieren zu errichten, um die eigene Wirtschaft zu schützen, sich also protektionistisch zu verhalten.

6.1 Freihandel oder Protektionismus?

Während sich ein freihandelsorientiertes Land dem internationalen Wettbewerb stellt und sich den Anforderungen der Weltwirtschaft anpassen muss, entzieht sich ein protektionistisches Land ganz oder teilweise dem internationalen Wettbewerb und versucht beispielsweise – auch unter ungünstigeren Bedingungen – Importe durch eigene Produkte zu ersetzen (*Importsubstitution*). Auf diese Weise können zwar kurzfristig Arbeitsplätze erhalten werden, allerdings unter Inkaufnahme des Risikos, dass sich langfristig die Versorgung wieder verschlechtert und Arbeitsplätze gefährdet werden. Es besteht daher Konsens darüber, dass die allgemeinen Vorteile des Freihandels überwiegen. Dennoch reagieren einzelne Länder immer wieder (partiell) protektionistisch, wenn aufgrund struktureller oder konjunktureller Probleme im eigenen Land Produktionsabbau oder Arbeitsplatzverluste drohen und diese Entwicklung gestoppt werden soll.

Schon die klassische Außenhandelstheorie, die im 18. Jahrhundert in England vor allem von *Adam Smith* (1723–1790) und *David Ricardo* (1772–1823)[1] begründet wurde, versuchte zu beweisen, dass ungehinderter internationaler Warenaustausch zu einer Verbesserung der Versorgung aller beteiligten Länder führe und ein Land, das sich gegenüber Importen verschließe, neben seinen Handelspartnern vor allem sich selbst schade. Damit sollte die bislang vorherrschende Auffassung des *Merkantilismus*, der die Maximierung der Exporte und die Erzielung von Handelsbilanzüberschüssen ins Zentrum der Wirtschaftspolitik stellte, widerlegt werden. Aber auch *Smith* und *Ricardo* waren bezüglich der Möglichkeit, allgemein Freihandelsgrundsätze durchzusetzen, skeptisch. Smith bezeichnete es sogar als Utopie, dass England zum vollständigen Freihandel übergehen werde und identifizierte vier Situationen, in denen protektionistische Maßnahmen zu rechtfertigen seien:

- Güter, die zur Landesverteidigung benötigt werden, sollten selbst produziert und nicht importiert werden;
- wenn einheimische Produkte mit speziellen Steuern belastet sind, sollten Importe ebenfalls durch entsprechende Abgaben belastet werden;
- wenn andere Länder Importabgaben erheben, die die eigenen Exporte im Ausland verteuern, so sollen auch auf Importe aus diesen Ländern Zölle erhoben werden;

---

[1] Vgl. Smith 2021, Ricardo 2006.

- bereits bestehende Importzölle sollten nur schrittweise abgebaut werden, um Wettbewerbsschocks für die bislang geschützte einheimische Industrie zu dämpfen.

Unter *Protektionismus* sollen hier *geplante Maßnahmen zum Schutz der einheimischen Wirtschaft* verstanden werden. Darunter fallen sowohl geplante Importbehinderungen als auch Maßnahmen zur direkten Beeinflussung der Exporte, die der einheimischen Wirtschaft nicht-marktkonforme Vorteile im internationalen Wettbewerb verschaffen sollen. So können beispielsweise ausländische Produkte gezielt verteuert werden, um ihre Absatzmöglichkeiten im Inland zu verringern, oder sie können, etwa durch Mengenbeschränkungen, direkt vom einheimischen Markt ausgeschlossen werden. Andererseits können einheimische Produzenten gezielt durch Subventionen gefördert werden und so gegenüber ausländischen Produkten bevorteilt werden.

> ▶ **Beispiel**
> **USA**
> Der 2022 in den USA erlassene „*Inflation Reduction Act*" sieht für die folgenden zehn Jahre massive Steuererleichterungen für Investitionen in die regenerative Energieproduktion vor. Dies soll allerdings vorwiegend für ausschließlich in den USA gefertigte Produkte, wie etwa E-Autos, und nicht etwa für alle auf dem US-Markt verkauften Produkte gelten. Diese Regelungen begünstigen Unternehmen, die in den USA produzieren oder amerikanische Materialien und Produkte verwenden, und benachteiligen ausländische Wettbewerber, deren Produkte nicht in den USA produziert wurden. ◀

Darüber hinaus kann die nationale Ausgestaltung des Wirtschafts- und Sozialsystems auch zu ungeplanten Wettbewerbsnachteilen für ausländische Anbieter führen, etwa dadurch, dass aufgrund von politisch-gesellschaftlichen Prioritäten neue nationale Lösungen für den Verbraucher- und Umweltschutz oder für technische Industrienormen, gefunden werden. Auch diese können zu ungeplanten Handelshemmnissen werden, wenn Importeure ihre Produkte an diese neuen Regeln anpassen müssen.

Die Gründe für eine protektionistische Politik liegen im Allgemeinen in der mangelnden politischen und ökonomischen Fähigkeit auf ökonomische Herausforderungen in angemessener Zeit und mit anderen wirtschaftspolitischen Mitteln adäquat zu reagieren. Solche Herausforderungen sind üblicherweise entweder *interne* Probleme, wie Konjunkturrückschläge oder

6.1 · Freihandel oder Protektionismus?

wirtschaftliche Strukturprobleme mit anhaltenden Ungleichgewichten der Leistungsbilanz oder *externe* Herausforderungen, wie intensiverer Wettbewerb auf dem Weltmarkt, gestiegene Rohstoffpreise, aber auch geopolitische oder sicherheitspolitische Problemlagen.

Protektionismus umfasst auf *nationaler Ebene* Instrumente, wie beispielsweise die Einführung von Zöllen, Mengenbeschränkungen für Importe oder (überraschend eingeführte) neue nationale Standards zum Ausschluss von Importen nicht standardkonformer ausländischer Produkte. Durch sinkende Importe soll der Anpassungsdruck auf *einheimische Unternehmen* reduziert und – zumindest kurzfristig – Gewinne und Beschäftigung gesichert werden. Gleichzeitig besteht aber die Gefahr von Sanktionen der benachteiligten Handelspartner und – falls Verbesserungen des einheimischen Produktangebots ausbleiben – eine nachhaltige Verschlechterung der Wettbewerbssituation. Bei den ausländischen *Handelspartnern* wird sich zwar kurzfristig die Gewinn- und Beschäftigungssituation verschlechtern, gleichzeitig werden aber Anpassungsprozesse angeregt, sodass sich – langfristig – die Wettbewerbssituation verbessern dürfte. Zudem sind Gegenreaktionen möglich und die Gefahr eines „Handelskriegs" besteht. Vgl. hierzu die Übersicht in ◘ Abb. 6.1.

◘ Abb. 6.1 Protektionismus: Ursachen und Wirkungen

Aufgrund der dynamischen Entwicklung der Weltwirtschaft werden solche Maßnahmen allerdings meist zeitlich und sektoral begrenzt und variabel eingesetzt, um langfristige Wachstums- und Entwicklungsverluste, die dem Land durch die (partielle) Abkoppelung von der internationalen Arbeitsteilung entstehen, zu verhindern.

6.2 Zölle als Instrument der Protektion

Zölle (*tarifäre Handelshemmnisse*) sind das klassische Instrument des Protektionismus. Man erhofft sich von ihnen vor allem eine Schutzwirkung sowie zusätzliche Staatseinnahmen.

6.2.1 Schutzwirkungen

Durch einen Schutzzoll, meist ein Importzoll, wird das ausländische Produkt mit einer zusätzlichen Abgabe belastet, sodass es in dem „geschützten" Land nur zu einem höheren Preis verkauft werden kann. Hierdurch sollen bestimmte *Wirtschaftssektoren* geschützt werden, meistens „alte Industrien", wie der Agrar-, Energie-, Grundstoff- oder Textilsektor, die dem internationalen Wettbewerb nicht mehr standhalten können.

▶ **Beispiel**

Im Juli 2022 beschloss Großbritannien Einfuhrbeschränkungen für Stahl. Diese sehen vor, dass nur eine bestimmte Menge an Stahl aus Ländern mit billiger Produktion importiert werden darf, alles, was darüber hinaus geht, wird mit einem Zoll von 25 % belegt. Aus Sicht des Handelsministeriums wären die britischen Stahlhersteller „ernsthaft geschädigt" worden, würde die Regierung nicht eingreifen. Damit wird allerdings in Kauf genommen, dass der Stahlpreis höher ist, als er es ohne die Schutzmaßnahmen wäre. Das wiederum stört jene Industriezweige, die Stahl weiterverarbeiten und nun für den benötigten Stahl höhere Preise zahlen müssen. Die *Confederation of British Metalforming* erklärte daher, dass die Schutzzölle sowohl für die Autobauer als auch die Luft- und Raumfahrtindustrie „unnötige Schmerzen, finanziellen Schaden und Unterbrechungen der Lieferketten" bedeuten.[2] ◀

---

2 Vgl. Mühlauer 2022.

6.2 · Zölle als Instrument der Protektion

Konsequenz der genannten Schutzwirkungen sind temporäre positive Beschäftigungseffekte in dem geschützten Wirtschaftszweig, da zumindest kurzfristig keine Arbeitsplätze, hier bei den britischen Stahlproduzenten, abgebaut werden müssen. Die dann zunehmende Nachfrage nach geschützten Gütern kann zu Beschäftigungssteigerungen und damit zu wachsenden Einkommen führen. Die Einkommen werden dann in Abhängigkeit von der volkswirtschaftlichen *Konsumquote* wieder zu Nachfrage und können neue Investitionen induzieren (sog. *Multiplikatoreffekte*). Werden Zölle auf Vorprodukte, die andere Industriezweige benötigen, erhoben, können – wie das Beispiel zeigt – die positiven Wirkungen allerdings durch negative Wirkungen in anderen Bereichen überkompensiert werden.

Durch Schutzzölle können jedoch auch „junge Wirtschaftszweige" geschützt werden. Solche **Erziehungszölle** können sowohl zur Absicherung einer Importsubstitutionspolitik als auch zur Entwicklung einer Exportindustrie eingesetzt werden. Sollen diese Ziele durch eigene Anstrengungen erreicht werden, ist dies meist nur möglich, wenn den neuen Industrien eine „Schonzeit" gewährt wird, in der sie versuchen sollen, internationale Wettbewerbsfähigkeit zu erlangen. Werden in einem Land neue Industriezweige *(infant industries)* aufgebaut, können diese sich in der Anfangsphase meist noch nicht gegen eine häufig überlegene ausländische Konkurrenz durchsetzen. Durch einen temporären, degressiv (!) gestalteten Zollschutz sollen sie jedoch in die Lage versetzt werden, Know-how zu erwerben, marktfähige Produkte zu entwickeln, Kapazitäten aufzubauen und ihre Produktivität zu erhöhen. Sind die jungen Industrien stark genug, um in einen Wettbewerb mit der Auslandskonkurrenz einzutreten, sollten die künstlichen Wettbewerbsvorteile wieder rückgängig gemacht werden.

Erziehungszölle

„Das Erziehungszollargument wurde ursprünglich von Alexander Hamilton (1791) ... formuliert, ist aber besonders verbunden mit dem Namen des deutschen Ökonomen *Friedrich List* (1841). List war, wie auch Hamilton, ein Verfechter des Freihandels. Er vertrat jedoch die Auffassung, Freihandel sei nur vorteilhaft zwischen Nationen gleicher Entwicklungsstufe, ein weniger entwickeltes Land (Deutschland) könne, wenn es mit einem weiter entwickelten Land (England) konkurriere, durch temporäre Schutzzölle die eigene Entwicklung beschleunigen."[3]

---

3 Wagner, N.: Das Erziehungszollargument; in: WiSt, Heft 4/1990.

In der heutigen Zeit bevorzugen die meisten Entwicklungsländer allerdings die Alternative, eigene Industrieentwicklungen durch gezielte *Förderung von Direktinvestitionen* ausländischer Unternehmen zu ersetzen, etwa durch die Bereitstellung von *Sonderwirtschaftszonen*, (vgl. ► Abschn. 7.2.5). Sie importieren also das Know-how und entwickeln es nicht selbst, sodass eine Absicherung über Erziehungszölle entfallen kann.

► **Beispiele**
Eine dem Erziehungszollkonzept entsprechende Protektionismus-Variante würde die degressive Förderung neuer einheimischer Industrien darstellen. Mit gewissen Einschränkungen wurde dieser Ansatz praktiziert bei
— der vom japanischen Handelsministerium *(MITI)* unterstützten High-Tech-Förderung in den 1980er-Jahren,
— dem von mehreren europäischen Staaten unterstützten Aufbau von *Airbus Industries* in Europa in den 1980er- und 1990er-Jahren sowie
— der staatlichen Unterstützung der Aufholjagd der zu jenem Zeitpunkt rückständigen deutschen Speicherchip-Industrie in den 1990er-Jahren. ◄

6.2.2 Ertragswirkungen

Zölle als staatliche Einnahmequelle haben vor allem historisch eine große Bedeutung. In den USA waren Zölle um 1850 die größte staatliche Einnahmequelle, in der Schweiz galt dies noch nach dem Zweiten Weltkrieg und in mehreren Entwicklungsländern ist dies noch heute so – aus folgenden Gründen:
— In Agrarwirtschaften ist die *Besteuerung von Einkommen* vielfach nur unter erschwerten Bedingungen möglich: Eigenverbrauch, Einnahmen auf ländlichen Märkten oder Tauschgeschäfte sind nur schwer zu besteuern.
— Es fehlt vielfach ein *rationales und gerechtes Steuersystem*, sodass gerade die reicheren Bevölkerungsschichten nichts oder nur wenig zur Finanzierung des Staatshaushalts beitragen. Darüber hinaus fehlen Steuerehrlichkeit auf der einen sowie der politische Wille wirksame Kontrollen durchzuführen auf der anderen Seite.
— Alternativ dazu sind Zölle an genau fixierten Orten durch die Zollstellen für relativ genau zu erfassende Export- und Importtransaktionen vergleichsweise *einfach zu erheben*.

In Ländern, in denen Zolleinnahmen von größerer Bedeutung sind, spielen meist auch indirekte Steuern, wie Verbrauchs- oder Umsatzsteuern (z. B. Mineralöl- und Mehrwertsteuer), eine größere Rolle. Tatsächlich wirken Zölle wie indirekte Steuern, die von den Unternehmen bzw. den Importeuren an den Staat direkt abgeführt, aber auf die Konsumenten überwälzt und daher indirekt von diesen getragen werden. Die Zollertragswirkungen sind ein wichtiger Grund für die geringe Bereitschaft einzelner Länder an Zollsenkungsabkommen (etwa im Rahmen der WTO-Abkommen) teilzunehmen. Unter **Finanzzöllen** versteht man daher solche Zölle, die *ausschließlich* aus Ertragsgründen erhoben werden. Um den Zollertrag möglichst konstant zu halten, werden diese Zölle gern auf Güter erhoben, die weitgehend *preisunelastisch* reagieren, deren Nachfrage also gar nicht oder nur in sehr geringem Umfang auf Preisänderungen reagiert.

Schutz- und Ertragseffekte können miteinander konkurrieren: Ein niedriger Zollsatz hat nur eine geringe Schutzwirkung, kann aber durch den Mengeneffekt eine erhebliche Ertragswirkung haben. Ein hoher Zollsatz hat einen großen Schutzeffekt, aber infolge des Mengeneffekts möglicherweise nur eine geringe Ertragswirkung. Tritt der größte Schutzeffekt ein, finden also Importe aufgrund der zu hohen Preise nicht mehr statt, entfällt die Ertragswirkung.

6.2.3 Abwehr von Protektionismus Dritter

Zölle können gezielt als Straf- oder Vergeltungszölle (*Retorsionszölle*) gegen ausländische Handelsbeschränkungen eingesetzt werden. Ziel ist es, durch dieses Druckmittel das Ausland zu bewegen, bereits erlassene Importrestriktionen wieder aufzuheben.

> ▶ **Beispiel**
>
> 2018 verkündete US-Präsident Trump während seiner ersten Amtszeit Sonderzölle auf chinesische Waren im Wert von zunächst 50 Mrd. US$ später von 350 Mrd. US$ als Reaktion auf angenommene unfaire Handelspraktiken Chinas. China reagierte mit entsprechenden Retorsionszöllen. Da die Zölle die Importe verteuern und zur Erhöhung der Inflation beitragen wurde 2022 von der Biden-Regierung erwogen, die Sonderzölle zu reduzieren, um die Inflation in den USA zu drücken. ◄

Eine besondere Form der Strafzölle sind **Antidumpingzölle**, die ungerechtfertigte Absatznachteile für einheimische Produzenten verringern sollen. Unter *Dumping* versteht man grundsätzlich den Verkauf unter den Gestehungskosten eines Produkts. Im Außenwirtschaftsbereich liegt Dumping schon dann vor, wenn ein Produkt im Importland zu niedrigeren Preisen als im Herstellungsland verkauft wird. In diesen Fällen kann vermutet werden, dass der niedrigere Exportpreis durch höhere Gewinnmargen im Inland subventioniert wird, um auf dem Exportmarkt strategische Vorteile zu erzielen. Ein Antidumpingzoll kann dann erhoben werden, wenn ein Wirtschaftszweig im Importland aufgrund der Dumping-Situation geschädigt wird (oder geschädigt zu werden droht). Durch diese Maßnahme soll – zeitlich limitiert – der Marktpreis für die Dumping-Produkte die unfairen Wettbewerbsvorteile kompensieren. Neben den Antidumpingzöllen unterscheidet man **Ausgleichszölle**, die unzulässige Subventionen des Exportlandes kompensieren sollen.

▶ Beispiele
- 2022 schlug die EU-Kommission Antidumpingzölle auf chinesische Schraubenprodukte in Höhe von 86,5 % vor. Zur Feststellung der Höhe des Zolls nutzte die EU die Produktionskosten von thailändischen Produkten, da sie sich auf die chinesischen Angaben nicht verlassen wollte.[4]
- 2020 verlängerte die EU die seit 2014 bestehenden Ausgleichszölle (3 bis 17 %) gegen Importe von Solarglas aus China.
- 2022 wies die EU-Kommission einen Antrag des Verbands der Europäischen Stahlhersteller zurück, Anti-Dumping Maßnahmen gegen indische und indonesische Stahllieferanten zu beschließen, da „keine massiven Einfuhren einer Ware innerhalb einer relativ kurzen Zeitspanne stattgefunden hatten, für die in den betroffenen Ländern anfechtbare Subventionen gewährt worden waren." (EU 2022) ◄

Wie alle protektionistischen Maßnahmen sind auch Antidumping-Maßnahmen umstritten. Einerseits ist die Abwehr *unfairer Handelspraktiken* zum Schutz der einheimischen Wirtschaft durchaus legitim, da ohne einen derartigen Schutz der betroffene einheimische Industriezweig tatsächlich in erhebliche Schwierigkeiten geraten kann. Andererseits ist eine klare Trennung zwischen legitimer Abwehr und einer die eigene Industrie fördernden

---

4 Vgl. Hochrebe 2022.

Politik jedoch nicht immer möglich und auch nicht erwünscht. Abgesehen davon, dass eine Kostenüberprüfung nur in seltenen Fällen vollständig und objektiv erfolgen kann, ist eine strategische Differenzierung der Verkaufspreise auf verschiedenen Märkten ein wichtiges Element im Marketing-Mix eines Unternehmens. Es ist nachvollziehbar, dass dieses den Preis seiner Produkte auf neuen Märkten markt- und wettbewerbsorientiert und damit gegebenenfalls auch unter dem Preis im Ursprungsland festlegen möchte. Zugrundelegung und Berechnung von Kostenpreisen sind daher generell problematisch und stoßen auf praktische Schwierigkeiten. Problematisch erscheint auch, dass Antidumping-Maßnahmen lediglich die Interessen der Wettbewerber berücksichtigen, nicht jedoch diejenigen der Konsumenten oder der Produzenten im Importland, die Importe als Vorprodukte einsetzen. Sind die von dem Antidumpingzoll betroffenen Waren Halbfertigwaren, werden von den Preiserhöhungen – wie oben gezeigt – sowohl Produzenten als auch Konsumenten betroffen. So benachteiligte ein EU-Antidumpingzoll auf ausländische Kleinuhrwerke beispielsweise deutsche Uhrenproduzenten.

Eine neue *Variante* von *Strafzöllen* wurde in letzter Zeit durch die USA praktiziert. So wurden während der ersten Präsidentschaft von *Donald Trump* und verstärkt während seiner zweiten Präsidentschaft ab Januar 2025 hohe Zölle gegenüber Handelspartnern als *machtpolitisches Druckmittel* zur Durchsetzung von politischen Forderungen, wie verstärkte Maßnahmen gegen illegale Einwanderung oder Drogenschmuggel, aber auch zur schlichten Reduzierung von Importen gegen viele Staaten und dabei u. a. gegenüber Kanada, Mexiko, China und der EU angedroht und auch umgesetzt.

6.2.4 Weitere Zollarten

Grundsätzlich können Zölle auf alle Waren in allen Verarbeitungsstufen erhoben werden: *Zölle auf Rohstoffe* oder *Halbfertigprodukte*, die als Vorprodukte in die inländische Produktion eingehen, verringern allerdings die Wettbewerbsfähigkeit der einheimischen Produkte, da die Zölle als Kosten in die Verkaufspreise der Endprodukte eingehen (s. o.). Werden Zölle dagegen auf *Fertigprodukte* erhoben, die mit Inlandsgütern konkurrieren, können sie gegebenenfalls die von ihnen erwartete Schutzwirkung entfalten. Eine *optimale Schutzwirkung* wird daher durch die Kombination von hohen Zöllen auf Konkurrenzprodukte und Niedrigzöllen auf Rohstoffe und Vorprodukte erreicht, eine *hohe Ertragswirkung* dagegen durch die umgekehrte Kombination. Niedrigzölle auf Rohstoffe stellen damit i. d. R. kein Entgegenkommen von Industrieländern gegenüber rohstoffexportierenden Ländern dar. Häufig schützen sich Industrieländer zudem durch ein abgestuftes Zollsystem, bei dem der Zollsatz mit dem Grad der Verarbeitung bzw. Veredelung der Ware steigt *(Kaskadenzölle)*.

Bislang wurde bei der Diskussion der Schutzwirkungen von *Importzöllen* ausgegangen. Werden Ertragswirkungen angestrebt, sind jedoch auch **Exportzölle** von Bedeutung, da hier ein leichter Zugang zum „Besteuerungsobjekt" gewährleistet ist, wodurch jedoch prinzipiell erwünschte Exporte erschwert werden. Grundsätzlich werden Exportzölle daher auch eher bei preisunelastischen Gütern eingesetzt, bei denen eine Preiserhöhung kaum einen Absatzrückgang auf dem Weltmarkt erwarten lässt. Außerdem können sie erhoben werden, um den Export von im Inland benötigten Gütern, wie Lebensmitteln oder strategisch wichtigen Gütern, zu erschweren.

▶ **Beispiel**

Exportzölle auf Rohstoffe, bei denen das Exportland eine starke Weltmarktstellung besitzt, spielen derzeit in der chinesischen Exportpolitik eine wichtige Rolle. Diese sollen bei seltenen Erden dann eingesetzt werden, wenn westliche Länder wie geplant Importzölle auf chinesische Elektrofahrzeuge erheben. ◀

Neben Im- und Exportzöllen können auch **Transitzölle** auf ausländische Waren, die durch das Land transportiert werden, erhoben werden. Auch hier steht die Ertragswirkung im Vordergrund. Von Transitzöllen sind häufig *landlocked countries*, wie beispielsweise Äthiopien oder Nepal betroffen, die keinen direkten Zugang zu einem Hafen besitzen. Diese Zölle können aber auch aufgrund ökologischer Gesichtspunkte gerechtfertigt werden, etwa um die Auswirkungen der zunehmenden Verkehrsbelastung partiell zu kompensieren.

Nach der Art der Bemessungsgrundlage wird unterschieden zwischen spezifischen Zöllen (Mengenzöllen) und Wertzöllen sowie Mischzöllen, die beide Formen kombinieren. Bei einem **spezifischen Zoll** wird eine jeweilige Einheit (Stückzahl, Gewicht etc.) der importierten Ware der Zollerhebung zugrunde gelegt, so wird beispielsweise pro Mengeneinheit eine fixe Abgabe

6.2 · Zölle als Instrument der Protektion

erhoben. Spezifische Zölle belasten somit billigere Waren relativ stärker. Bei dem in der Praxis dominierenden **Wertzoll** wird ein bestimmter Prozentsatz des Warenwertes als Abgabe erhoben, dies sorgt so für eine eher ausgewogene Belastung teurer und billiger Waren. Wird z. B. auf einen Liter Wein 1 € Zoll erhoben, beträgt der umgerechnete Wertzoll pro Liter bei einem Importwert von 3 € pro Liter 33 %, bei einem Importwert von 10 € pro Liter nur 10 %. Spezifische Zölle und Wertzölle können auch kombiniert werden. So kann grundsätzlich ein Wertzoll angewandt werden, der dann, wenn aufgrund von Preisrückgängen ein Mindestwert unterschritten wird, von einer festen Mindestabgabe pro Mengeneinheit abgelöst wird. Durch die Mindestabgabe behindern **Mischzölle** so tendenziell eher Billigimporte.

▶ **Beispiel**

Zucker soll mit einem Mischzoll von 10 % Wertzoll, mindestens jedoch 50 € Zoll pro Tonne belegt werden. Bei einem Preis von 500 € pro Tonne beträgt der Zoll bei beiden Berechnungsarten 50 €. Steigt der Zuckerpreis, wird der Wertzoll zugrunde gelegt, fällt der Preis gilt der spezifische Zoll: Bei einem Preis von 600 € pro Tonne steigt der Zoll demnach auf 60 € pro Tonne, fällt der Preis auf 400 €, wird weiterhin der feste Zollsatz von 50 € erhoben. ◀

Abgesehen der Tatsache, dass die Erhebung neuer Zölle nicht WTO-konform ist, weisen Zölle für die zollerlassenden Länder auch wesentliche **Nachteile** auf: Sie sind nur schwer zu ändern, da sie als steuerähnliche Staatseinnahmen grundsätzlich von der *Legislative* beschlossen werden müssen, *ad hoc* Anpassungen sind damit nur schwer möglich. Zudem können sie durch Preiszugeständnisse der Exporteure kompensiert werden und verlieren dann ihre Schutzwirkung. Die Ertragswirkungen sind ungewiss und ließen sich wirkungsvoller durch ein effizientes Steuersystem sicherstellen. Zölle sind daher nur in Ausnahmefällen zu rechtfertigen, zumal dann, wenn die Zölle von den Importeuren auf die Inlandspreise überwälzt werden und von den *inländischen Produzenten und Konsumenten getragen* werden müssen. Vgl. zu den verschiedenen tarifären Protektionsinstrumenten ◘ Abb. 6.2.

◘ **Abb. 6.2** Instrumente der tarifären Protektion

Zölle (Tarifäre Protektion)
• Schutzzoll (schützt ältere Industrien)
• Erziehungszoll (schützt *infant industries*)
• Finanzzoll (Ertragswirkungen)
• Strafzoll (Retorsionszoll)
• Antidumpingzoll und Ausgleichzoll
• Kaskadenzoll (Abgestuftes System)
• Exportzoll
• Transitzoll
Wirkungen: Schutz- und Ertragswirkungen
Erhebungsbasis: Spezifische, Wert- und Mischzölle

6.3 Nicht-tarifäre Handelshemmnisse

Die durch die beiden Ölpreiserhöhungen jeweils zu Beginn der 1970er- und 1980er-Jahre ausgelösten *weltweiten Wirtschaftskrisen* begünstigten in den Industrieländern die Einführung protektionistischer Maßnahmen, durch die vor allem die hohen Arbeitslosenraten gesenkt werden sollten. Hinzu kam, dass die neue Konkurrenz aus Ost- und Südostasien, vor allem Japan und die „Tigerstaaten", spätestens seit Mitte der 1980er-Jahre die etablierten Industrienationen vor neue Herausforderungen stellte. Gleichzeitig fand eine intensive Diskussion über ungleich verteilte Handelsvorteile statt, mit der Folge, dass der bisherige Konsens über die allgemeine Vorteilhaftigkeit des freien Welthandels aufgekündigt wurde und dem Schutz einheimischer Arbeitsplätze Vorrang eingeräumt wurde.

Verschärfend wirkte sich der in den 1970er-Jahren vollzogene weltweite Übergang zu *flexiblen Wechselkursen* aus. Die damit einhergehenden stark angestiegenen internationalen Kapitalströme führten zu teils heftigen Wechselkursschwankungen und längerfristigen Währungsungleichgewichten, die Exporteinbußen in den Aufwertungsländern und Produktionsverlagerungen in die Abwertungsländer nach sich zogen. Dies erhöhte die Bereitschaft der meisten Industrieländer, die nationale Industrie durch Maßnahmen der *Industriepolitik* (s. u.) zu fördern und Importe verstärkt zu behindern. Da die meisten Länder Mitglieder der WTO waren, konnten sie Zölle aber nur noch in Ausnahmefällen einsetzen, sodass sie auf handelsbeschränkende Maßnahmen neuen Typs setzten, sog. **nicht-tarifäre Handelshemmnisse (NTH),** mit denen sie die strikten WTO-Regeln umgehen konnten. Unter NTH werden Maßnahmen zusammengefasst, die beabsichtigt – evtl. auch unbeabsichtigt – ausländischen Unternehmen den Zugang zum inländischen Markt erschweren und damit den internationalen Güteraustausch behindern, aber *keine Zölle* oder vergleichbare Grenzabgaben sind. Aufgrund ihrer Intransparenz lassen sie sich allerdings nur schwer erfassen. Das GATT/WTO-Abkommen (vgl. ▶ Kap. 7) verbietet NTH zwar grundsätzlich, lässt diese jedoch unter bestimmten Voraussetzungen zu, etwa im Agrarbereich oder bei genau definierten wirtschaftspolitischen Problemen, wobei die Maßnahmen der WTO gegenüber offengelegt werden müssen.

NTH haben eine Reihe von Vorteilen: Sie sind flexibel einsetzbar, wenig transparent und können durch die Verknüpfung mit nationalen Besonderheiten meist gut legitimiert werden. Im Laufe der Jahre haben sich daher unterschiedlichste Praktiken nicht-tarifärer Protektion herausgebildet, die entweder den Zugang ausländischer Anbieter zu den inländischen Märkten behindern oder die Wettbewerbsfähigkeit inländischer Produzenten gegenüber der ausländischen Konkurrenz auf dem einheimischen oder dem internationalen Markt künstlich verbessern. NTH können, ähnlich wie Zölle, gezielt zur Erreichung bestimmter Wirkungen eingesetzt werden, vor allem zum *Schutz* der einheimischen Produzenten und der Arbeitnehmer vor Umsatz- und Beschäftigungsverlusten, zum *Abbau von Leistungsbilanzdefiziten* und der Verringerung bestehender Auslandsverschuldung oder zur *Sicherung des Fortbestehens wichtiger Wirtschaftszweige* im Inland, wie z. B. der Grundstoff-, Rüstungs- oder Fahrzeugindustrie. In allen genannten Fällen verfolgen entsprechende Maßnahmen eine direkte protektionistische Zielsetzung.

Andererseits können NTH auch unmittelbare Folge wirtschaftspolitischer Maßnahmen oder rechtlicher Vorschriften sein und somit evtl. *unbeabsichtigt* und indirekt den internationalen Handel behindern. So führte beispielsweise das frühere *Reinheitsgebot* für deutsches Bier zu einem Verbot für den Vertrieb von Bieren in Deutschland, die diesen Herstellungsvorschriften nicht genügten, also praktisch zu einem Importverbot für viele ausländische Biere.

- **Mengenbeschränkungen**

Eine quantitative Verringerung von Importen kann grundsätzlich durch Mengenbeschränkungen für spezielle Importgüter erreicht werden. Hierdurch wird der Konkurrenzdruck für inländische Anbieter verringert und damit deren Marktchancen verbessert. Für den Staat besteht der entscheidende Nachteil in dem fehlenden Ertragseffekt, der allerdings gegebenenfalls durch die kostenpflichtige Vergabe von *Importlizenzen* an Importeure kompensiert werden kann.

- **Selbstbeschränkungsabkommen**

Unter Selbstbeschränkungsabkommen (SBA) versteht man bilaterale Vereinbarungen zwischen Staaten und Wirtschaftsverbänden, in denen sich die Exporteure des Ausfuhrlandes freiwillig zu Ausfuhrbeschränkungen in das Importland verpflichten. In der Praxis handelt es sich dabei meist um eine Maßnahme, die auf Druck des Importlandes, also eher unfreiwillig, einseitig vom Exportland ergriffen wird, um zu erwartende Importbeschränkungen zu verhindern.

- **Willkürliche Nutzung von Ermessensspielräumen**

Ermessensspielräume bestehen bei der Auslegung und Anwendung von außenwirtschaftlich relevanten Vorschriften, wie etwa bei der Zuordnung zu bestimmten Zolltarifen oder bei der Ermittlung des Zollwertes. So beeinflusst die Entscheidung über den der Zollerhebung zugrunde liegenden *Warenwert* die Zollbelastung. Hierbei geht es im Wesentlichen darum, welche Kosten dem Warenwert zugeschlagen werden. Wird der Zoll beispielsweise auf den fob-Wert berechnet, so gilt der Warenwert ab Hafen des Exportlandes (fob = free on board), wird der cif-Wert zugrunde gelegt, gilt der höhere Wert im Importland, der bereits Transport- und Versicherungskosten enthält (cif = cost, insurance, freight).

- **Zusatzgebühren und Abfertigungspraxis**

Zusätzlich zu Zöllen erhobene Abgaben oder Gebühren stellen ein weiteres Handelshemmnis dar, insbesondere wenn diese Zusatzabgaben eher willkürlich erhoben werden und damit die Gesamtbelastung für die importierte Ware nicht prognostizierbar ist. Dies können beispielsweise *Abfertigungsgebühren* sein, die von Zollbeamten willkürlich erhoben werden, um die Zollabfertigung der Waren zu beschleunigen.

■ Importbedingungen und diskriminierende administrative Regelungen

Durch die Festlegung zusätzlicher Bedingungen können Importe administrativ behindert werden, etwa durch die Festlegung bestimmter Prüfungsanforderungen. Andere Bedingungen können in der Festlegung von bestimmten *Einfuhrplätzen*, inländischen *Handelswegen* oder in restriktiven Vorschriften für die *Werbung* für Importprodukte bestehen.

▶ Beispiel

Saudi-Arabien ist einer der wichtigsten Absatzmärkte für *Cosnova*, einem deutschen mittelständischen Kosmetikunternehmen. Mit dem Export sind allerdings auch einige Hürden verbunden. *Cosnova* benötigt für jedes Produkt ein Produktanalysezertifikat und für jede Warensendung eine Verschiffungsbescheinigung. Es muss zum Beispiel bestätigt werden, dass *Cosnova* Kosmetika keine Inhaltsstoffe enthalten, wie Alkohol oder tierische Inhaltsstoffe vom Schwein, die in Saudi-Arabien verboten sind. Alle Waren müssen daher zuvor in speziellen Labors getestet und zertifiziert werden, eine Prozedur, die Zeit und Geld kostet. Zudem ändern etliche Staaten ihre Importregeln häufiger und kündigen dies zuvor auch nicht an (vgl. Markt und Mittelstand 2020). ◀

■ Technische und rechtliche Normen

Normen und Standards im Bereich der Produktion und des Handels werden üblicherweise auf nationaler Ebene festgelegt. Auch Importprodukte müssen diesen Standards entsprechen. Neue Standards können daher für Importeure auch NTH darstellen, da sie evtl. nur zu hohen Kosten umgesetzt werden können, zumal für andere Exportmärkte andere Standards erfüllt werden müssen.

■ Ursprungsregelungen und „local content"

Ursprungsregelungen legen fest, unter welchen Bedingungen ein Produkt das Ursprungszeugnis seines Herstellungslandes erhält. Von entscheidender Bedeutung ist hierbei der geforderte nationale Mindest-Wertschöpfungsanteil, der *local content*, der meist zwischen 40 % und 60 % liegen muss. Die Festlegung ist allerdings recht willkürlich, exakte Angaben sind aufgrund von Rohstoffpreis- oder Wechselkursschwankungen kaum möglich, die Messung ist schwierig und – sollten die Herstellerangaben tatsächlich überprüft werden – auch kostspielig.[5]

---

5 Vgl. Duijm 2001.

- **Industriepolitik und Subventionen**

Unter Industriepolitik werden die einheimische Wirtschaft begünstigende Maßnahmen verstanden, die der Erreichung bestimmter politischer Ziele dienen und durch Subventionen, Steuererleichterungen oder auch günstige Kredite für einheimische Unternehmen erreicht werden sollen. Die Maßnahmen sollen die Produktionsbedingungen verbessern und die nationale Wettbewerbsfähigkeit stärken. Werden hierdurch ausländische Anbieter benachteiligt, so können diese Maßnahmen für diese allerdings auch NTH darstellen.

▶ **Beispiele**

Für Deutschland (und zum Teil auch für die EU) stehen hierfür derzeit verschiedene Bereiche im Zentrum der Diskussion: Senkung bzw. Subventionierung der Energiepreise, Innovations- und Technologieförderung einschl. der gezielteren Förderung von Start-ups, Förderung von klimafreundlichen regenerativen Energien einschließlich benötigter Speichertechnologien sowie ein intensiver begleitender Bürokratieabbau.[6] ◀

🞂 Abb. 6.3. gibt noch einmal einen Überblick über verschiedene nicht-tarifäre Handelshemmnisse.

Nicht-tarifäre Handelshemmnisse (NTH)
• Mengenbeschränkungen (Kontingente)
• Selbstbeschränkungsabkommen (SBA)
• Willkürliche Nutzung von Ermessensspielräumen (z.B. Zuordnung zu Zolltarifen, Ermittlung des Zollwerts)
• (Illegale) Zusatzgebühren und unterschiedliche Abfertigungspraxis für Importe
• Importbedingungen und diskriminierende administrative Regelungen (umständliche, häufig geänderte Formalitäten, Vorschriften, und Verfahren)
• Einführung neuer technischer und rechtlicher Normen, Standards oder Vorschriften
• Ursprungsregelungen und „local content"
• Industriepolitische Maßnahmen

🞂 **Abb. 6.3** Nicht-tarifäre Instrumente der Protektion (Beispiele)

---

6   S.a. European Commission 2024.

6.4 Beurteilung des Protektionismus

Bei der Beurteilung von Maßnahmen des nationalen Protektionismus müssen die **Schutzwirkungen** den direkten durch den Protektionismus verursachten **Kosten** und Problemen gegenübergestellt werden. Zusätzlich müssen die **langfristigen Konsequenzen** sowohl einer protektionistisch geschützten einheimischen Wirtschaft für ihre internationale Wettbewerbsfähigkeit als auch die möglichen Reaktionen der durch den Protektionismus benachteiligten Länder berücksichtigt werden. Insgesamt kann festgestellt werden, dass trotz der meist hohen volkswirtschaftlichen Kosten der Protektion viele Maßnahmen zur Importbehinderung die angestrebten Ziele nicht erfüllen. Sie sind entweder nur kurzfristig wirksam oder regen Umgehungsstrategien bzw. Gegenreaktionen der Exportländer an:

- Grundsätzlich steigen zunächst die Kosten für Verbraucher und Unternehmen, da die Importgüter entweder teurer im Inland verkauft werden oder die einheimischen Produzenten, die neu erworbenen Preisspielräume nutzen werden. Insgesamt werden also tendenziell Wohlstandsverluste auftreten.
- Zwar können u. U. kurzfristig Arbeitsplätze gesichert werden, aber dies geschieht i. d. R. zu vergleichsweise hohen Kosten pro gesichertem Arbeitsplatz. Der Beschäftigungseffekt wird zudem dann unterbleiben, wenn inländische Unternehmen alternativ aus nicht von der Protektion betroffenen Exportländern importieren, etwa aus Vietnam statt aus China.
- Durch die Globalisierung und die dadurch intensivierte industrielle Vernetzung sind rein national produzierte Güter eine seltene Ausnahme. Damit sind von Importbeschränkungen meist auch Teil- und Vorprodukte betroffen, mit Auswirkungen auf die inländischen Produktionskosten und möglicherweise auch auf die einheimische Beschäftigung.
- Unternehmen der geschützten inländischen Industrie haben weniger Anreize ihre Wettbewerbsfähigkeit zu verbessern: Werden die zunächst gestiegenen Gewinne der Unternehmen nicht für Innovationen und beschäftigungsfördernde Investitionen genutzt, entfällt auch der Beschäftigungseffekt.

- Bei Mengenbeschränkungen können die betroffenen Exportländer nun höherpreisige Produkte exportieren, um mit den ihnen zugestandenen Liefermengen höhere Gewinne zu erzielen. Hierdurch nimmt in den Protektionsländern der Wettbewerbsdruck auch in den oberen Marktsegmenten zu.[7]
- Protektionistische Maßnahmen gegen einzelne Länder, etwa China, können auch eigene Unternehmen, die in diesem Land investiert sind, etwa Automobilproduzenten, treffen, wenn diese aus dem von dem Protektionismus benachteiligten Land in das eigene Land exportieren. Der neue EU-Importzoll auf chinesische Autos verteuert daher auch Fahrzeuge, die von deutschen Unternehmen in China produziert und nach Deutschland exportiert werden.
- Exportländer reagieren zudem auch mit einer Verlagerung ihrer Produktionsstätten in andere Länder, die nicht von protektionistischen Maßnahmen betroffen sind. So werden beispielsweise deutsche Produktionsstätten in die USA verlagert, um sowohl von den dortigen Förderbedingungen zu profitieren und gleichzeitig US-amerikanische Importbeschränkungen zu umgehen und chinesische Autobauer verlagern die Produktion in die Türkei, um die Vorteile der Zollunion der Türkei mit der EU zu nutzen.
- Schließlich sind die Nachteile von protektionistischen Gegenmaßnahmen der Exportländer den möglichen Protektionsgewinnen gegenüberzustellen. So reagierte China auf zukünftige höhere Zölle, die die EU auf in China produzierte Automobile erhebt, bereits im Vorfeld mit Exportbeschränkungen auf *seltene Erden*, wie etwa *Germanium* und *Gallium*, mit bereits spürbaren Auswirkungen auf die Produktion in der EU.

Exkurs: US-Zollpolitik unter Donald Trump
Die Ankündigung der Verhängung von hohen Strafzöllen gegen eine Vielzahl von Handelspartnern den US-Präsident Donald Trump zu Beginn seiner zweiten Präsidentschaft 2025 widerspricht allen bisher geltenden internationalen Regeln. Als hauptsächlicher Grund wird angegeben, dass die USA durch praktisch alle Handelspartner bisher unfair behandelt wurden und zusätzlich Industriearbeitsplätze, die im Zuge der Globalisierung in anderen Länder entstanden sind, in die USA zurückgeholt werden sollen. Tatsächlich hat es aber eher den Anschein, dass durch diese Form der „Zoll-

---

7 S.a. Markt und Mittelstand 2020.

6.4 · Beurteilung des Protektionismus

politik" mit Hilfe von Drohungen und Erpressungen günstige Voraussetzungen für vorteilhafte handelspolitische „Deals" mit den Partnerländer geschaffen werden sollen. Abgesehen davon, welche Zölle in welcher Höhe letzten Endes tatsächlich erhoben werden, wurden mit diesen Maßnahmen bereits wesentliche Grundlagen und Prinzipien der bisher geltenden Weltwirtschaftsordnung zerstört. Die allgemeine Verunsicherung ist schon nach wenigen Monaten so groß, dass sich dramatische, auch langfristige Folgewirkungen abzeichnen. Das Vertrauen in die wichtigste Wirtschaftsmacht der Welt erodiert:

– Exportierende Unternehmen in amerikanischen Partnerländern, richten ihre Handelsbeziehungen neu aus, etablieren neue Geschäftsbeziehungen und überdenken ihre Investitionspläne.
– US-Unternehmen werden Gewinneinbußen verzeichnen und ihre bestehenden Lieferketten wohl neu ordnen müssen.
– „Ehemalige" Partnerländer erwägen Gegenmaßnahmen und sind dabei neue regionale Abkommen und Allianzen in Asien, Afrika und Lateinamerika zu schließen. Massive Produktionsstörungen aufgrund nun künstlich gestörter Lieferketten und von Engpässen bei weiterhin benötigten Importen, etwa von Vorprodukten, werden mit hoher Wahrscheinlichkeit zu erhebliche Preissteigerungen führen, die die US-Bürger durch die weitergereichten höheren Zölle zukünftig tragen müssen. Zusätzliche Industriearbeitsplätze werden auf diese Weise – zumindest auf kürzere und mittlere Sicht – kaum geschaffen werden.

Trotz vielfältiger negativer Folgen erscheint Protektionsländern der Abbau ihrer Importhürden wegen des dann steigenden Wettbewerbsdrucks im Inland allerdings häufig nicht opportun. Der zu erwartende Gewinnrückgang in den geschützten Branchen und die damit verbundenen negativen Folgen für die Arbeitsmärkte können beispielsweise Wahlergebnisse der regierenden Parteien negativ beeinflussen. Problematisch bleibt zudem, dass Umfang und Dauer der Protektion von den ausländischen Exporteuren meist nur schwer zu durchschauen sind und dass die Protektionsländer die offensichtlichen Vorteile des Freihandels, die durch den intensiveren Wettbewerb angetriebene Verbesserung der Leistungsfähigkeit, die Motivation zu Innovationen und die generellen positiven Wohlstandseffekte zu wenig berücksichtigen (vgl. *Links*).

6.5 Lernkontrolle

Kurz und bündig

Unter *Protektionismus* werden geplante Importbehinderungen sowie Exportförderungsmaßnahmen zusammengefasst, die der einheimischen Wirtschaft nicht-marktkonforme Vorteile im internationalen Wettbewerb verschaffen. Die Gründe für eine protektionistische Politik liegen im Allgemeinen in der mangelnden politischen und ökonomischen Fähigkeit auf verschiedene ökonomische Herausforderungen mit anderen wirtschaftspolitischen Mitteln adäquat zu reagieren. Durch teurere bzw. geringere Importe soll der Anpassungsdruck auf einheimische Unternehmen reduziert werden. Gleichzeitig besteht aber die *Gefahr von Sanktionen* der benachteiligten Handelspartner und – falls Verbesserungen des einheimischen Produktangebots ausbleiben – einer nachhaltigen Verschlechterung der eigenen Wettbewerbssituation. Bei den ausländischen Handelspartnern wird sich zwar kurzfristig die Gewinn- und Beschäftigungssituation verschlechtern, gleichzeitig werden aber auch Umgehungs- und Anpassungsprozesse angeregt, sodass sich deren Wettbewerbssituation auch verbessern kann.

Zölle (*tarifäre Handelshemmnisse*) sind das klassische Instrument der Protektion. Durch einen Importzoll wird das ausländische Produkt mit einer zusätzlichen Abgabe belastet, sodass es in dem „geschützten" Land meist nur zu einem höheren Preis verkauft werden kann. Erwartete *Schutzwirkungen* sind temporäre positive Beschäftigungseffekte in dem geschützten Wirtschaftszweig. Zudem erhöhen Zölle, ähnlich wie Steuern, die Staatseinnahmen (*Ertragswirkung*). Zölle können auch gezielt als *Strafzölle* gegen ausländische Handelsbeschränkungen oder generell gegen ausländische Wettbewerber eingesetzt werden. Durch *Antidumpingzölle* sollen ungerechtfertigte Absatznachteile für einheimische Produzenten verringert werden, wenn Importe zu niedrigeren Preisen als im Herstellungsland verkauft werden.

Ausgelöst durch Wirtschaftskrisen und die neue Konkurrenz der Staaten Ost- und Südostasiens begannen viele Industriestaaten mit *nicht-tarifären Handelshemmnissen* (NTH) die strikten GATT/WTO-Regeln zu umgehen. NTH können flexibel eingesetzt werden, sie sind zudem wenig transparent und in ihrer Schutzwirkung ähnlich effektiv wie Zölle. Beispiele sind Mengenbeschränkungen, die willkürliche Nutzung von Ermessensspielräumen der Zollbehörden, verzögerte Abfertigungspraktiken oder diskriminierende administrative Regelungen. Neue überraschend festgelegte technische oder rechtliche Normen können Importe ebenso erschweren wie Regelungen zum *local content*, einem durch das Importland zu erbringenden Mindest-Wertschöpfungsanteil.

Trotz der meist hohen Kosten der Protektion erfüllen allerdings viele Maßnahmen zur Importbehinderung die angestrebten Ziele nicht. Sie sind entweder nur kurzfristig wirksam oder regen Umgehungsstrategien bzw. Gegenreaktionen der Exportländer an.

❓ Let's check

1. Unter welchen Voraussetzungen hielt schon *Adam Smith* das Ergreifen protektionistischer Maßnahmen für sinnvoll? Sind diese Ausnahmen auch heute noch relevant?
2. *Warum* beschließen heute Staaten protektionistische Maßnahmen?
3. Diskutieren Sie mögliche *Folgen protektionistischer Maßnahmen* und berücksichtigen Sie dabei insbesondere auch dynamische und langfristige Aspekte.
4. Vergleichen Sie *Erziehungs- und Antidumpingzölle* hinsichtlich ihrer Voraussetzungen und Wirkungen.
5. Diskutieren Sie *Vor- und Nachteile* von Exportzöllen, Transitzöllen und Kaskadenzöllen für verschiedene Ländertypen.
6. Konstruieren Sie praxisnahe *Beispiele* für den Einsatz von drei verschiedenen nicht-tarifären Handelshemmnissen (*NTH*).
7. Nehmen Sie Stellung zu der These: „*Freihandel ist gut, Protektionismus ist schlecht*".

❓ Vernetzende Aufgaben – recherchieren, analysieren, beurteilen

Welche Folgen haben die Entscheidungen des derzeitigen US-amerikanischen Präsidenten für den internationalen Handel allgemein und konkret für die Handelsbeziehungen zwischen den USA und der EU?

Literatur

Literatur[8]

Duijm, B. (2001) Ursprungsregeln im Außenhandel; in: WISU Heft 6/2001, S. 814–816
EU (2022) Durchführungsverordnung der EU Nr. 2022/433 vom 15.03.2022

---

8   Letzter Zugriff auf die unter „Literatur" und „Links" genannten Internetquellen jeweils 12/2024.

European Commission (2024) EU-competitiveness: Looking Ahead; https://commission.europa.eu/topics/strengthening-european-competitiveness/eu-competitiveness-looking-ahead_en

Hochrebe, S. (2022) China-Handel: Wichtig, aber immer öfter gibt es Streit und Einfuhrzölle; aktiv-online vom 21.02.2022; https://www.aktiv-online.de/news/china-handel-wichtig-aber-immer-oefter-gibt-es-streit-und-einfuhrzoelle-16658

Markt und Mittelstand (2020) Handelshemmnisse im Export nehmen weltweit zu, 10.09.2020; https://www.marktundmittelstand.de/zukunftsmaerkte/ handelshemmnisse-im-export-nehmen-weltweit-zu

Mühlauer, A. (2022) Großbritannien: London bricht schon wieder internationales Recht; in: SZ vom 01.07.2022; https://www.sueddeutsche.de/wirtschaft/freihandel-wto-grossbritannien-zoel-le-johnson 1.5613524

Ricardo, D. (2006) Über die Grundsätze der Politischen Ökonomie und der Besteuerung. Kurz, H.D. et al. (Hrsg.), Marburg

Smith, A. (2021) Wohlstand der Nationen, Nachdruck, (Anaconda) München

Links

Tarifäre und nichttarifäre Maßnahmen: https://www.gtai.de/de/trade/welt/zoll/handelshemmnisse-bestimmen-den-freien-han-del-157400#toc-anchor—1

# Exportpolitik

Inhaltsverzeichnis

7.1 Gründe für Exportförderung – 131

7.2 Direkte Exportförderung – 132
7.2.1 Institutioneller Rahmen – 132
7.2.2 Exportvorbereitung: Bereitstellen von Informationen – 134
7.2.3 Exportanbahnung – 135
7.2.4 Exportdurchführung: staatliche Exportkreditgarantien – 136
7.2.5 Sonderwirtschaftszonen – 137

7.3 Exportbeschränkungen – 139

7.4 Lernkontrolle – 142

Literatur – 144

© Der/die Autor(en), exklusiv lizenziert an Springer Fachmedien Wiesbaden GmbH, ein Teil von Springer Nature 2025
E. Koch, *Internationaler Handel und Handelspolitik*, Studienwissen kompakt,
https://doi.org/10.1007/978-3-658-47964-0_7

Lernagenda
Folgende Fragen werden in Kap. 7 beantwortet:
- Wodurch unterscheiden sich Maßnahmen der *direkten* und *indirekten Exportförderung*?
- Welche *Institutionen* unterstützen deutsche Unternehmen mit welchen *direkten Exportförderungsmaßnahmen*?
- Welche Unterstützungsmaßnahmen können jeweils der *Exportvorbereitung*, der *Exportanbahnung* und der *Exportdurchführung* zugeordnet werden?
- Inwiefern sind *Sonderwirtschaftszonen* für viele Länder ein wichtiges Instrument der Exportförderung?
- Aus welchen Gründen beschließen Länder ihre *Exporte* zu *beschränken*?
- Warum können Exporte von *dual use* Gütern unter Umständen *verboten* werden?

Der sich ständig wandelnde Weltmarkt, der laufend neue Chancen und Risiken entstehen lässt, stellt in den meisten Ländern insbesondere kleinere und mittlere Unternehmen (KMU) vor das Problem, die für sie relevanten Informationen auszuwerten und – unter Berücksichtigung der bestehenden Risiken – auch rasch zu handeln. Gerade für KMU sind Informationsbeschaffung und Kontaktanbahnung in Bezug auf Auslandsmärkte schwieriger als für größere, auslandserfahrene Unternehmen. Ein wesentlicher Engpass für viele KMU besteht dabei u. a. in nur begrenzt vorhandenen personellen Kapazitäten. Damit können notwendige Vorleistungen, wie Personalbereitstellung, Reisen bzw. Repräsentanzen vor Ort, sowie die finanzielle Kompensation spezifischer Risiken, wie etwa von Zahlungsausfällen, nicht immer erbracht werden. *Exportpolitik* zielt daher vor allem darauf, durch *Exportförderung* Nachteile einheimischer Exportunternehmen zu kompensieren. Zum anderen beinhaltet sie aber auch Maßnahmen der *Exportbeschränkung*, wie etwa Exportverbote, durch die die Bereitstellung bestimmter Güter für das Ausland verhindert werden soll.

7.1 Gründe für Exportförderung

Durch Exportförderung wird versucht, die Marktbedingungen durch staatliche Einflussnahme so zu beeinflussen, dass sich Wettbewerbsvorteile für einheimische Produzenten ergeben. Dies kann neben den bereits genannten *kompensatorischen* Gründen auch *zahlungsbilanzpolitische* Gründe haben, etwa wenn durch steigende Exporte bestehende Leistungsbilanzdefizite abgebaut werden sollen. Explizit *protektionistische* Gründe liegen dann vor, wenn es grundsätzlich darum geht, die Absatzchancen einheimischer Unternehmen auf ausländischen Märkten – zu Lasten der dortigen Unternehmen – zu vergrößern.

Staatliche Exportfördermaßnahmen können sich zum einen auf eine allgemeine Verbesserung der inländischen Rahmenbedingungen beziehen *(indirekte Exportförderung)*, von denen meist auch Nicht-Exporteure profitieren, oder sie unterstützen die Exportindustrie unmittelbar *(direkte Exportförderung)*, etwa indem spezifische Nachteile abgebaut oder exportrelevante Problemlösungen erleichtert werden. Exportspezifische Probleme treten beispielsweise in folgenden Bereichen auf:

- *Informationen über Exportmärkte* sind schwerer zu erlangen als über nationale Märkte. Dabei handelt es sich sowohl um allgemeine Marktinformationen über Absatzmöglichkeiten, Qualitätsanforderungen, Wettbewerbsverhältnisse und Importrestriktionen, als auch um spezielle Kenntnisse über Kunden und deren Bonität.
- Liegen die notwendigen Informationen vor, so müssen Maßnahmen der *Exportanbahnung* und des *Exportmarketing* in die Wege geleitet werden, was durch die räumliche Entfernung von den Exportmärkten und den möglicherweise geringeren Kenntnisstand schwieriger ist als entsprechende Maßnahmen auf inländischen Märkten.
- Bei der *Durchführung der Exportgeschäfte* selbst unterscheiden sich die Verfahren, die zu beachtenden Vorschriften und die Bereitstellung von Dokumenten von Inlandsgeschäften. Die *Pflege der Kontakte* im Ausland ist üblicherweise mit Auslandsreisen bzw. dem Aufbau und der Unterhaltung von Auslandsrepräsentanzen verbunden. Zusätzlich spielen Fragen der *Exportfinanzierung* eine wichtige Rolle, da im Auslandsgeschäft nicht nur längere Zahlungsfristen und spezielle Verfahren üblich sind, sondern zum Teil auch schwer kalkulierbare *Zahlungs- und Währungsrisiken* bestehen.[1]

---

1 Vgl. zu dem gesamten Komplex der unternehmenspraktischen Durchführung von Außenhandelsbeziehungen: Büter 2020.

Da aufgrund der volkswirtschaftlichen Vorteile von Exporten auch ein staatliches Interesse an Exporten besteht, ist in vielen Ländern die Förderung der Exporte, insbesondere der KMU, ein wichtiger Bereich der Wirtschaftspolitik. Durch *indirekte* Maßnahmen, die sowohl allgemeinpolitische als auch wirtschaftspolitische Ansätze einschließen, werden geeignete Rahmenbedingungen geschaffen. Im Wesentlichen sind dies standortpolitische Maßnahmen, durch die der Wirtschaftsstandort an die strukturellen Herausforderungen der Globalisierung angepasst wird. Hierzu zählen beispielsweise ein leistungsfähiges *Rechtssystem*, eine weitsichtige *Bildungs- und Forschungspolitik*, eine nachhaltigkeitsorientierte *Umweltpolitik*, eine konsequente *Regionale Integrationspolitik* mit anderen Staaten und die konsequente Verbesserung der *Infrastruktur*.[2] Mit *direkter* Exportförderung sollen dagegen die Exportbedingungen einzelner Branchen konkret verbessert werden.

7.2 Direkte Exportförderung

In vielen Ländern wird die indirekte Exportförderung durch direkte Exportförderungsmaßnahmen ergänzt. Im Gegensatz zu allgemeinen strukturverbessernden Maßnahmen haben direkte Exportförderungsmaßnahmen jedoch *protektionistischen* Charakter, da diese grundsätzlich einheimische Unternehmen bevorteilen und damit die Absatz- und Exportchancen ausländischer Unternehmen direkt oder indirekt verringern. Im Folgenden wird die direkte Exportförderungspolitik am *Beispiel Deutschland* exemplarisch dargestellt (vgl. ◘ Abb. 7.1).

7.2.1 Institutioneller Rahmen

In Deutschland sind staatliche und nicht-staatliche Institutionen in der Exportförderung engagiert: Bei den **staatlichen Institutionen** handelt es sich vor allem um das *Bundesministerium für Wirtschaft (BMWK)*, das *Auswärtige Amt (AA)* mit seinen Auslandsvertretungen, also vorwiegend den Botschaften und Konsulaten, sowie die deutsche Wirtschaftsförderungsgesellschaft *Germany Trade & Invest (GTAI)*. Die Exportförderung des Bundes

---

2 Vgl. zu den Erfordernissen einer geeigneten nationalen Politik: Koch 2022, ▶ Kap. 8.

7.2 · Direkte Exportförderung

Phasen	Organisationen (Auswahl)	Förderungen

Exportvorbereitung
 	
Bereitstellen von Informationen
	• Auslandsvertretungen des AA
	• Germany Trade & Invest (GTAI)
	• Industrie- und Handelskammern (IHK)
	• Auslandshandelskammern (AHK)
	• Nicht-staatliche Regionalinitiativen (z.B. Asien-Pazifik-Ausschuss APA)
	• Ländervereine (z.B. Afrika-Verein, AV)
	• Bundesverband des Deutschen Exporthandels
	• Bundesamt für Wirtschaft und Ausfuhrkontrolle (BAFA)
	• Handwerk International
		• Informationen (z.B.)
		  ○ über ausländische Märkte und Marktpotenziale
		  ○ zu politischen und wirtschaftlichen Rahmenbedingungen und internationalen Handelsabkommen
		  ○ zu steuerlichen und rechtlichen Aspekten (u.a. Export- und Importvorschriften)
		  ○ zu Fragen des internationalen Zahlungsverkehrs
		  ○ über interessante Vorhaben, Ausschreibungen und Projekte
		• Durchführung von Kursen und **Seminaren**
		• Individuelle **Beratungen** sowie Vermittlung von Kontakten
		• Veranstaltung von **Workshops** und **Round Tables**

Exportanbahnung
 	
Förderung direkter Kontaktmöglichkeiten mit ausländischen Abnehmern
	• Bundesministerium für Wirtschaft und Klimaschutz (BMWK)
	• Bundesministerium für Ernährung und Landwirtschaft (BMEL)
	• Verband der deutschen Messewirtschaft (AUMA)
		• Teilfinanzierungen
		  ○ von Beteiligungen an internationalen **Fachmessen**
		  ○ von Auslandsreisen zur Markterkundung und Geschäftsanbahnung sowie von **Delegationsreisen**
		  ○ der Teilnahme an **Wirtschaftskontaktbörsen**
		• Schulungen und Beratungen
		• **Marktstudien** und –analysen der Exportmärkte

Exportdurchführung Staatliche Exportkreditgarantien	• Hermesdeckung durch den Bund (Allianz Trade)	• Deckung von Länder- und Käuferrisiken durch eine Warenkreditversicherung unter bestimmten Bedingungen (Entgelt und Selbstbeteiligung)

Abb. 7.1 Direkte Exportförderung in Deutschland

wird ergänzt durch außenwirtschaftliche Aktivitäten der 16 *Bundesländer*, die üblicherweise stärker auf die KMU-Förderung ausgerichtet sind. Das BMWK arbeitet auch zusammen mit den nicht-staatlichen *Regionalinitiativen* der deutschen Wirtschaft, wie beispielsweise dem *Asien-Pazifik-Ausschuss (APA)*.

Nicht-staatliche Institutionen sind etwa die regionalen *Industrie- und Handelskammern (IHK)*, die *Auslandshandelskammern (AHK)*, der *Ausstellungs- und Messeausschuss der deutschen Wirtschaft* (AUMA) sowie die z. T. im staatlichen Auftrag handelnde *Allianz Trade* (bis 2022: *Euler Hermes Kreditversicherung)*. Hinzu kommen neben vielen anderen auch die ähnlich wie die Regionalinitiativen agierenden *Ländervereine* der deutschen Wirtschaft, wie der *Afrika-Verein* (AV), die ihre Mitglieder beraten, bei der Suche nach Außenhandelspartnern unterstützen und sie gegebenenfalls vertreten. Schließlich müssen auch *supranationale Institutionen* wie die *EU-Kommission*, *internationale Organisationen* wie die *Welthandelsorganisation (WTO)* und die *Internationale Handelskammer (ICC)* genannt werden, da diese einerseits Förderung bereitstellen und durch sie andererseits auch nationale Interessen auf internationaler Ebene durchgesetzt werden können.

Die direkte Exportförderung lässt sich in drei Phasen entsprechend der oben genannten Bereiche der Exportrisiken unterteilen: *Exportvorbereitung*, *Exportanbahnung* und *Exportdurchführung*. Die Einteilung ist allerdings nicht trennscharf, viele Förderungsaktivitäten überlappen sich und die vorgestellten Institutionen sind teilweise auch in mehreren Phasen aktiv,

○ Abb. 7.1 gibt einen Überblick über die beteiligten Organisationen und deren Förderungsansätze.

7.2.2 Exportvorbereitung: Bereitstellen von Informationen

Die Wahrnehmung von Exportmöglichkeiten setzt umfassende und regelmäßige Informationen über Abnehmer- und Wettbewerbsstrukturen, über spezifische Anforderungen an die Produkte sowie über die länderspezifischen Außenwirtschaftsregelungen voraus. Die Bereitstellung von exportrelevanten Informationen und die laufende Beobachtung von Auslandsmärkten ist daher ein zentraler Bereich deutscher Exportförderung. Im Wesentlichen werden die Funktionen durch die die deutschen *Botschaften und Konsulate*, die *Auslandshandelskammern* (AHKs) und *Germany Trade & Invest (GTAI)* wahrgenommen.[3]

Die deutschen **Auslandsvertretungen**, über 220 deutsche Botschaften, Konsulate und multilaterale Vertretungen, sind häufig erste Ansprechpartner für deutsche Unternehmen, die sich über die politischen und wirtschaftlichen Rahmenbedingungen in dem jeweiligen Land informieren wollen. **AHKs** sind privatrechtliche Zusammenschlüsse von Privatpersonen, Institutionen und Unternehmen aus Deutschland und dem jeweiligen Partnerland, wie etwa die deutsch-indonesische Handelskammer EKONID, die die Wirtschaftsbeziehungen zwischen dem Partnerland und Deutschland fördern. 2024 existierten 150 AHKs, Delegiertenbüros und Repräsentanzen der deutschen Wirtschaft in 93 Ländern. Die **GTAI** unterstützt als staatliche *Wirtschaftsförderungsgesellschaft* Unternehmen bei der Expansion ihrer Geschäftstätigkeiten ins Ausland mit Wirtschafts- und Branchendaten zu ausländischen Märkten, Informationen zu Ausschreibungen und Projekten sowie zu rechtlichen und steuerlichen Aspekten.[4]

Daneben sind vor allem die *Industrie- und Handelskammern (IHKs)* Ansprechpartner für Fragen der Außenwirtschaft. Sie informieren beispielsweise zu internationalen Handelsabkommen, Export- und Importvorschriften, Fragen des internationalen Zahlungsverkehrs oder über in-

---

3 Vgl. zu den folgenden Absätzen: *Links*: Auswärtiges Amt, AHK, BAFA, GTAI und IHK.
4 Die zweimonatlich erscheinende kostenlos beziehbare Broschüre *Markets International* bietet interessant aufbereitete Informationen zu jeweils unterschiedlichen Märkten und Themen.

ternationale Ausschreibungen, Messen und Ausstellungen, meist in Form von Zeitschriften und Merkblättern sowie Kursen und Seminaren. Unternehmen können zudem durch weitere Organisationen, wie das *Bundesamt für Wirtschaft und Ausfuhrkontrolle (BAFA)* oder nicht-staatliche Stellen, wie den *Bundesverband des Deutschen Exporthandels (BDEx), Handwerk International, Fachverbände*, die erwähnten *Regionalinitiativen* und *Ländervereine* sowie *Forschungsinstitute* Unterstützung erhalten.

7.2.3 Exportanbahnung

Konkrete Schritte zum Aufbau von Exportbeziehungen werden durch Unterstützungsmaßnahmen bei der Exportanbahnung erleichtert. Hier werden direkte Kontaktmöglichkeiten mit ausländischen Abnehmern durch Messebesuche, Delegationsreisen u. ä. sowie durch den Aufbau von Vertriebseinrichtungen oder Repräsentanzen im Importland gefördert. Ein Schwerpunkt deutscher Exportförderungspolitik ist die **Messepolitik**: Durch die Beteiligung an inländischen internationalen Fachmessen, die von ausländischen Einkäufern besucht werden, und bedeutenden internationalen Auslandsmessen erhalten exportinteressierte Unternehmen einen Überblick über die Markt- und Wettbewerbssituation. Sie können den Bekanntheitsgrad ihres Unternehmens erhöhen, Innovationen präsentieren, die Akzeptanz ihrer Produkte testen sowie Netzwerke aufbauen. Messen sind dadurch sowohl Informations- als auch Exportanbahnungsinstrument. Geschätzt 40 % der deutschen Exportunternehmen stellen regelmäßig auf Auslandsmessen aus. Die dort akquirierten Aufträge und Folgegeschäfte machen nach Angaben des *Ausstellungs- und Messeausschusses der deutschen Wirtschaft* (AUMA) rund 25 % der Exportumsätze der an der Messe beteiligten Unternehmen aus.

> ▶ **Beispiel**
> Für 2025 ist beispielsweise geplant deutsche Unternehmen auf 230 Messen in fast 50 Ländern zu unterstützen. Asien ist hierbei mit 80 Messeförderungen (davon China: 24 Förderungen) die wichtigste Region. Im Schnitt werden jährlich mehr als 6.500 Aussteller gefördert, in der Mehrzahl KMU. Der Bund beteiligt sich an den Kosten für Standbau und Standmiete sowie an den laufenden Kosten. Die Auswahl der Messebeteiligungen des Bundes erfolgt in Zusammenarbeit mit Wirtschaftsverbänden, Auslandsvertretungen, AHKs und der AUMA.[5] ◀

---

5 Vgl. AUMA (2022), *Links*: AUMA, Auswärtiges Amt.

Individuelle Exportberatungen werden i. d. R. durch freiberufliche Exportberater durchgeführt, die vielfach von IHKs oder Fachverbänden vermittelt und häufig auch finanziell unterstützt werden. *Delegationsreisen*, die von verschiedenen Institutionen organisiert werden, sind eine weitere Möglichkeit, sich in kurzer Zeit einen Überblick über die Rahmenbedingungen des betreffenden Exportlandes zu verschaffen und vor Ort Kontakte zu knüpfen. Die *German Centres* (Deutsche Häuser) bieten deutschen Unternehmen in Mexiko-Stadt, Moskau, Singapur, Shanghai und Taicang (China) Büros, Beratung und Netzwerke. Sie fungieren als Austauschplattformen für Informationsveranstaltungen und Netzwerktreffen, vermieten Büros, Konferenzräume und Ausstellungsflächen.[6]

7.2.4 Exportdurchführung: staatliche Exportkreditgarantien

Neben *allgemeinen Risiken*, wie Sprachproblemen, Kulturunterschieden, unterschiedlichen Geschäftsgewohnheiten und Rechtsauffassungen werden üblicherweise Länderrisiken und sonstige wirtschaftliche Risiken unterschieden. Unter **Länderrisiken** versteht man das Risiko des Exporteurs, aufgrund politischer oder wirtschaftspolitischer Besonderheiten des Importlandes etwa die Zahlung des Importeurs nicht, zu spät oder nicht vollständig zu erhalten. Länderrisiken können auftreten infolge von Kriegen, Naturkatastrophen, Embargos oder Devisenmangel. Unter die **sonstigen wirtschaftlichen Risiken** *(Käuferrisiken)* fallen im Wesentlichen Transport- und Währungsrisiken.

Neben der Bereitstellung von Informationen und der Förderung der Exportanbahnung stellen Maßnahmen zur Risikoabsicherung des Exporteurs einen weiteren Schwerpunkt der deutschen Exportförderung dar. Wenn das Exportgeschäft nicht gegen Exportverbote verstößt und es sich um ein vertretbares Risiko in Bezug auf die Kreditwürdigkeit des Schuldners und das jeweilige politische Länderrisiko handelt, kann der Bund eine **Exportkreditgarantie** (sog. *Hermesdeckung*) übernehmen. Hermesdeckungen stehen grundsätzlich allen deutschen Exportunternehmen unter bestimmten Voraussetzungen zur Verfügung, sollen aber vor allem KMU dabei unterstützen, Geschäfte in ausländischen Märkten bei vertretbaren Risiken durchzuführen.

---

6 Vgl. BMEL 2021, *Links*: German Centers.

Staatliche Exportkreditgarantien werden in Deutschland im Auftrag des Bundes durch die *Allianz Trade* bereitgestellt. Hierdurch werden die ausstehenden Forderungen des deutschen Exporteurs abgedeckt. Die Deckung umfasst die gesamte Wertschöpfungskette von der Fertigung über die Lieferung der Ware bis zur Bezahlung der letzten Rate. Hierfür zahlen die Exporteure eine risikoadäquate Prämie und beteiligen sich je nach politischem und wirtschaftlichem Risiko und Produkt mit 5 % bis 15 % an dem Risiko (Selbstbehalt).

▶ **Beispiel**

2023 wurden Exporte in 145 Länder in Höhe von rund 18 Mrd. € mit staatlichen Exportkreditgarantien abgesichert. Rund 80 % des Deckungsvolumens entfallen i. d. R. auf Schwellen- und Entwicklungsländer. Dabei beträgt allerdings der Anteil der Deckung am Gesamtexport in diese Ländergruppe nur etwa 5 %. ◀

Zusammengefasst umfasst die direkte Exportförderung in Deutschland eine große Anzahl von Informations-, Beratungs- und Förderansätzen, die von vielen verschiedenen staatlichen und nicht-staatlichen Institutionen bereitgestellt werden. Da die Informationen hierüber online abgerufen werden können, sind sie allen Interessenten leicht zugänglich. Die Vielzahl der Angebote macht es jedoch nicht immer einfach die gerade passenden für das eigene Unternehmen herauszufiltern. Dies kann dazu führen, dass gerade kleinere Unternehmen möglicherweise nicht alle relevanten Instrumente kennen oder sie für sich nutzen. Erschwerend kommt hinzu, dass sich die Angebote der verschiedenen Institutionen zum Teil überschneiden und dass neben den Programmen auf *Bundesebene* auch die *Bundesländer* und die *EU* weitere Fördermaßnahmen bereitstellen.

7.2.5 Sonderwirtschaftszonen

Viele Länder, vorwiegend Schwellen- und Entwicklungsländer in Ost- und Südostasien, begannen in den 1980er-Jahren **Sonderwirtschaftszonen** (SWZ) (*special economic zones, SEZ*) einzurichten. Um ihre exportorientierten industriellen Entwicklungsstrategien umzusetzen wurden viele davon speziell als *export processing zones* (EPZ) gegründet, um Exporte zu fördern, Deviseneinnahmen zu erzielen und gleichzeitig die Modernisierung der Produktionsstruktur des Landes voranzutreiben. SWZ sind klar abgegrenzte geografische Gebiete, in denen ausländische Unternehmen eine geeignete Infrastruktur

Sonderwirtschaftszonen (SWZ)	
Industrieländer	**374**
Europa	105
Nordamerika	262
Entwicklungs- und Schwellenländer	**4.772**
Asien	4.046
China	2.543
Philippinen	528
Indien	373
Afrika	237
Lateinamerika	486
Welt	5.383

◘ **Abb. 7.2** **Sonderwirtschaftszonen weltweit**. (Quelle: UNCTAD 2019)

und für sie günstige administrative Regulierungen vorfinden, wie Steuervergünstigungen, Freistellung von Arbeitsgesetzen oder beschleunigte Genehmigungsprozesse.

Durch internationale Handelsregeln, die die direkte Exportförderung reduzieren sollten, sollte auch die Ausbreitung der SWZ eingeschränkt werden, dennoch wächst deren Zahl ständig weiter. Während 1995 weltweit nur 500 SWZ bekannt waren, registrierte die UNCTAD 2002 bereits 3.000 und 2019 knapp 5.400 SWZ, von denen mehr als 1.000 in den fünf Jahren zuvor gegründet worden waren.[7] Die mit Abstand meisten SWZ – rund 4.000 – finden sich in Asien und mehr als die Hälfte hiervon in China, vgl. ◘ Abb. 7.2.

---

7 Vgl. UNCTAD 2019, S. 128 ff.

▶ Beispiel

Die SWZ in China haben ihren Ursprung in der *Reform- und Öffnungspolitik* der frühen 1980er-Jahre. Um mit marktwirtschaftlichen Reformen zu experimentieren, wurden SWZ zunächst in verschiedenen Provinzen eingerichtet. Ab 1984 wurden auch Städte für ausländische Investoren geöffnet, denen SWZ-ähnliche Präferenzen eingeräumt wurden. Die in den SWZ produzierten Produkte waren grundsätzlich für den Export bestimmt und durften nur ausnahmsweise auf dem Binnenmarkt verkauft werden. Den Unternehmen wurden erhebliche Steuererleichterungen eingeräumt, zum Teil mussten gar keine Steuern entrichtet werden und reinvestierte Gewinne blieben steuerfrei. Bereits 1990 entfielen auf die SWZ rund die Hälfte aller Investitionen und aller Exporte Chinas.[8] ◀

7.3 Exportbeschränkungen

Für *Exportbeschränkungen* gibt es sehr unterschiedliche **Gründe**. Bei Güterknappheiten, etwa von Nahrungsmitteln, kann es sinnvoll sein, durch Exportverbote, eine Verschlechterung der Versorgungssituation im Inland zu verhindern und die *Versorgung* der eigenen Bevölkerung sicherzustellen. *Sinken die Exportpreise* auf dem Weltmarkt, etwa infolge eines Überangebots bestimmter Produkte, kann eine Reduzierung von Exporten dazu beitragen die Preise auf dem Weltmarkt zu stabilisieren. Dies geschieht etwa bei Öl (durch die OPEC). Andererseits kann durch freiwillige Exportbeschränkungen, etwa SBA, versucht werden, mögliche absehbare *Restriktionen* von Importländern zu *vermeiden*. Weitere – sehr aktuelle – Gründe können sein, einzelnen *Ländern keinen Zugang* zu bestimmten Gütern, wie etwa neuen Waffensystemen oder neuesten Technologien, zu ermöglichen.

▶ Beispiel

Die niederländische Firma ASML besitzt für Maschinen zur Produktion von Chips neuester Bauart ein Monopol auf dem Weltmarkt. Auf Druck der USA verhängte die niederländische Regierung 2023 ein Verbot für den Export dieser Maschinen nach China, um Chinas Fähigkeit zur Herstellung eigener Super-Chips einzugrenzen und den technologischen Vorsprung westlicher Länder in diesem Bereich aufrecht zu erhalten. ◀

---

8   Vgl. Panagariya 1993, 1995.

Prinzipiell stehen für Exportbeschränkungen folgende **Instrumente** zur Verfügung: Durch *Exportsteuern* und *Exportzölle* werden die Ausfuhrgüter verteuert, *Exportkontingente*, die meist durch die Vergabe von *Exportlizenzen* gesteuert werden, beschränken die Exporte mengenmäßig, und *Exportembargos* (Exportverbote) sollen den Export der betreffenden Güter vollständig verhindern. Durch den Einsatz dieser Instrumente wird üblicherweise versucht *politische Forderungen*, wie etwa die Einhaltung von Menschenrechten oder die Beendigung von Kriegen, aber auch *machtpolitische Ziele* durchzusetzen. Allerdings konnten die angestrebten Ziele meist nicht erreicht werden. Entweder wurden die Sanktionen durch andere Länder unterlaufen oder kreative Gegenmaßnahmen reduzierten die angestrebten Effekte erheblich.

> ▶ **Beispiele**
> - Das *südafrikanische* Apartheid-Regime konnte trotz eines UN-Waffenembargos weiter aufrüsten, im *Iran* oder in *Nordkorea* konnte trotz langer und weitreichender westlicher Sanktionen keine Politikänderung erreicht werden und auch im Falle der russischen Invasion in die Ukraine ist es sehr fraglich, ob die Sanktionen und Embargos gegen *Russland* eine Beendigung des Krieges beschleunigen werden.
> - Die innovative KI-Plattform *DeepSeek R1*, die trotz eines Embargos für leistungsfähige KI-Chips westlicher Staaten in kurzer Zeit in *China* entwickelt wurde, verursachte im Januar 2025 erhebliche Börsenturbulenzen und lässt ebenfalls die Wirksamkeit von Exportbeschränkungen fraglich erscheinen. ◀

In anderen Fällen führen Exportbeschränkungen aber durchaus zu einer tendenziellen Schlechterversorgung der potenziellen Abnehmerländer, die nun die benötigten Güter entweder zu höheren Preisen selbst herstellen bzw. aus anderen Ländern zu meist schlechteren Konditionen beziehen oder ganz auf diese verzichten müssen. Allerdings muss hierbei immer berücksichtigt werden, dass durch Exportbeschränkungen auch die eigene Wirtschaft durch sinkende Beschäftigung, sinkende Gewinne und geringere Staatseinnahmen Nachteile in Kauf nehmen muss.

Exportkontrollen sind ein wichtiges Instrument, um außen- und sicherheitspolitischen Risiken vorzubeugen bzw. hierauf zu reagieren. So gilt in Deutschland und Europa zwar der Grundsatz des freien Warenverkehrs, aber Beschränkungen, Genehmigungspflichten und Ausfuhrverbote sind gem. dem deutschen *Außenwirtschaftsgesetz* (AWG) möglich. Zentrales Ziel ist es, eine Bedrohung Deutschlands oder seiner Bündnispartner zu verhin-

7.3 · Exportbeschränkungen

dern. Auch sollen deutsche Exporte in Krisengebiete weder konfliktverstärkend wirken, noch zu internen Repressionen oder anderen schwerwiegenden Menschenrechtsverletzungen beitragen. Das AWG sieht daher Exportkontrollen und Genehmigungspflichten und ggf. auch Exportverbote vor allem für *Waffen* und *Rüstungsgüter* vor. Schließlich ist der Export von *Dual-Use Gütern*, Gütern die sowohl für zivile als auch militärische Zwecke verwendet werden können, genehmigungspflichtig (vgl. BAFA 2022).

> ▶ **Beispiele**
> - Die deutsche *Bundesregierung* erlaubte dem Technologiekonzern AMD in den 2000er-Jahren den Export von technologischem Know-how zur Herstellung von Mikroprozessoren nach Asien. Hierbei ging es um den Export von Know-how zur Herstellung von *Wafern*, aus denen Chips gefertigt werden. Da diese sowohl für zivile wie für militärische Zwecke genutzt werden können, handelte es sich um ein genehmigungspflichtiges Dual-Use-Exportgeschäft.
> - Im August 2022 wurde ein deutsches Unternehmen in Norddeutschland von den Zollbehörden durchsucht, da es im Verdacht stand, jahrelang ohne Ausfuhrgenehmigung hochgiftige Chemikalien an ein russisches Unternehmen mit guten Verbindungen zum russischen Geheimdienst FSB geliefert zu haben. Einige dieser Chemikalien können als Grundstoffe für die Herstellung biologischer und chemischer Kampfmittel, u. a. auch *Nowitschok*, genutzt werden.
> - *Kanada* und einige skandinavische Länder beschränkten nach dem Zweiten Weltkrieg die Ausfuhr von einheimischen Hölzern und Zellulose, um die einheimische Papierindustrie zu stützen und *Indien* beschränkte den Export von Baumwolle, um den Aufbau der einheimischen Textilindustrie zu fördern.
> - Dem *International Food Policy Research Institute* zufolge erließen seit Beginn des russischen Angriffskrieges auf die Ukraine zwischen Februar und Mai 2022 mehr als 20 Länder Exportbeschränkungen für Nahrungsmittel, vor allem für Weizen, Palmöl, Mais, Sonnenblumenöl und Sojabohnen. Neben dem Ziel der nationalen Ernährungssicherung sollten die Exportstopps die Preise auf den einheimischen Märkten stabilisieren. ◀

Zwar erschweren Exportverbote für hochwertige Fertigwaren den Zugang der davon betroffenen Staaten zu dem spezifischen technologischen Wissen, sie schließen sie jedoch nicht davon aus, da – wie erwähnt – die Verbote häufig umgangen werden und gleichzeitig die Eigenanstrengungen der betroffenen Länder alternative Technologien zu entwickeln stimuliert werden.

Andererseits müssen diese nun einen größeren Teil ihrer knappen volkswirtschaftlichen Ressourcen für Eigenentwicklungen verwenden, die für andere Zwecke nicht zur Verfügung stehen. So wird heute in der Tatsache, dass in den früheren sozialistischen Staaten des „Ostblocks" ein wachsender Teil der Staatsausgaben für die Entwicklung von Militärtechnologien genutzt wurde – und sich auch dadurch die Versorgung der Bevölkerung rapide verschlechterte – ein wichtiger Grund für den Zerfall des Ostblocks gesehen.

7.4 Lernkontrolle

Kurz und bündig

Exportgeschäfte unterliegen speziellen *ökonomischen Risiken*, die zu Rentabilitäts- und Liquiditätsproblemen führen können und sie von Inlandsgeschäften deutlich unterscheiden. *Exportpolitik* wird am *Beispiel Deutschlands* exemplarisch dargestellt. Durch Maßnahmen der *Exportförderung* wird versucht, die Marktbedingungen so zu beeinflussen, dass sich Wettbewerbsvorteile für einheimische Produzenten ergeben. Dies geschieht u. a. durch eine Verbesserung der inländischen Rahmenbedingungen (*indirekte Exportförderung*), von denen meist auch Nicht-Exporteure profitieren, oder durch eine unmittelbare Unterstützung der Exportindustrie (*direkte Exportförderung*), etwa indem spezifische Nachteile abgebaut oder exportrelevante Problemlösungen erleichtert werden. In Deutschland bieten sowohl staatliche Institutionen, wie das *Bundesministerium für Wirtschaft* (BMWK) oder die Wirtschaftsförderungsgesellschaft *Germany Trade & Invest* (GTAI), als auch nicht-staatliche Institutionen, wie die *Auslandshandelskammern* (AHK) oder der *Ausstellungs- und Messeausschuss der deutschen Wirtschaft* (AUMA), Maßnahmen der Exportförderung an. Die *Exportvorbereitung* wird durch regelmäßige exportrelevante Informationen über Abnehmer- und Wettbewerbsstrukturen, über Anforderungen an die Produkte sowie über die länderspezifischen Außenwirtschaftsregelungen unterstützt. Maßnahmen der *Exportanbahnung* beinhalten vor allem direkte Kontaktmöglichkeiten mit ausländischen Abnehmern durch Messebesuche oder Delegationsreisen. Die dabei akquirierten Aufträge und Folgegeschäfte machen rund 25 % der Exportumsätze an der Messe beteiligten Unternehmen aus. Die *Exportdurchführung* schließlich kann unter bestimmten Umständen durch die Übernahme einer Exportkreditgarantie (*Hermesdeckung*) erleichtert werden.

7.4 · Lernkontrolle

Um ihre exportorientierten Entwicklungsstrategien umzusetzen, richteten viele Länder, vorwiegend in Ost- und Südostasien, *Sonderwirtschaftszonen* (SWZ) ein, durch die sie ihre Exporte fördern, Deviseneinnahmen steigern und gleichzeitig ihre Produktionsstruktur modernisieren. Inzwischen gibt es weltweit über 5000 SWZ, mehr als die Hälfte davon in China.

Für *Exportbeschränkungen* kann es sehr unterschiedliche Gründe geben, etwa Güterknappheiten im Inland oder einzelnen Ländern soll kein Zugang zu bestimmten Gütern, wie etwa Rüstungsgütern oder neuesten Technologien, ermöglicht werden. *Instrumente* sind beispielsweise Exportsteuern, Exportzölle, Exportkontingente oder auch Exportverbote. Zwar gilt in Deutschland und Europa der Grundsatz des freien Warenverkehrs, aber Beschränkungen, Genehmigungspflichten und Ausfuhrverbote sind gem. dem deutschen *Außenwirtschaftsgesetz* (AWG) möglich. Zentrales Ziel ist es, eine Bedrohung Deutschlands oder seiner Bündnispartner zu verhindern. Das AWG sieht daher Exportkontrollen und Genehmigungspflichten und ggf. auch Exportverbote vor allem für *Waffen* und *Rüstungsgüter* vor.

❓ Let's check

1. Vergleichen Sie *indirekte* und *direkte Exportförderung* hinsichtlich ihrer Wirkungen und ihrer Beurteilung.
2. Konstruieren Sie Beispiele für die *Förderung von Exportvorbereitung und Exportanbahnung* und vergleichen Sie diese hinsichtlich Ihrer Wirksamkeit.
3. Vergleichen Sie Ziele, Strategien und Erfolge von drei nicht-staatlichen deutschen *Exportförderungs-Organisationen*.
4. Warum verhängen Länder für in *Sonderwirtschaftszonen* produzierte Güter temporäre Inlandsverkaufsverbote?
5. Diskutieren Sie die Wirksamkeit verschiedener Instrumente, mit denen *Exportbeschränkungen* durchgesetzt werden sollen.

❓ Vernetzende Aufgaben – recherchieren, analysieren, beurteilen

Exportpolitik wurde hier im Wesentlichen am Beispiel Deutschlands dargestellt. Können einige der vorgestellten Instrumente auch auf andere Länder übertragen werden? Entwerfen Sie eine geeignete Exportpolitik für ein Land Ihrer Wahl und berücksichtigen Sie dabei die Wirtschaftsstruktur dieses Landes und zu erwartende Vorteile.

Literatur

Literatur[9]

AUMA (2022) Auslandsmesseprogramm 2023: Asien erneut wichtigstes Ziel; vom 08.04.2022
BMEL (BM für Ernährung und Landwirtschaft) (2021) Programm des BMEL zur Förderung der Exportaktivitäten der deutschen Agrar- und Ernährungswirtschaft
Büter, C. (2020) Außenhandel. Grundlagen internationaler Handelsbeziehungen, 5. Aufl., Wiesbaden
Koch, E. (2022) Globalisierung: Wirtschaft und Politik. Chancen – Risiken – Antworten; 3. vollständig überarbeitete Aufl., Wiesbaden
Panagariya, A. (1993) Unravelling the Mysteries of China's Foreign Trade Regime
Panagariya, A. (1995) Was können wir von Chinas Exportstrategie lernen? in: Finanzierung und Entwicklung, Juni 1995
UNCTAD (2019) World Investment Report (WIR) Special Economic Zones, New York 2019

Links

Auslandshandelskammern (AHK): www.ahk.de; https://www.dihk.de
Außenwirtschaftsverkehr mit Embargoländern: https://www.bafa.de/SharedDocs/Downloads/DE/Aussenwirtschaft/afk_merkblatt_embargo.pdf?__blob=publicationFile&v=4
Auswärtiges Amt: https://www.auswaertiges-amt.de/de/aussenpolitik/aussenwirtschaft/-/201408
AUMA: www.auma.de; https://www.gesamtmasche.de/news/auslandsmesseprogramm-2025/
Bundesamt für Wirtschaft und Ausfuhrkontrolle (BAFA): www.bafa.de
Bundesverband des deutschen Exporthandels (BDEx): www.bdex.de
Bundesverband Großhandel, Außenhandel, Dienstleistungen (BGA): https://bga.de/themen/internationales/
Euler Hermes Kreditversicherung: www.allianz-trade.com/de_CH.html
German Centers: https://www.germancentreshang-hai.com/
Germany Trade & Invest (GTAI): https://www.gtai.de/de/trade
Handwerk International: www.handwerk-international.de/
Industrie- und Handelskammern (IHK): https://www.ihk-muenchen.de/trade-connect/; https://www.ihk.de

---

9 Letzter Zugriff auf die unter „Literatur" und „Links" genannten Internetquellen jeweils 12/2024.

Internationale Handels- und Wettbewerbspolitik

Inhaltsverzeichnis

8.1 Internationaler Handel zwischen Freihandelspolitik und Protektionismus – 147

8.2 Das Allgemeine Zoll- und Handelsabkommen (GATT) – 149
8.2.1 Die Rolle des GATT – 150
8.2.2 GATT-Welthandelsrunden – 151
8.2.3 Ergebnisse der Uruguay-Runde – 153

8.3 Die Welthandelsorganisation WTO – 156
8.3.1 Die Doha-Runde – 159
8.3.2 Neue Abkommen – 161

8.4 Internationale Wettbewerbspolitik – 163
8.4.1 Wettbewerbsregeln für Unternehmen – 164
8.4.2 Wettbewerbsregeln für Staaten – 166

8.5 Lernkontrolle – 168

Literatur – 170

© Der/die Autor(en), exklusiv lizenziert an Springer Fachmedien Wiesbaden GmbH, ein Teil von Springer Nature 2025
E. Koch, *Internationaler Handel und Handelspolitik*, Studienwissen kompakt, https://doi.org/10.1007/978-3-658-47964-0_8

Lernagenda

Folgende Fragen werden in ▶ Kap. 8 beantwortet:
- Warum wechselten sich in der Vergangenheit Perioden der *Handelsliberalisierung* und des *Protektionismus* ab?
- Welche Rolle spielte das *GATT* für die weltweite *Liberalisierung* des internationalen Handels?
- Was versteht man unter dem GATT-Grundsatz der *Meistbegünstigung*?
- Welche waren die wichtigsten Ergebnisse der *GATT-Welthandelsrunden*?
- Was versteht man unter *GATS, TRIPS* und *TRIMS*?
- Warum ist *Streitschlichtung* eine zentrale Säule der WTO?
- Warum nimmt die Anzahl *plurilateraler Abkommen* in den letzten Jahren zu?
- Was versteht man unter *internationaler Wettbewerbspolitik*?
- Warum werden neben *Wettbewerbsregeln* für *Unternehmen* auch solche für *Staaten* benötigt?

Wie wir gesehen haben, ist internationaler Handel keineswegs für alle Länder und vor allem nicht unter allen Umständen vorteilhaft. Einzelne Länder werden daher immer wieder versuchen, durch protektionistische Maßnahmen den internationalen Wettbewerb zu beeinflussen und ausländische Konkurrenten vom eigenen Markt fernzuhalten. Wenn die Wettbewerber hierauf mit ähnlichen Gegenmaßnahmen reagieren, kann dies zu schweren Beeinträchtigungen der internationalen Handelsbeziehungen führen und es bedarf erheblicher politischer Anstrengungen eine Protektionismus-Phase zu beenden und freien Handel wieder zum Leitprinzip zu machen. Ein Beispiel ist der Versuch der US-Regierung unter *Donald Trump* zunächst Ende der 2010er-Jahre und dann seit Beginn der zweiten Präsidentschaft ab 2025 durch massive protektionistische Maßnahmen ausländische Konkurrenz durch hohe Zölle zu behindern, um dadurch die einheimische Industrie zu stärken und hierdurch neue Arbeitsplätze zu schaffen.

8.1 Internationaler Handel zwischen Freihandelspolitik und Protektionismus

Betrachtet man den Welthandel der letzten 200 Jahre unter dem Aspekt, inwieweit Liberalisierungs- bzw. Protektionismus-Tendenzen vorherrschen, lassen sich in einer groben Annäherung **folgende Phasen** unterscheiden:
(1) Bis Mitte des 19. Jahrhunderts verfolgte England ungeachtet der grundsätzlichen Plädoyers von *Adam Smith* und *David Ricardo* für mehr Freihandel eine **merkantilistische** Politik mit dem Ziel Exporte zu fördern und Importe möglichst zu verhindern. Als weltgrößte Handelsmacht bestimmte England dadurch die Prinzipien der Welthandelspolitik.
(2) Eingeleitet durch einen 1860 geschlossenen Freihandelsvertrag zwischen England und Frankreich und gestützt auf die Überlegungen von *Smith* und *Ricardo* begann Mitte des 19. Jahrhunderts eine Phase der **Liberalisierung**, die erst 1929 mit der *Weltwirtschaftskrise* endete.
(3) Die sich daran anschließende Phase des **Protektionismus**, in der jedes Land versuchte, seine Wirtschaft durch den Einsatz von Zöllen, Kontingenten und Währungsabwertungen *(Abwertungswettlauf)* auf Kosten der anderen Länder zu schützen *(beggar-thy-neighbour-policy)*, dauerte – in verschiedenen Formen – bis zum Ende des Zweiten Weltkriegs.
(4) Die negativen Erfahrungen mit dem Protektionismus, der allein von 1929 bis 1933 das Welthandelsvolumen von 3 Mrd. US$ auf 1 Mrd. US$ schrumpfen ließ, führten zu einer Wiederbelebung der Freihandelsidee, die nach der Beendigung des Zweiten Weltkrieges in eine Phase der **Handelsliberalisierung** mündete. Erfolge wurden u. a. durch die Vereinbarungen im Rahmen des *Allgemeinen Zoll- und Handelsabkommens* (GATT) sowie durch die Stabilisierungsbemühungen des *Internationalen Währungsfonds* (IWF) erzielt.
(5) Nach einer Phase weltweiten Wirtschaftsaufschwungs begannen sich ab Mitte der 1970er-Jahre verschiedene wirtschaftliche Rahmenbedingungen – und damit auch die wirtschaftlichen Aussichten insbesondere der westlichen Industrieländer – zu verschlechtern. Aus den Unsicherheiten, die ab Mitte der 1960er-Jahre mit dem Zerfall des weltweiten Systems fester Wechselkurse (*Bretton-Woods-System*) und dem Anstieg der Rohstoffpreise, insbesondere mit der Verdreifachung des Rohölpreises ab 1973 (erste und zweite Ölpreiskrise), entstanden waren, erwuchs eine neue Protektionismuswelle. Dieser **Neue Protektionismus**, dessen Höhepunkt in der ersten Hälfte der 1980er-Jahre lag, war gekennzeichnet durch eine sprunghafte Zunahme der Anwendung von

nicht-tarifären Handelshemmnissen (NTH) seitens der Industrieländer. Diese richteten sich zunächst gegen Japan und anschließend gegen die immer wettbewerbsfähiger werdenden asiatischen Schwellenländer.

(6) Ab Mitte der 1980er-Jahre begann sich, angestoßen durch die wirtschaftlichen Erfolge der asiatischen Länder und ab Ende der 1980er-Jahre durch den Transformationsprozess der sozialistischen Staaten des früheren *„Ostblocks"* langsam das *„Markt-Paradigma"* durchzusetzen. Unterstützt durch volkswirtschaftliche Theorien und Paradigmen (wichtiger Vertreter des *Monetarismus* war *Milton Friedman*) wurde das Markt-Paradigma maßgeblich zunächst durch die britische Premierministerin *Margret Thatcher* und den US-amerikanischen Präsidenten *Ronald Reagan* in praktische Politik umgesetzt. Gegen das Paradigma eines starken Staats wurde verstärkt auf Deregulierung, Privatisierung und die Marktkräfte und damit auf die Unternehmen gesetzt. Staatliche Regulierungen wurden abgebaut und durch das Vertrauen in die Marktsteuerung durch Angebot und Nachfrage ersetzt. Folge war eine neue Welle der **Handelsliberalisierung**, die begleitet wurde von einem raschen Ansteigen der internationalen Kapitalströme und einer erheblichen Zunahme der Auslandsinvestitionen (*Direktinvestitionen*) – der Beginn der *Globalisierung*. Es war offensichtlich geworden, dass hohe protektionistische Hürden nicht nur die Handelspartner vor Probleme stellen, sondern durch Gegenreaktionen und verringerte Wettbewerbsintensität auch der eigenen Wirtschaft schaden.

(7) Ende der 1990er-Jahre begann eine Periode, die von einer Abfolge von Krisen mit zum Teil erheblichen Auswirkungen auf die Weltwirtschaft gekennzeichnet war (vgl. ▶ Abb. 1.4). Der *Asienkrise* 1997/1998 folgte die *Dotcomkrise* 2001 bis 2003 und wenige Jahre später die *internationale Finanz- und Wirtschaftskrise*, die sich in der *Eurokrise* (2007 bis 2013) fortsetzte. Diese Krisen wurden begleitet von einem Anstieg der **Handelsbarrieren**, allein zwischen 2009 und 2019 wurden weltweit jährlich über 2400 handelshemmende Maßnahmen registriert[1] (vgl. ◘ Abb. 8.1).

(8) 2020 bis 2022 erschütterte die *Corona-Pandemie* die Weltwirtschaft erneut. Sie wurde begleitet von einer, allerdings nur kurzfristigen, Verdoppelung der registrierten **Handelshemmnisse**, deren Anzahl dann wieder zurückging. Überlagert von der weltweiten *Klimakrise*, setzten sich die

---

1 Vgl. Global Trade Alert 2022.

8.2 · Das Allgemeine Zoll- und Handelsabkommen (GATT)

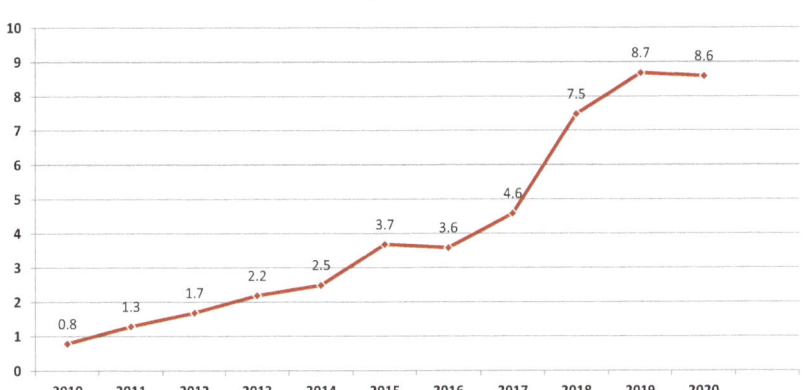

Abb. 8.1 **Importbeschränkungen 2010 bis 2020**. (Quelle: WTO 2021, S. 20, Eigene Darstellung)

weltwirtschaftlich relevanten Krisen mit dem russischen *Angriffskrieg* auf die Ukraine ab Februar 2022 und der *Nahostkrise* ab Oktober 2023 nahtlos fort. Die Auswirkungen der Krisen auf eine Vielzahl von Ländern waren und sind gravierend. Zudem begann in dem weltwirtschaftlich wichtigsten Land, den USA, ein sich verstärkender Trend zu einer protektionistischen Wirtschaftspolitik, beginnend mit der ersten republikanischen Präsidentschaft *Donald Trump* ab 2017. Es ist daher derzeit zu erwarten, dass sich Protektionismus auch unter Einbeziehung von Gegenreaktionen weiterhin auf einem relativ hohen Niveau halten wird. Andererseits wird der neue Bilateralismus und Regionalismus (vgl. ▶ Kap. 3) auch gleichzeitige Liberalisierungsschritte mit sich bringen. Aus heutiger Sicht kann die derzeitige Phase daher als **„gebremste Liberalisierung"** oder – pessimistischer – als Phase des **„zunehmenden Protektionismus"** bezeichnet werden.

8.2 Das Allgemeine Zoll- und Handelsabkommen (GATT)

In den 1940er-Jahren, noch vor dem Ende des Zweiten Weltkriegs, begannen die Alliierten mit Überlegungen zu einer Re-Integration aller Länder in die Weltwirtschaft, um den Protektionismus der Zwischenkriegs- und Kriegsperiode zu überwinden. Durch eine supranationale Politik – ausgerichtet an den Zielen die weltweite Güterversorgung sicherzustellen und die Grundlage für eine Verbesserung der Beschäftigungssituation zu schaffen – sollten die Möglichkeiten aller Länder von den Vorteilen des Freihandels und der internationalen Arbeitsteilung zu profitieren erhöht werden.

8.2.1 Die Rolle des GATT

Handelspolitik war bislang weitgehend als nationale Angelegenheit betrachtet worden, nun sollten aber bestehende Handelsschranken auf der Grundlage eines supranationalen Abkommen abgebaut werden. Das Ergebnis war ein im Oktober 1947 von 23 Staaten in Genf unterzeichnetes Vertragswerk, das Allgemeine Zoll- und Handelsabkommen (*General Agreement on Tariffs and Trade*, **GATT**), das zum 1. Januar 1948 in Kraft trat. Bei dem GATT handelte es sich nicht um eine internationale Organisation, sondern um einen völkerrechtlichen Vertrag, der von den Vertragsparteien gesteuert und von einem Sekretariat in Genf verwaltet wurde. Erst im Januar 1995 wurden die Aufgaben des GATT-Sekretariats von der neuen *Welthandelsorganisation* WTO übernommen (vgl. ▶ Abschn. 8.3).

Oberste **Ziele** des GATT sind die Erhöhung des allgemeinen *Lebensstandards*, die Sicherung der *Vollbeschäftigung* und des *Realeinkommens* in den Mitgliedsländern. Diese Ziele sollen primär erreicht werden durch eine zunehmende *regelgestützte Liberalisierung* des Welthandels und eine damit einhergehende Ausweitung der internationalen Handelsbeziehungen. Der Ausbau einer liberalen *Welthandelsordnung* ist damit Mittel zur Erreichung der höherrangigen Ziele. Die Mitglieder werden durch präzise Regelungen verpflichtet, die beschlossenen Liberalisierungsmaßnahmen umzusetzen. Dies sind vor allem ein *Abbau von Zöllen* und sonstigen Handelsbeschränkungen, wie mengenmäßigen Importbeschränkungen und weiteren nicht-tarifären Handelshemmnissen (NTH). Unter bestimmten Umständen, wie etwa bei einer drohenden Arbeitslosigkeit größeren Ausmaßes, können die Mitgliedsländer jedoch ausnahmsweise protektionistische Maßnahmen einsetzen. Freihandel wird daher nicht zum unumstößlichen Ordnungsprinzip, auch das Schutzargument behält seine Berechtigung.

Die GATT-Regeln leiten sich ab aus dem Prinzip der **Nicht-Diskriminierung** anderer Mitgliedsländer. Dieses wird in den folgenden Grundsätzen konkretisiert:

– Der Grundsatz der **Meistbegünstigung** *(most favoured nation, MFN)* verpflichtet die GATT-Mitgliedsländer zur Gleichbehandlung aller anderen GATT-Mitglieder: Handelserleichterungen, die diese *einem* Mitgliedsland gewähren, müssen gleichzeitig auch *allen anderen* GATT-Mitgliedern zugestanden werden. Durch dieses *Verbot der Ungleichbehandlung* können Mitgliedsländer im Regelfall auch keine Zollerhöhungen als Druckmittel gegen einzelne Länder durchsetzen, ohne gegen GATT-Bestimmungen zu verstoßen, da jedes GATT-Mitglied einen Rechtsanspruch auf Meistbegünstigung hat. Auch hier sind bestimmte Ausnahmen jedoch zulässig: Bi- oder plurilaterale Freihandelsabkommen, durch die die Mitglieder sich gegenseitig begünstigen, sind unter bestimmten Voraussetzungen erlaubt. Zudem ist eine Vorzugsbehandlung von Entwicklungsländern durch Präferenzabkommen möglich (vgl. ▶ Kap. 9).

— Der Grundsatz der **Inländerbehandlung** (*national treatment*) stellt ausländische Anbieter Inländern gleich. Inländische und ausländische Produkte dürfen nicht ungleich behandelt werden, ausländische Produkte also nicht diskriminiert werden.

— Der Grundsatz der **Reziprozität** (Gegenseitigkeit) legt fest, dass die zwischen zwei Ländern gegenseitig eingeräumten Zugeständnisse gleichgewichtig und ausgewogen sein sollen.

Um ein Höchstmaß an **Transparenz** der Handelspolitik zu erreichen, dürfen prinzipiell nur Zölle zum Schutz der einheimischen Wirtschaft erhoben werden. Damit sind alle sonstigen, nur schwer zu kontrollierenden Maßnahmen, wie etwa NTH, verboten, ein Grundsatz, gegen den in der Vergangenheit wohl am häufigsten verstoßen wurde. Mit der Durchsetzung dieser Grundsätze gelang es dem GATT, die in der Kriegs- und Nachkriegszeit üblichen problematischen *bilateralen* Handelsvereinbarungen durch *multilaterale* Vereinbarungen, die im Rahmen von sog. GATT-Welthandelsrunden ausgehandelt wurden, zu ersetzen.

8.2.2 GATT-Welthandelsrunden

In den ersten 25 Jahren des GATT stand der schrittweise Abbau der zunächst noch sehr hohen Zölle und die Beseitigung von Mengenbeschränkungen im Mittelpunkt der insgesamt acht sich zum Teil über mehrere Jahre hinziehenden **multilateralen Verhandlungsrunden**. Die Anzahl der teilnehmenden Länder stieg ständig an, wobei die vereinbarten Zollsenkungen zunächst noch relativ gering waren. Ein gewisser Durchbruch mit zum Teil erheblichen Zollsenkungen wurde erst ab 1967 nach meist mehrjährigen Verhandlungsrunden erzielt. ◘ Abb. 8.2 gibt einen Überblick über die erzielten Ergebnisse. Allerdings verdecken die Durchschnittswerte die Tatsache, dass

GATT Welthandelsrunden		Gegenstand der Verhandlungen	Anzahl der teilnehmenden Länder	Durchschnittliche Zollsenkung in %
1947	--		23	35
1949	Annecy-Runde		13	2
1951	Torquay-Runde	Zölle	38	3
1956	Genf-Runde		26	2
1960/61	Dillon-Runde		26	7
1964/67	Kennedy-Runde	Zölle, Preisdumping	62	35
1973/79	Tokyo-Runde	Zölle und nicht-tarifäre Handelshemmnisse (NTH)	102	34
1986/94	Uruguay-Runde	umfassende Reformen, GATS, TRIMs, TRIPs, Gründung der WTO	123	40
seit 2001	Doha-Runde (WTO)	Bessere Einbindung der Entwicklungsländer in den Welthandel („Entwicklungsrunde")	153 +	??

Abb. 8.2 Ergebnisse der GATT-Welthandelsrunden. (Quelle: BMWK 2022, eigene Darstellung)

insbesondere konsumnahe Fertigwaren häufig noch mit hohen Zöllen belegt sind. Zum Teil steigen die erhobenen Zölle mit dem Verarbeitungsgrad der Produkte (sog. *Kaskadenzölle*) und behindern damit vor allem Entwicklungsfortschritte von Entwicklungsländern.

Die sich verschlechternde weltwirtschaftliche Lage Anfang der 1970er-Jahre markiert den Beginn einer Periode des zunehmenden Protektionismus (s. o.). Die multilateralen Vereinbarungen wurden von vielen Ländern nicht umgesetzt oder durch Schutzklauseln, Mengenbeschränkungen und bilaterale Selbstbeschränkungsabkommen (vgl. ▶ Kap. 6) weitgehend ausgehöhlt. Ab Mitte der 1980er-Jahre begann sich die weltwirtschaftliche Situation wieder zu verbessern. Die nun beginnende weltweite Liberalisierung und die sich gleichzeitig beschleunigende Entwicklung der Informationstechnologie intensivierten den internationalen Kapital- und Technologietransfer. Durch diesen Prozess der *Globalisierung* sahen sich die etablierten Anbieter von Waren und Dienstleistungen aber auch einem sich immer mehr verschärfenden internationalen Wettbewerb *(Hyper-Wettbewerb)* ausgesetzt, sodass sich das GATT und später die WTO zunehmend mit weltwirtschaftlichen Themenbereichen beschäftigten mussten, die weit über die engere Welthandelsproblematik hinausgingen.

8.2.3 Ergebnisse der Uruguay-Runde

Dies führte in der achten Welthandelsrunde, der *Uruguay-Runde,* dazu, dass neue Themenbereiche, wie der *internationale Dienstleistungshandel, der Schutz geistigen Eigentums,* und *handelsbezogene Investitionsschutzrechte* verhandelt wurden. Allerdings waren diese Themen schon im Vorfeld umstritten, sodass die 1986 begonnene Uruguay-Runde nicht wie vorgesehen im Dezember 1990, sondern nach äußerst zähen Verhandlungen und einem politischen Kraftakt erst im Dezember 1993 mit dem *Abkommen von Marrakesch* beendet werden konnte. Die Uruguay-Runde war gleichzeitig die letzte GATT-Welthandelsrunde. Die nächste schon unter der WHO begonnene *Doha-Runde* wurde bis heute (2025) nicht beendet. Da die Ergebnisse weitreichend waren und viele Ergebnisse den Welthandel weiterhin entscheidend prägen, werden die wichtigsten Ergebnisse der Uruguay-Runde im Folgenden kurz zusammengefasst.[2]

- **Abbau von Protektionismus**

Ein besonders strittiger Komplex war der Abbau des *Agrarprotektionismus.* Die USA und die 14 in der *Cairns-Gruppe* zusammengeschlossenen Agrarhandelsländer setzten gegen den Widerstand vor allem der EU eine Reduzierung von protektionistischen Maßnahmen durch. So wurden die Zölle auf Agrarprodukte gesenkt. Zudem wurden Agrarsubventionen strenger reglementiert und überwacht: die Mitgliedstaaten mussten regelmäßig Berichte über ihre Agrarpolitiken vorlegen, sodass potenzielle Handelsverzerrungen leichter identifiziert werden konnten.

Die *Zölle für Industrieprodukte* wurden in fünf Stufen um durchschnittlich 40 % gesenkt. Mit dem neuen *Agreement on Textiles and Clothing* (ATC) wurde vereinbart, das bisher geltende *Multifaserabkommen* (MFA) mit einer Übergangsfrist von zehn Jahren auslaufen zu lassen und *Textilwaren* in das WTO-System zu integrieren. Standards für *Dumping* wurden schärfer formuliert und der Ablauf von Antidumping-Verfahren genau festgelegt. Darüber hinaus wurde ein Abbau von NTHs und eine Ausweitung des Freihandels mit tropischen Früchten vereinbart.

---

2   Vgl. Großmann et al. 1994.

- **Internationaler Dienstleistungshandel**

Erstmals seit Bestehen des GATT wurden in einem Rahmenabkommen, dem *General Agreement on Trade in Services* (**GATS**), allgemeine Grundsätze für den *internationalen Dienstleistungshandel* vereinbart (s. a. ▶ Abschn. 1.4). Die meisten GATT-Prinzipien und Regeln, also vor allem das Diskriminierungsverbot im Allgemeinen, sowie die Grundsätze der *Meistbegünstigung* und der *Inländerbehandlung* im Besonderen, gelten nun grundsätzlich auch für Dienstleistungen. Damit dürfen Ausländer, die im Inland Dienstleistungen anbieten, nicht schlechter gestellt werden als Inländer. Allerdings gibt es auch hier Ausnahmen. In speziellen GATS-Listen legen die WTO-Mitglieder fest, für welche Dienstleistungen sie Marktzugang gewähren. Die Listen schaffen damit Transparenz und Berechenbarkeit, sie geben Aufschluss darüber, ob der Marktzugang generell gilt, oder ob es bestimmte Beschränkungen gibt.

> ▶ **Beispiel**
>
> In der kanadischen Liste für „Planungen von Infrastruktur" sind keine Beschränkungen vorgesehen. Ausnahme ist die Provinz *Manitoba*, hier kann für planende Ingenieure eine Betriebsstätte erforderlich sein.[3] ◀

Das GATS umfasst sämtliche unternehmens- und berufsbezogenen Dienstleistungen, wie Kommunikations-, Vertriebs-, Bildungs-, Tourismus-, Bau- und Transportdienstleistungen sowie soziale und kulturelle Dienstleistungen. Nur für wenige Bereiche, wie Telekommunikationsdienste oder Finanzdienstleistungen, wurden später Sonderabkommen geschlossen (vgl. ▶ Abschn. 8.3.2). Die Besonderheit bei der Erleichterung des internationalen Dienstleistungshandels besteht darin, dass hier keineswegs nur auf den grenzüberschreitenden Handel abzielende Beschränkungen *(border measures)*, wie etwa Zölle, abgebaut werden müssen. Vielmehr geht es primär darum, nationale Regelungen *(domestic measures)*, die handelsrelevant sind und den Charakter von NTH haben, zu vereinheitlichen. Hierbei handelt es sich um Gesetze, Verordnungen, Verwaltungsrichtlinien, Normen und Standards auf nationaler, regionaler oder auch kommunaler Ebene, wie beispielsweise Qualifikations- und Niederlassungsbestimmungen, Verbraucherschutzregelungen oder Umweltschutzrichtlinien. Auch deswegen ist eine

---

3 Vgl. GTAI 2022.

8.2 · Das Allgemeine Zoll- und Handelsabkommen (GATT)

internationale Vereinheitlichung und Liberalisierung dieser Bereiche gegenüber der eigenen Bevölkerung schwerer zu rechtfertigen als die Erleichterung von Sachgüterimporten.

- **Urheberrechtsschutz**

Die zunehmende Handelsliberalisierung führte auch dazu, dass immer mehr erfolgreiche Markenprodukte – vor allem Textilien, Sportartikel und Software – nachgeahmt werden und dem Originalprodukt im eigenen Land wie auf den Exportmärkten Konkurrenz machen. Die *Rechteinhaber*, meist Unternehmen in Industrieländern, möchten sich daher vor unzulässiger Nutzung ihrer Rechte schützen. Diesem Bedürfnis wird mit dem Abkommen zum Schutz geistiger Eigentumsrechte, *Trade-related Intellectual Property Rights* (**TRIPs**), Rechnung getragen.

Das *Amt der EU für geistiges Eigentum* (EUIPO) veröffentlicht zusammen mit der OECD regelmäßig Studien über den weltweiten Handel mit gefälschten und unerlaubt hergestellten Waren. Danach ergab sich 2019 ein Welthandelsanteil dieser Waren von 2,5 %. Die gefälschten Waren stammen hauptsächlich aus China, weitere wichtige Herkunftsländer sind die Türkei, die Vereinigten Arabischen Emirate und Singapur. Die am häufigsten beschlagnahmten Produktkategorien waren Schuhe, Bekleidung, Lederwaren, elektronische Geräte und Kosmetika (vgl. EUIPO).

Bei dem Abkommen geht es daher vor allem um die Verbesserung des Rechtsschutzes für Urheberrechte, Handels- und Dienstleistungsmarken, Geschmacksmuster und geografische Herkunftsangaben sowie für künstlerische Produkte, wie Musikstücke, Bücher und Computersoftware. Damit soll verhindert werden, dass Produkt- und Patentpiraterie, illegale Softwarekopien und sonstige Nachahmungen den Handel mit den Originalen beeinträchtigen. Grundsätzlich wurde *Inländerbehandlung* und *Meistbegünstigung* vereinbart: Ausländische Inhaber eines Urheberrechts müssen wie Inländer behandelt werden. Vorteile und Vergünstigungen, die einem Mitglied gewährt werden, müssen auch allen anderen Mitgliedsländern eingeräumt werden.

- **Handelsbezogene Investitionen**

Einen ersten Ansatz zum Schutz handelsbezogener *Investitionen* stellt das Abkommen über *Trade Related Investment Measures* (**TRIMs**) dar. Nationale Politik kann ausländische Direktinvestitionen entweder fördern oder diese durch bestimmte Auflagen tendenziell erschweren. Sie wird Investitionen eher fördern, wenn sie sich davon positive Effekte, wie Technologieinputs oder zusätzliche Beschäftigung erwartet und sie eher erschweren, wenn sie eine Behinderung einheimischer Wettbewerber vermutet. TRIMs legt nun fest, dass kein Mitgliedsland eine Maßnahme anwenden darf, die gegen den Grundsatz der Inländerbehandlung verstößt, die mengenmäßige Beschränkungen vorsieht oder einen bestimmten *local content* vorschreibt.

- **Subventionen**

In einer *Subventionsordnung* werden staatliche Subventionen für den Industriebereich in *verbotene, angreifbare* und *erlaubte Subventionen* unterteilt. Verboten sind danach Exportsubventionen oder Subventionen, die inländische Produkte zu Lasten ausländischer Produkte unterstützen. Besteht die Vermutung, dass eine inländische Subvention ausländische Produzenten benachteiligt – davon wird i. d. R. ausgegangen, wenn der Anteil der Subvention am Produktwert 5 % übersteigt – muss das subventionierende Mitgliedsland nachweisen, dass seine Subventionspraxis Importe nicht behindert. Subventionen sind dann erlaubt, wenn sie generell vergeben werden, also nicht einzelne Industriezweige unterstützen, wenn sie industrielle Forschung, ganze Regionen oder die Anpassung an neue Umweltschutzbestimmungen fördern. Angesichts der gängigen Subventionspraxis vieler Länder, muss jedoch festgestellt werden, dass diese Regelungen die Vergabe von Subventionen nicht wesentlich eingedämmt haben.

Fazit: Zusammen mit dem Beschluss zur Gründung einer Welthandelsorganisation (WTO) stellen die Ergebnisse der Uruguay-Runde einen wichtigen Meilenstein zur *Weiterentwicklung einer liberalen Welthandelsordnung* dar. Die Einbeziehung neuer Bereiche zeigt, dass hierfür außer dem Abbau von direkten und indirekten Handelsschranken die Herstellung geeigneter Rahmenbedingungen eine zentrale Rolle spielt. Trotzdem schränken die Interessendivergenzen der Länder und der Hang zum Protektionismus den Freihandel immer wieder ein.

8.3 Die Welthandelsorganisation WTO

1995 wurden die Aufgaben des GATT-Sekretariats von der neu gegründeten *World Trade Organization* (WTO), der nun weltweit zuständigen Institution für eine regelbasierte Welthandelspolitik, weiterhin mit Sitz in Genf, übernommen. Wichtigste Aufgaben der WTO sind die Überwachung der Handelspolitik ihrer Mitglieder, der Ausbau der Welthandelsordnung sowie die Schlichtung von Handelsstreitigkeiten. Allerdings stößt die Weiterentwicklung dieser multilateralen Ordnung auf zum Teil gegenläufige Interessen

8.3 · Die Welthandelsorganisation WTO

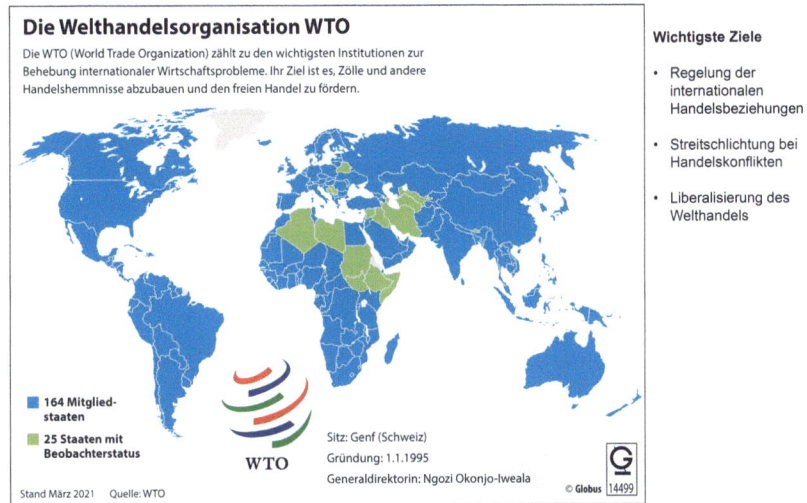

◘ Abb. 8.3 Die Welthandelsorganisation (WTO). (Quelle: WTO, Globus)

seiner 166 Mitgliedsländer (Stand 2025), sodass immer mehr Mitglieder auf *bilaterale* und *regionale Abkommen* ausweichen. Dadurch hat die Bedeutung der WTO in den letzten Jahren schrittweise abgenommen, obwohl nach wie vor viele Staaten die GATT-Regeln faktisch anwenden, sodass diese, zusammen mit weiteren Vereinbarungen, weiterhin die Grundlage des heutigen regelbasierten *internationalen Handelssystems* bilden, vgl. ◘ Abb. 8.3.

Die WTO wird durch Mitgliedsbeiträge finanziert, die sich nach den Welthandelsanteilen der jeweiligen Mitgliedsländer richten. Oberstes Entscheidungsorgan ist die *Ministerkonferenz*, zu der Vertreter aller Mitgliedsländer alle zwei Jahre zusammentreffen. Für die laufenden Geschäfte ist der *Allgemeine Rat* in Genf zuständig. Zusätzlich gibt es eigene Räte für GATT, GATS und TRIPS. Eine wichtige Rolle spielt die Schiedsgerichtsfunktion der WTO, die in der neuen Vereinbarung zur *Streitschlichtung* zum Ausdruck kommt. Die bereits erwähnten *GATT-Grundsätze* gelten unverändert auch für die WTO-Mitglieder.

Die **Streitschlichtung** ist eine zentrale Säule der WTO. Sie gibt den Mitgliedstaaten die Möglichkeit gegen potenzielle Verletzungen des Welthandelsrechts durch andere Mitglieder vorzugehen und Streitfälle systematisch zu klären. Das Verfahren ist standardisiert und transparent und soll innerhalb eines befristeten Zeitraums abgeschlossen werden. Zwar kann das zentrale Streitschlichtungsorgan, der *Dispute Settlement Body* (DSB), keine

Entscheidungen direkt durchsetzen oder Sanktionen verhängen, dennoch wurden bereits in den ersten 10 Jahren zwischen 1995 und 2004 insgesamt 324 Verfahren durchgeführt – also durchschnittlich mehr als 30 pro Jahr. Später ging die Anzahl der Streitschlichtungsverfahren zurück, zwischen 2010 und 2019 wurden nur insgesamt 111 Fälle abgeschlossen. Es wird vermutet, dass sich einerseits die meisten Länder nun mehr an die WTO-Regeln halten, aber auch die Zunahme regionaler und bilateraler Handelsabkommen könnte dazu geführt haben, dass Staaten ihre Handelskonflikte stärker auf diese Plattformen verlagerten. Zudem scheuen insbesondere kleinere Länder wohl auch den finanziellen und personellen Aufwand, der mit einer Streitschlichtung verbunden ist.

Der Streitschlichtungsmechanismus der WTO ist seit Dezember 2019 jedoch durch die Entscheidung der USA, die Ernennung neuer Richter der DSB-Berufungsinstanz, des *Appellate Body*, zu blockieren, gestört. Da die Mindestanzahl an Richtern nicht mehr im Amt ist, kann das Gericht nicht mehr tätig werden. Um die Blockade zu überwinden schlugen die EU und weitere WTO-Mitglieder eine *Übergangslösung* vor. Seit Mai 2020 wird für die WTO-Mitglieder, die diese Übergangsregelung akzeptiert haben, ein provisorisches wiederum zweistufiges Streitbeilegungsverfahren durchgeführt. Hierfür wurden zehn „*Schiedsrichter*" nominiert, die bei Beschwerden vorübergehend die *Berufungsfunktion* für diese Ländergruppe aufrechterhalten. Ein erstes Verfahren nach diesen Regeln wurde 2021 durchgeführt, der Schiedsspruch wurde im Juli 2022 veröffentlicht.[4]

> ▶ Beispiel
>
> Hierbei handelte es sich um ein Verfahren, das die *EU-Kommission* gegen die *Türkei* eingeleitet hatte. Die Türkei hatte festgelegt, dass Arzneimittel ausländischer Hersteller nur dann von den türkischen Sozialversicherungssystemen erstattet werden, wenn diese Produkte auch in der Türkei hergestellt werden. Hiergegen hatte die EU geklagt und Recht bekommen. Die Türkei hatte dies nicht akzeptiert und Berufung eingelegt. Das Berufungsgremium entschied nun, dass die Entscheidung der Türkei nicht mit den WTO-Verpflichtungen in Einklang stünde, da ausländische Arzneimittelhersteller hierdurch benachteiligt würden. Die Türkei musste die diskriminierenden Maßnahmen aufheben. ◀

---

4 s. a. von Daniels et al. 2020.

8.3.1 Die Doha-Runde

Nach dem erfolgreichen Abschluss der Uruguay-Runde und der Gründung der WTO wurde die Zukunft der internationalen Handelspolitik allgemein sehr positiv gesehen. Eine Liberalisierungswelle setzte ein, die Planwirtschaft der früheren sozialistischen Staaten war Vergangenheit und der Aufschwung der Globalisierung begann. In der EU wurden die Vorteile der Integrationspolitik immer sichtbarer, der Binnenmarkt wurde weiterentwickelt und die Euro-Einführung vorbereitet. Schließlich wurde auch die Integration der mittel- und osteuropäischen Staaten in die EU geplant.[5] Doch – wie erwähnt – dämpften die Krisen Ende der 1990er und zu Beginn der 2000er-Jahre die positiven Erwartungen, zudem gewannen globalisierungskritische NGOs wie *Attac* an Bedeutung, damit standen die Pläne für eine weitere Welthandelsrunde unter einem schlechten Stern.

> ▶ **Beispiel**
> **Attac**
> *Attac (Association pour une Taxation des Transactions financières pour l'Aide aux Citoyens)* ist ein globalisierungskritisches Netzwerk, das 1998 in Frankreich gegründet wurde. Ausgelöst wurde die Gründung durch einen Leitartikel im Dezember 1997 in *Le Monde*, in dem die Gründung einer „*Vereinigung für eine Tobin-Steuer zum Nutzen der Bürger*" vorgeschlagen wurde. Die Tobin-Steuer ist eine 1972 von dem US-Ökonomen *James Tobin* vorgeschlagene niedrige Steuer auf alle internationalen Finanztransaktionen, die für Entwicklungsvorhaben verwendet werden sollte. Attac hat nach eigenen Angaben 90.000 Mitglieder und agiert in 50 Ländern, hauptsächlich Europa (vgl. *Links*). ◀

Die erste Welthandelsrunde unter der Leitung der WTO, die Millenium-Runde, sollte im Dezember 1999 in *Seattle* (USA) gestartet werden und etwa drei Jahre dauern. Die Verabschiedung einer Agenda scheiterte jedoch, sodass der Start der nunmehr *neunten Handelsrunde* erst 2001 in *Doha* (Katar) gelang. Aufgrund zentraler Differenzen zwischen den Interessen von Industrie- und Entwicklungsländern wurde die neue Handelsrunde, die ursprünglich bis 2004 beendet sein sollte, jedoch auch bis Ende 2024 noch nicht abge-

---

5 Vgl. Kolev/Matthes 2020; Koch 2005.

schlossen.[6] Auf den routinemäßig alle zwei Jahre stattfindenden *Ministerkonferenzen* gab es zwar einzelne Fortschritte, ein Durchbruch kam jedoch nicht zustande: 2005 boten die Industrieländer an, die Integration der Entwicklungsländer in den Welthandel durch handelsbezogene Entwicklungszusammenarbeit *(Aid for Trade)* zu fördern. 2008 konnten Fortschritte in den Verhandlungsbereichen Industriegüter *(Non-Agricultural Market Access)*, Agrarbereich und Dienstleistungen, erzielt werden. Die Verhandlungen wurden jedoch wegen unterschiedlicher Positionen über die Ausgestaltung eines besonderen Schutzmechanismus' *(Special SafeGuard Mechanism)* für Entwicklungsländer abgebrochen. Dieser Mechanismus sieht vor, dass sich Schwellen- und Entwicklungsländer vorübergehend durch höhere Zölle vor unerwartet hohen Agrarimporten schützen können. 2011 wurde versucht eine Einigung bei weniger umstrittenen Themen, wie einem zoll- und quotenfreien Marktzugang für die damals etwa 50 ärmsten Entwicklungsländer *(least developed countries, LDCs)*[7] in Industrie- und Schwellenländer, nach dem Vorbild der EU, zu erzielen.

2013 wurde auf *Bali* (Indonesien) mit dem „*Bali-Paket*" das erste *multilaterale* Freihandelsabkommen seit WTO-Gründung verabschiedet. Das Paket enthält Vereinbarungen u. a. in Bezug auf Zollreduzierungen, organisatorische Vereinfachungen bei der Abwicklung des globalen Warenverkehrs, einen besseren Zugang der LDCs zu den Industrieländermärkten, bessere Handelsbedingungen für Entwicklungsländer und einen weiteren Abbau des Agrarprotektionismus seitens der Industrieländer. 2015 wurde in *Nairobi* (Kenia) das „*Nairobi-Paket*" u. a. mit folgenden Vereinbarungen beschlossen: Abschaffung bzw. Reduzierung von Exportsubventionen der Industrieländer, zoll- und kontingentfreier Import von Baumwolle aus den LDCs in die Industrieländer und dem Zugeständnis an die Entwicklungsländer, spezielle Import-Schutzmechanismen zur Sicherung ihrer Produktion zu beschließen.[8] Nach 2015 gelang es der WTO dann jedoch nicht mehr, die unterschiedlichen Interessen auszubalancieren, sodass keine multilateralen Abkommen mehr geschlossen werden konnten. Hierbei erwies sich insbesondere das mit der Gründung der WTO eingeführte „Konsensprinzip" als Problem, durch das alle Mitglieder die Möglichkeit erhalten ein Veto einzulegen.

---

6 Vgl. zum Verlauf der Doha-Runde: *Links*: Doha-Runde.
7 Vgl. zu *Aid for Trade* und LDCs ▶ Kap. 9.
8 Vgl. EU 2021.

8.3 · Die Welthandelsorganisation WTO

8.3.2 Neue Abkommen

Da eine Einigung aller WTO-Mitglieder schwieriger geworden war, setzen die Staaten und Staatengruppen, wie die EU, zunehmend auf *plurilaterale Abkommen* – Abkommen zwischen einer kleineren Anzahl von Ländern – mit anderen Staaten oder Staatengruppen. Diese Abkommen beinhalten die Option später noch zu multilateralen Regeln unter dem Dach der WTO weiterentwickelt zu werden. Im Folgenden werden drei **plurilaterale Abkommen** beispielhaft vorgestellt:[9]
(1) Bereits im März 1997 trat das **Information Technology Agreement (ITA 1)** in Kraft, durch das die Zölle bei Produkten der Informationstechnologie, ausgenommen Waren der Unterhaltungselektronik, vollständig abgebaut wurden. 2015 wurde das Abkommen erweitert (ITA 2) und sieht nun einen Zollabbau für weitere 201 Produkte vor. Die inzwischen 84 Staaten, die ITA 1 und ITA 2 unterzeichnet haben bzw. sich in diesem Prozess befinden (Stand 2025), repräsentieren etwa 97 % des Welthandels mit informationstechnologischen Produkten wie Computern, Halbleitern, Software, Telekommunikationsprodukten, Produktionseinrichtungen für Halbleiter, Mess- und Prüfinstrumenten und einer Vielzahl weiterer Produkte, wie Smartphones, Druckern oder Kopfhörern.[10]
(2) Die Anzahl der Handelsbeschränkungen (Zölle und NTH), die sich auf *Umweltgüter* bezogen, also Güter, die zur Erreichung der Umwelt- und Klimaschutzziele beitragen und der WTO gemeldet wurden, vervierfachte sich zwischen 1998 und 2020. Es lag daher nahe, im Rahmen der WTO Verhandlungen über eine Liberalisierung des Handels mit Umweltgütern aufzunehmen. 2014 begannen Verhandlungen zwischen zunächst 14 WTO-Mitgliedern (inzwischen: 46) über ein **Environmental Goods Agreement** (EGA*)*, die allerdings bis Ende 2024 nicht abgeschlossen wurden. Ziel des Abkommens ist die Abschaffung von Zöllen, beispielsweise auf Güter zur Erzeugung erneuerbarer Energie oder zur Verbesserung der Energieeffizienz.[11]

---

9 s. a. zu diesem Abschnitt: Hoffmann 2022, die aktuelle WTO-Informationen für *Germany Trade & Invest* (GTAI) aufbereitet.
10 s. a. WTO 2022.
11 s. a. Hoffmann 2021.

(3) Aufgrund der stockenden Verhandlungen in der Doha-Runde in Bezug auf die Weiterentwicklung des GATS-Abkommens wurde 2013 die Initiative für ein **Trade in Services Agreement (TiSA)** gestartet. TiSA ist ein plurilaterales Abkommen für eine Ländergruppe, die sich als *Really Good Friends of Liberalization of Trade in Services (RGF)* bezeichnet. Hierbei handelte es sich neben den EU-Mitgliedsstaaten um weitere 22 Staaten, auf die insgesamt rund 70 % des Welthandels mit Dienstleistungen entfallen. Ziel war es, den Marktzugang im grenzüberschreitenden *Dienstleistungshandel* zu verbessern, vor allem in Bezug auf Finanzdienstleistungen, Telekommunikation, elektronischen Handel, Seeverkehr und grenzüberschreitende Arbeitnehmermobilität.

Da sich die Chancen für neue multilaterale Abkommen im Rahmen der WTO laufend verringerten, gingen viele WTO-Mitglieder und auch die EU dazu über mit ihren wichtigsten Handelspartnern bilaterale oder regionale Handelsabkommen abzuschließen (s.a. ▶ Kap. 3), die dann bei der WTO registriert wurden. 2023 waren bereits rund 360 regionale und bilaterale Abkommen registriert. Die mit Abstand meisten Bündnisse (44) wurden von der EU abgeschlossen, aber auch die Europäische Freihandelsassoziation EFTA, die nur vier Staaten umfasst (Island, Liechtenstein, Norwegen, Schweiz) schloss bereits 31 Abkommen (vgl. ◘ Abb. 8.4).

> ▶ **Beispiel**
> Am 1. Mai 2024 trat das bilaterale Freihandelsabkommen zwischen der EU und Neuseeland in Kraft, durch das nun beispielsweise sämtliche EU-Waren zollfrei nach Neuseeland eingeführt werden können. Im Gegenzug können auch fast alle Waren mit Ursprung Neuseeland zollfrei in die EU importiert werden, wobei jedoch für den Agrarbereich Ausnahmen vereinbart wurden. ◀

Durch diese Vereinbarungen wird allerdings die multilaterale Welthandelsordnung zunehmend unterlaufen. Sie verstoßen gegen die Grundprinzipien der WTO, insbesondere das *Meistbegünstigungsprinzip*, da sie die bilateralen bzw. regionalen Vertragspartner beim Marktzugang bevorzugen und Drittländer diskriminieren. Zudem verliert die WTO die Möglichkeit, für alle WTO-Mitgliedsländer gleichermaßen geltende verbindliche Regeln durchzusetzen. Darüber hinaus können verschiedene bilaterale Abkommen einander widersprechen, sodass der Welthandel für Unternehmen intransparenter und komplizierter wird. Schließlich enthalten viele Abkommen auch eigene Regelungen zur Streitschlichtung, die von den Regeln der WTO-Streit-

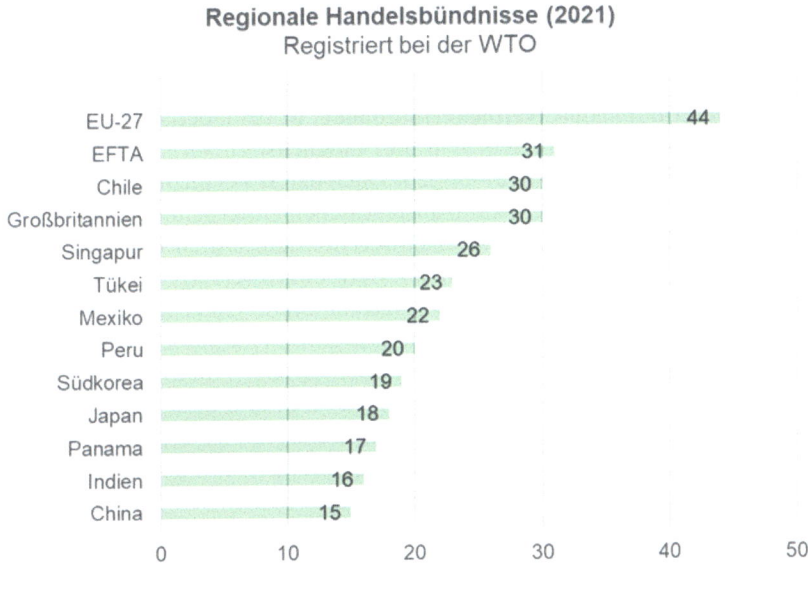

◘ **Abb. 8.4 Regionale Handelsbündnisse.** (Quelle: WTO, *Links*: Regional Trade Agreements)

schlichtung (s.o.) abweichen. Das Welthandelssystem wird dadurch für viele Akteure, vor allem für kleinere Unternehmen, immer schwerer zu durchschauen und anzuwenden.

Dennoch sind diese Abkommen gem. Artikel 24 des GATT-Vertrags grundsätzlich erlaubt. Der Protektionseffekt, also die Handelsumlenkung zugunsten der Integrationsländer, wird als weniger bedeutsam angesehen als angenommene positive Effekte für den Welthandel: Der interne Abbau von Handelsschranken führt zu mehr Liberalisierung und unterstützt somit die allgemeinen Ziele der internationalen Handelspolitik, die Ausweitung des internationalen Handels durch den Abbau von Handelsschranken.

8.4 Internationale Wettbewerbspolitik

Die Akteure des internationalen Handels benötigen möglichst eindeutige und transparente Regelungen als Grundlage für ihre grenzüberschreitenden Transaktionen. Die Bereitstellung solcher Regeln ist Aufgabe einer multilateralen Handelsordnung. Zudem sollte der internationale Handel in einem Umfeld stattfinden, in dem für alle Beteiligten faire Wettbewerbsbedingungen herrschen. Die internationale Handelsordnung sollte also flankiert werden von einer **internationalen Wettbewerbsordnung**, wobei Überlappungen nicht ausgeschlossen werden können. Um dies möglichst zu vermeiden, wäre es sinnvoll eine solche Ordnung unter dem Dach der WTO anzusiedeln.[12]

Wie bereits angesprochen, kann ausländischen Unternehmen der Zugang zu neuen Märkten auch *indirekt* erschwert werden. Durch nationale wirtschaftspolitische Maßnahmen kann der Wettbewerb verzerrt werden, sodass ausländische Unternehmen Nachteile und nationale Unternehmen Vorteile haben. Andererseits besteht die Gefahr, dass große *Transnationale Unternehmen* (TNCs), wie beispielsweise *Amazon* oder *Alphabet*, ihren Konkurrenten direkt oder indirekt den Marktzugang erschweren und damit ebenfalls den internationalen Wettbewerb behindern. Diese wettbewerbspolitischen Behinderungen werden von bestehenden Regelwerken nur unzureichend erfasst, können jedoch erhebliche Konsequenzen haben. Eine *internationale Wettbewerbsordnung* müsste im Kern zwei Bereiche umfassen:

8.4.1 Wettbewerbsregeln für Unternehmen

Zum einen sollte sie *Wettbewerbsregeln für Unternehmen* bereitstellen, mit denen der grenzüberschreitende Missbrauch von Unternehmensmacht verhindert werden kann. Hierbei geht es insbesondere darum, Unternehmen daran zu hindern, den Marktzugang für andere Unternehmen unzulässig zu beschränken oder gar zu verhindern. Dies könnte beispielsweise geschehen durch eine verbesserte Abstimmung und Koordinierung entsprechender nationaler Regulierungen oder durch die multilaterale Vereinbarung global gültiger Wettbewerbsregeln. Hierdurch müssten *wettbewerbsbeschränkende Vereinbarungen*, wie etwa *Kartelle* mit grenzüberschreitenden Wirkungen, verhindert, grenzüberschreitende *Fusionen* und *marktbeherrschende Unternehmen* vorbeugend *kontrolliert* und der *Missbrauch marktbeherrschender Stellungen* verboten werden.[13]

---

12 Vgl. zu diesem Kapitel: Koch 2022, ▶ Abschn. 11.3.
13 Diese drei Bereiche stehen im Mittelpunkt der deutschen Wettbewerbspolitik, deren rechtliche Grundlage vor allem das *Gesetz gegen Wettbeschränkungen* (GWB) ist, vgl. *Links*.

8.4 · Internationale Wettbewerbspolitik

Da eine *globale* Wettbewerbsordnung, deren Aufgabe die Bereitstellung und Durchsetzung von internationalen Regeln für den Wettbewerb zwischen Unternehmen wäre, noch nicht existiert, müssen Wettbewerbsregeln derzeit noch durch nationale bzw. supranationale Wettbewerbsinstanzen, wie die Europäische Kommission durchgesetzt werden.

▶ **Beispiele**
- Die EU-Kommission leitete 2010 ein Verfahren wegen missbräuchlicher „Selbstbegünstigung" gegen *Google* ein und verhängte 2017 ein Bußgeld in Höhe von 2,4 Mrd. €. Die Kommission war der Auffassung, dass *Google* auf seiner Seite für allgemeine Suchergebnisse die Ergebnisse seines eigenen Preisvergleichsdienstes gegenüber denen der Konkurrenten bevorzuge und damit seine marktbeherrschende Stellung missbrauche. *Google* klagte hiergegen vor dem Europäischen Gerichtshof (EuGH). Dieser entschied nun 2024 in letzter Instanz, dass dieses Verhalten die Wettbewerber diskriminiere und nicht den Regeln des Leistungswettbewerbs innerhalb der EU entspreche.
- Ebenfalls 2024 verurteilte der EuGH *Apple* zur Zahlung von 13 Mrd. € an Irland wegen der Inanspruchnahme einer unzulässigen staatlichen Beihilfe. Irland hatte akzeptiert, dass *Apple* Gewinne als Gebühren für die Nutzung von Lizenzen verbucht hatte und diese damit nicht versteuern musste. Diese Absprache wurde als Gewährung eines ungerechtfertigten Steuervorteils gewertet, sodass *Apple* die entgangenen Steuern nachträglich entrichten muss. ◀

So beobachten die nationale US-amerikanische Wettbewerbsbehörde *Federal Trade Commission* (FTC) und die *Europäische Kommission* beispielsweise auch die Auswirkungen von im Ausland stattfindenden Fusionen auf den heimischen Markt: Wird durch den geplanten Zusammenschluss der Wettbewerb auf dem US-amerikanischen bzw. dem europäischen Markt eingeschränkt oder erlangen die Fusionspartner gar eine marktbeherrschende Stellung, können die jeweiligen Wettbewerbsinstitutionen die Fusion verbieten und dieses Verbot bzw. wirkungsvolle Auflagen auch im Ausland durchzusetzen versuchen.

Das Hauptinteresse der nationalen Wettbewerbsbehörden gilt allerdings verständlicherweise der Abwehr von Beschränkungen auf dem eigenen Markt. Sie sind daher häufig nicht sonderlich daran interessiert Wettbewerbsbeschränkungen, die (zunächst) überwiegend den Wettbewerb im Ausland beschränken, zu verhindern. Wenn also beispielsweise *Boeing* und

Airbus parallel dazu übergehen, Rabatte an Auftraggeber zu reduzieren, so gibt es derzeit keine Möglichkeit gegen solche Praktiken auf internationaler Ebene vorzugehen.

8.4.2 Wettbewerbsregeln für Staaten

Ein zweiter Bereich wäre die Vereinbarung von *Wettbewerbsregeln für Staaten*, die diese auf eine faire und transparente Politik gegenüber ausländischen Unternehmen verpflichten. Auch wenn sich wirtschaftspolitische Maßnahmen im Allgemeinen primär nach innen richten und nicht unbedingt aus protektionistischen Erwägungen erlassen werden, so entfalten sie doch häufig über den nationalen Rahmen hinaus gehende Wirkungen und können ausländische Anbieter benachteiligen. Wettbewerbsregeln für Staaten sollten also zu einem Abbau oder zumindest einer Reduzierung von staatlichen Regulierungen führen, die indirekt handelsbeschränkend wirken, um so die Wettbewerbsbedingungen für die Weltmarktteilnehmer zu vereinheitlichen.

Dies betrifft vor allem die in den letzten Jahren wieder verstärkt praktizierte **Industriepolitik**, die durch direkte *Subventionen*, indirekt wirkende *Steuererleichterungen* oder sonstige staatliche Beihilfen versucht einheimischen Unternehmen gegenüber ausländischen Unternehmen Vorteile zu verschaffen. Im Rahmen des *Standortwettbewerbs* können Länder aber auch den einheimischen Markt für ausländische Investoren etwa durch langfristige Steuerbefreiungen oder Investitionsbeteiligungen attraktiver machen und so konkurrierende Länder, die diese Begünstigungen nicht bereitstellen, benachteiligen.

Schließlich geht es dabei auch um die Durchsetzung von *Schutzregeln auf globaler Ebene*, also etwa um global vergleichbare *Sozial-* und *Umweltstandards*. Dadurch kann verhindert werden, dass einzelne Staaten, die *nicht* über solche Regeln verfügen, auf Kosten einzelner Bevölkerungsgruppen oder der Umwelt unfaire Wettbewerbsvorteile gegenüber solchen Staaten erzielen, die Schutzregeln erlassen haben. Vorteile können immer dann erzielt werden, wenn durch fehlende Auflagen keine erhöhten Kosten für die Produktion anfallen. Neben Mindestanforderungen an das nationale Wettbewerbsrecht sollten daher ökologische und soziale *Mindeststandards* vereinbart werden, um eine wettbewerbsschädigende Zunahme von *Öko-Dumping* und *Sozial-Dumping* zu vermeiden. Wenig umstritten, wenn auch keineswegs immer praktiziert, ist eine Sanktionierung von Gütern, die durch Zwangs- oder Kinderarbeit, unter erheblicher Verletzung von Menschenrechten, aber auch unter rücksichtsloser Ausbeutung der Umwelt hergestellt werden oder

8.4 · Internationale Wettbewerbspolitik

Aufgabe einer globalen Wettbewerbsordnung
Öffnen von Märkten bzw. Offenhalten von Märkten im Interesse von Verbrauchern und Unternehmen – unabhängig von der Größe und Rechtsform
Funktionierender Wettbewerb ist wesentliche Voraussetzung für Wachstum und Beschäftigung, Innovationen, optimale Allokation von Ressourcen, den Schutz der Souveränität der Verbraucher und eine Begrenzung wirtschaftlicher Macht

Notwendige Regeln für Unternehmen	Notwendige Regeln für Staaten
Globale Verhinderung eines grenzüberschreitenden wettbewerbsbeschränkenden Verhalten durch	Globaler Abbau von wettbewerbsbeschränkenden Regulierungen und Verhinderung von unfairen Wettbewerbsvorteilen durch
• Kartelle • Machtmissbrauch marktbeherrschender Unternehmen • Grenzüberschreitende Fusionen • Sozial- und Ökodumping	• Unzulässige Förderung heimischer Exporte oder Produktionen (z.B. durch Subventionen, Steuerermäßigungen oder andere administrative Vorteile) • Behinderung ausländischer Unternehmen (z.B. durch Investitions- oder Importbeschränkungen) • Unfaire Standortpolitik (z.B. durch wirtschaftliche Begünstigungen für Direktinvestoren)
Ziel: Durchsetzung von globalen, verbindlichen Wettbewerbsregeln und -standards durch internationale Abkommen und Institutionen	Ziel: Durchsetzung von fairen, wettbewerbsfreundlichen globalen Regeln und Standards etwa zum Umwelt-, Verbraucher-, Sozial, Arbeits-, Investitions- und Verbraucherschutz

Abb. 8.5 Notwendige globale Wettbewerbsregeln für den Welthandel

wenn einzelne Güter die Gesundheit der Verbraucher gefährden. Wichtige Schritte, Unternehmen stärker in die Pflicht zu nehmen diese Aspekte vermehrt zu berücksichtigen, sind zum einen das (neue) deutsche *Lieferkettengesetz*, das seit 2023 mehr Auflagen und neue Verantwortung für Unternehmen und Subunternehmen mit sich bringt (vgl. *Links*). Zum anderen billigte der Europäische Rat 2024 *die EU-Lieferketten-Richtlinie* (*Corporate Sustainability Due Diligence Directive*, CSDDD),[14] die nun allerdings noch in allen EU-Mitgliedsländern in nationales Recht umgesetzt werden muss. In beiden Fällen werden die Unternehmen dazu verpflichtet, in ihren globalen Lieferketten auf menschenwürdige Arbeitsplätze und die Einhaltung von Umweltstandards zu achten. Dafür müssen sie höhere Sorgfaltspflichten wahrnehmen und – vor allem – ihre Lieferanten besser überprüfen.[15] Abb. 8.5 zeigt die grundsätzlichen Regeln im Überblick.

Zusammengefasst sollten auf globaler Ebene Regeln geschaffen werden, die den weiteren Ausbau der globalisierten Weltwirtschaft absichern: Die internationalen Akteure sollen sich in einem liberalen wettbewerbsfreundlichen weltwirtschaftlichen Umfeld bewegen können, dessen Chancen sie

---

14 Vgl. hierzu *Links*: CSDDD; EU-Entwaldungsverordnung.
15 Vgl. *Links*: BMZ.

nutzen, jedoch auf der Grundlage von international verbindlichen Standards, die ein Mindestmaß an Fairness bei der Nutzung dieser Chancen sowie einen Mindestschutz für die Teilnehmer garantieren.

8.5 Lernkontrolle

 Kurz und bündig

Der Welthandel der letzten 200 Jahre ist durch sich abwechselnde Liberalisierungs- und Protektionismus-Phasen gekennzeichnet. Mit dem *Allgemeinen Zoll- und Handelsabkommen* (GATT) begann nach dem zweiten Weltkrieg eine Phase der *Handelsliberalisierung*: Die Mitglieder vereinbarten u. a. die Grundsätze der *Nichtdiskriminierung* und der *Reziprozität*, mit denen sie sich gegenseitig gleichgewichtige Handelszugeständnisse einzuräumen. In acht *Welthandelsrunden* wurden anschließend bis in die 1990er-Jahre die Zölle weltweit gesenkt. Während der Mitte der 1990er-Jahre abgeschlossenen *Uruguay-Runde* wurden außerdem Rahmenabkommen zum *internationalen Dienstleistungshandel* (GATS), zum *Schutz geistiger Eigentumsrechte* (TRIPs) sowie zum *Schutz handelsbezogener Investitionen* (TRIMs) ausgehandelt. Zudem wurden 1995 die Aufgaben des GATT-Sekretariats von der neu gegründeten *World Trade Organization* (WTO) übernommen, die seitdem die weltweit zuständige Institution für eine regelbasierte Welthandelspolitik ist.

Die erste Welthandelsrunde unter der Leitung der WTO, die *Doha-Runde*, wurde aufgrund interner Differenzen und erheblicher Interessenunterschiede zwischen den Mitgliedern bis heute noch nicht abgeschlossen. Trotzdem konnten mehrere *multilaterale* und *plurilaterale* Abkommen, u. a. zum Abbau technischer Handelsbarrieren und zum internationalen Agrarhandel erfolgreich beendet werden.

Die Akteure des internationalen Handels benötigen möglichst eindeutige und transparente Regelungen sowie faire Wettbewerbsbedingungen für alle Beteiligten. Die internationale Handelsordnung sollte daher von einer *internationalen Wettbewerbsordnung* flankiert werden, die zum einen international vereinbarte *Wettbewerbsregeln für Unternehmen*, mit denen der Missbrauch von Unternehmensmacht verhindert werden kann, bereitstellen sollte. Zudem sollten *Wettbewerbsregeln für Staaten* vereinbart werden, die diese auf eine faire und transparente Politik gegenüber ausländischen Unternehmen verpflichten. Die jeweiligen nationalen Regelungsniveaus haben einen erheblichen Einfluss auf die Produktionskosten und damit auf die Wettbewerbsfähigkeit der einzelnen Länder. *Niedrige Standards* bewirken beispielsweise niedrigere Kostenniveaus und führen zu Wettbewerbsvorteilen für das betreffende Land und die dort erzeugten Produkte. Daher sollten Maßnahmen der *Industriepolitik* ausländische Unternehmen möglichst nicht benachteiligen, um so die Wettbewerbsbedingungen für die Weltmarktteilnehmer zu vereinheitlichen. Neben Mindestanforderungen an das nationale Wettbewerbsrecht sollten auch *ökologische und soziale Mindeststandards* vereinbart werden, um eine wettbewerbsschädigende Zunahme von *Öko- und Sozial-Dumping* zu vermeiden.

❓ Let's check

1. Worin sehen Sie Ursachen für den Wechsel zwischen *Protektionismus-Phasen und Freihandelsperioden*?
2. Erläutern Sie die *Instrumente*, durch die das GATT den Freihandel nach dem Zweiten Weltkrieg massiv gefördert hat.
3. Wodurch unterschied sich die *Uruguay-Runde* von den vorangegangenen Welthandelsrunden?
4. Erläutern Sie das *Streitschlichtungsverfahren* der WTO anhand eines Beispiels.
5. Wie könnten *plurilaterale Abkommen zu multilateralen Abkommen* weiterentwickelt werden?
6. Nennen Sie *Gründe* für die Notwendigkeit die internationale Handelsordnung durch eine internationale Wettbewerbsordnung zu flankieren.

❓ Vernetzende Aufgaben – recherchieren, analysieren, beurteilen

Stellen Sie anhand eines seit längerem bestehenden Freihandelsabkommens mögliche und evtl. auch tatsächliche Handelsschaffungs- und Handelsablenkungseffekte zusammen und ziehen Sie ein Fazit.

Literatur

Literatur[16]

BMWK – Bundesministerium für Wirtschaft und Klimaschutz (2022) Die WTO Abkommen. https://www.bmwk.de/Redaktion/DE/Textsammlungen/ Aussenwirtschaft/wto-abkommen.html

Global Trade Alert (2022) Global Dynamics. https://www.globaltradealert.org/global_dynamics

Großmann, H. et al. (1994) Die neue Welthandelsorganisation: Schrittmacher für den Welthandel; in: Wirtschaftsdienst Heft 5/1994, S. 256–264

GTAI (2022) Factsheet: Die WTO und das GATS. Das Wichtigste zum General Agreement on Trade in Services (GATS), Ausgabe 2022. https://www.gtai.de/resource/blob/868514/1fd3a61e28e0b-f7553274943da6b2c30/FS%20GATS%2021332.pdf

EU (2021) Die Doha-Runde und die Landwirtschaft. https://www.europarl.europa.eu/factsheets/de/sheet/111/wto-uebereinkommen-uber-die-landwirtschaft

Hoffmann, M. (2021) Verhandlungen über ein WTO-Umweltgüterabkommen (EGA). https://www.gtai.de/gtai-de/trade/wto/zoll1/verhandlungen-ueber-ein-wto-umweltgueterabkommen-ega—560898

Hoffmann, M. (2022) Ausgewählte WTO-Übereinkommen im Überblick, vom 10.03.2022. https://www.gtai.de/de/trade/wto/zoll/ausgewaehlte-wto-uebereinkommen-im-ueberblick-667782

Koch, E. (2005) EU-Osterweiterung, eine ökonomische Herausforderung – für wen? In: Koch, E. (Hrsg.) Osterweiterung der EU – neue Chancen für interkulturelle Kooperation, München/ Mering, S. 57–78

Koch, E. (2022) Globalisierung: Wirtschaft und Politik. Chancen – Risiken – Antworten; 3. vollständig überarbeitete Aufl., Wiesbaden

Kolev, G. /Matthes, J. (2020) Multilaterale Abkommen: Enthusiasmus und Enttäuschung; in: Wirtschaftsdienst; https://www.wirtschaftsdienst.eu/inhalt/jahr/2020/heft/5/beitrag/multilaterale-abkommen-enthusiasmus-und-enttaeuschung.html

von Daniels, L. et al. (2020) WTO-Streitschlichtung: Auswege aus der Krise; in: SWP aktuell, Nr. 1/2020. https://www.swp-berlin.org/10.18449/2020A01/

WTO (2021) Trade Policy Review Body (TPRB) Overview of Developments in the International Trading Environment, Annual Report 2020–2021, vom 22.11.2021

WTO (2022) ITA. https://www.wto.org/english/tratop_e/inftec_e/inftec_e.htm

---

16 Letzter Zugriff auf die unter „Literatur" und „Links" genannten Internetquellen jeweils 12/2024.

Literatur

Links

Attac: https://www.attac.de/kampagnen/jetzt-erst-recht/was-macht-attac
BMZ: https://www.bmz.de/de/themen/lieferkettengesetz
CSDDD: https://commission.europa.eu/business-economy-euro/doing-business-eu/sustainability-due-diligence-responsible-business/corporate-sustainability-due-diligence_en
Doha-Runde: https://www.bmwk.de/Redaktion/DE/Textsammlungen/Aussenwirtschaft/wto-doha.html
EU-Entwaldungsverordnung: https://www.bmel.de/DE/themen/wald/waelder-weltweit/entwaldungsfreie-Lieferketten-eu-vo.html
Europäische Wettbewerbspolitik: https://www.europarl.europa.eu/factsheets/de/sheet/82/wettbewerbspolitik
EU – Google: https://rsw.beck.de/aktuell/daily/meldung/detail/eug-bestaetigt-milliardenstrafe-fuer-google
GATS: www.wto.org/english/tratop_e/serv_e/serv_e.htm
GWB: https://www.gesetze-im-internet.de/gwb/GWB.pdf
Lieferkettengesetz: https://www.bmz.de/de/themen/lieferkettengesetz
Regional Trade Agreements: https://www.wto.org/english/tratop_e/region_e/region_e.htm

Die Entwicklungsländer im Welthandel

Inhaltsverzeichnis

9.1 Entwicklungsländer – 175

9.2 Exportanteile und Exportstrukturen – 178
9.2.1 Exportanteile – 178
9.2.2 Exportstrukturen – 179
9.2.3 Preisentwicklung von Rohstoffen – 181

9.3 Fertigwarenorientierte Entwicklungsstrategie: Das Beispiel Ost- und Südostasien – 184

9.4 Handelspolitische Vereinbarungen mit Entwicklungsländern – 187
9.4.1 Allgemeine Zollpräferenzen – 187
9.4.2 EU-AKP-Abkommen – 188

9.5 Agenda 2030 – 191

9.6 Fairer Handel – 193

9.7 Lernkontrolle – 196

Literatur – 198

© Der/die Autor(en), exklusiv lizenziert an Springer Fachmedien Wiesbaden GmbH, ein Teil von Springer Nature 2025
E. Koch, *Internationaler Handel und Handelspolitik*, Studienwissen kompakt,
https://doi.org/10.1007/978-3-658-47964-0_9

> **Lernagenda**
> **Folgende Fragen werden in Kap. 9 beantwortet:**
> - Was versteht man unter *Low Income* und *Middle-Income Countries* (LICs und MICs)?
> - Was spricht für und was gegen die Verwendung des *Pro-Kopf-Einkommens* als *Indikator* für eine Ländereinteilung?
> - Unter welchen Voraussetzungen wird ein Land in die Liste der *Least Developed Countries* (LDCs) aufgenommen?
> - Welchen Einfluss haben *Exportstrukturen* und *Weltmarktpreise* auf die Rolle der Entwicklungsländer im Welthandel?
> - Warum wurde ein *Allgemeine Präferenzsystem* beschlossen?
> - Welche *EU-AKP Abkommen* gab bzw. gibt es?
> - Beinhaltet die *Agenda 2030* Ansätze zur Verbesserungen der internationalen Handelsbeziehungen?
> - Kann durch *fairen Handel* eine wichtige Änderung der handelspolitischen Position der Entwicklungsländer erreicht werden?

Verschiedene internationale Organisationen teilen alle Länder in Ländergruppen ein. Meist werden die beiden Großgruppen der Entwicklungsländer (*developing countries*) und der Industrieländer unterschieden. Die Klassifizierung der Länder erfolgt an Hand von Indikatoren und dient der statistischen Vereinfachung. Ändert sich die Ausprägung der Indikatoren bei einzelnen Ländern kann sich auch die Zuordnung ändern, wobei diese von den verschiedenen Institutionen allerdings nicht einheitlich gehandhabt wird. Seit 2021 wird die obige Kategorisierung in den UN Statistiken (*United Nations Statistics Division, UNSD*) nicht mehr offiziell verwendet. Sie wird aber weiterhin vielfach genutzt – auch in diesem Kapitel – und dient in erster Linie der vereinfachten Fortführung von Statistiken (vgl. *Links*: Unctadstat), zumal andere Klassifizierungskriterien nicht unbedingt aussagefähiger sind. Dies gilt auch für den seit einiger Zeit populären politikwissenschaftlichen Begriff „*Globaler Süden*" als Sammelbezeichnung für Entwicklungs- und Schwellenländer. Der Begriff geht auf den *Nord-Süd-Konflikt* zurück und damit auf die Tatsache, dass sich die ärmeren Entwicklungsländer vornehmlich auf der Südhalbkugel der Erde befinden.

9.1 Entwicklungsländer

Sehr häufig werden die Länder dieser Erde nach der Höhe des Bruttonationaleinkommens (BNP) pro Kopf (*GNI per capita*) umgerechnet in US$ (Pro-Kopf-Einkommen) in verschiedene Gruppen eingeteilt. Die Weltbank unterscheidet vier Ländergruppen, von denen die ersten drei üblicherweise als Entwicklungsländer bezeichnet werden (vgl. ◘ Abb. 9.1). Einige der Länder vorwiegend aus der zweiten und dritten Gruppe gelten – wiederum nach verschiedenen Kriterien – als *Schwellenländer*. Länder der vierten Gruppe, die *High Income Countries* (HICs), sind in der Abbildung nicht aufgeführt. Die für die Einteilung verwendeten Indikatoren werden jährlich angepasst – die in ◘ Abb. 9.1 verwendeten Werte galten für 2022.

Die folgenden Werte werden für das Jahr 2025 zugrunde gelegt und basieren auf Daten von 2023:

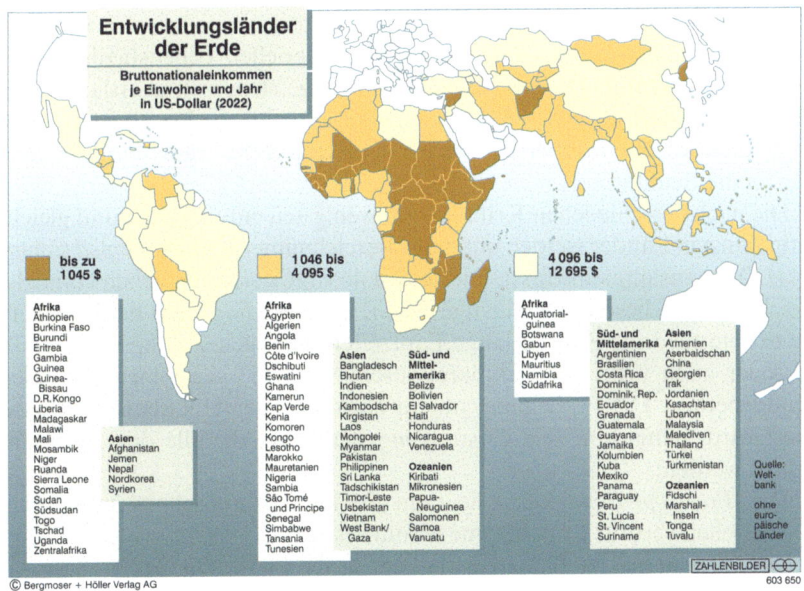

◘ Abb. 9.1 Die Entwicklungsländer. (Quelle: Weltbank, Zahlenbilder)

- *Low Income Countries* (LICs) verfügen über ein Pro-Kopf-Einkommen bis 1.145 US$ pro Jahr (p.a.)
- *Lower Middle-Income Countries* (Low/MICs): bis 4.515 US$ p.a.
- *Upper Middle-Income Countries* (Upper/MICs): bis 14.005 US$ p.a.
- *High Income Countries (HICs):* über 14.005 US$ p.a.

Tatsächlich ist das Pro-Kopf-Einkommen kein sehr geeigneter Indikator, vor allem weil
- die ungleiche Einkommensverteilung in den betreffenden Ländern nicht berücksichtigt wird,
- die informellen, nicht über die Märkte erzielten Einkommen, nicht erfasst werden und
- die für die Umrechnung verwendeten Wechselkurse, vielfach unrealistisch sind. In einigen Statistiken werden statt US$ daher auch sog. *Kaufkraftparitäten* verwendet, die ein etwas realistischeres Bild ergeben.

Andererseits zeigen viele andere Einteilungskriterien, wie beispielsweise der *Human Development Index* (HDI), der die materiellen Lebensbedingungen umfasst, wie Armut, Hunger, Lebenserwartung, zivilgesellschaftliche Freiheiten, Wirtschaftsstruktur etc., vergleichbare Ergebnisse. Damit ist das Pro-Kopf-Einkommen als Übersichtsgröße doch eine recht brauchbare *Annäherung* an die Realität.

Die nach verschiedenen Kriterien am wenigsten entwickelten und gleichzeitig ärmsten Länder werden unter der Bezeichnung *Least Developed Countries* (LDCs) zusammengefasst. Die derzeit 46 LDCs erhalten neben Handelserleichterungen besonders günstige *Finanzierungsbedingungen* bei Krediten, wie extrem niedrige Zinsen, lange Laufzeiten und rückzahlungsfreie Perioden oder auch nicht rückzahlbare Zuschüsse sowie gegebenenfalls einen Schuldenerlass. Die Festlegung, ob ein Land von der UN als LDC klassifiziert wird, hängt von *drei Graduierungswerten* ab, die alle drei Jahre angepasst werden:
- Das *Pro-Kopf-Einkommen* liegt im Dreijahresdurchschnitt unter dem Schwellenwert für Low Income Countries (LICs).
- Der *Human Assets Index* (HAI) liegt unter 61 %. Der HAI misst das Niveau des Humankapitals, das sich aus sechs Teilindikatoren für Gesundheit und Bildung zusammensetzt. Ein niedriger HAI weist auf erhebliche strukturelle Hindernisse für eine nachhaltige Entwicklung hin.
- Der *Economic and Environmental Vulnerability Index* (EVI) liegt unter „36". Der EVI ist ein Indikator für die strukturelle Anfälligkeit eines Landes bei wirtschaftlichen und ökologischen Schocks. Er setzt sich aus

9.1 · Entwicklungsländer

8 Einzelindikatoren für Wirtschaft und Umwelt zusammen. Ein niedriger Wert deutet auf hohe ökonomische Anfälligkeit sowie strukturelle Probleme bei der Umsetzung einer wirtschaftlichen und nachhaltigen Entwicklung hin (vgl. *Links*: LDC).

Um in die LDC-Liste aufgenommen zu werden, darf ein Land die Schwellenwerte nicht überschreiten. Es verliert den LDC-Status, wird also upgegradet, wenn es zwei der über den Schwellenwerten liegenden *Graduierungswerte* in zwei aufeinanderfolgenden Dreijahres-Reviews überschreitet (vgl. ◘ Abb. 9.2.).

◘ Abb. 9.2 Least Developed Countries (LDCs). (Quelle: UN, Globus)

9.2 Exportanteile und Exportstrukturen

Das Konzept des freien Welthandels basiert auf der Annahme, dass sich hierdurch die weltweite Versorgung mit Gütern und Dienstleistungen verbessert, dabei wird stillschweigend davon ausgegangen, dass von diesen Wohlfahrtsgewinnen alle beteiligten Nationen profitieren. Tatsächlich aber ist eine allgemeine Aussage über die Verteilung der Außenhandelsgewinne nicht möglich, da diese u. a. von der Art der gehandelten Güter, den Produktionsbedingungen und den Wettbewerbs- und Machtverhältnissen auf den Weltmärkten beeinflusst wird. Das liberale Konzept des Freihandels setzt (nicht vorhandene) gleichberechtigte und gleichgewichtige Partner voraus, die Güter anbieten, die auf dem Weltmarkt auch eine vergleichbare Bedeutung besitzen. Wirtschaftsschwächere Länder können aber aufgrund ihrer Wirtschaftsstruktur, die in vielen Fällen noch historisch-koloniale Bezüge aufweist, die Bedingungen, unter denen der internationale Handels- und Kapitalverkehr stattfindet, nur im Ausnahmefall, zeitweise etwa im Bereich strategischer Rohstoffe, maßgeblich beeinflussen.

9.2.1 Exportanteile

Betrachtet man die letzten 60 Jahre stagnierte der Anteil der Entwicklungsländer an den Weltexporten lange Zeit und erhöhte sich erst in den letzten 20 Jahren leicht auf gut 30 % – wenn man den Anteil Chinas außer Betracht lässt. Das bedeutet, dass trotz des wachsenden Anteils der Schwellenländer, die Gruppe der Industrieländer plus China weiterhin für knapp 70 % der Weltexporte verantwortlich sind, vgl. ◘ Abb. 9.3.

Der Blick auf die Gesamtheit der Entwicklungsländer ist allerdings nicht sehr aussagefähig. So zählen die internationalen Statistiken auch weiterhin die Tigerstaaten Ost- und Südostasiens sowie die Öl exportierenden Mitglieder der OPEC zur Gruppe der Entwicklungsländer. 2022 entfielen von den auf die Entwicklungsländer (ohne China) entfallenden knapp 31 % der Weltexporte allein ein Drittel (!) auf die 5 Schwellenländer Hongkong, Singapur, Taiwan, Südkorea und Malaysia. Damit ist die Bedeutung der meisten Entwicklungsländer für den Welthandel gleichbleibend gering. Der Welthandelsanteil der derzeit 46 *Least Developed Countries* (LDCs), liegt stabil sogar bei weit unter 1 % des gesamten Welthandels. Der Anteil Asiens (ohne China und Japan) liegt bei 15 %, derjenige Lateinamerikas (einschließlich Mexikos) bei knapp 6 %, während sich der Anteil Afrikas von 1963 (5,4 %)

9.2 · Exportanteile und Exportstrukturen

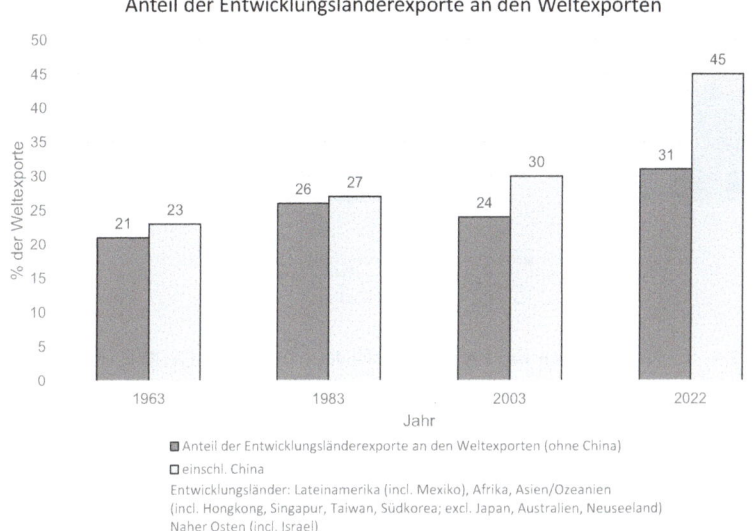

◘ **Abb. 9.3** **Anteil der Entwicklungsländerexporte an den Weltexporten (in %)**. (Quelle: WTO 2023, p. 58; Eigene Berechnungen)

bis 2022 auf nur noch 2,7 % halbierte (vgl. WTO 2023). Zum Vergleich: Deutschlands Anteil an den Weltexporten lag 2022 bei knapp 7 %.

9.2.2 Exportstrukturen

Knapp die Hälfte aller Exporte der meisten Entwicklungsländer entfallen auf den primären Sektor, also auf landwirtschaftliche Produkte und unverarbeitete Rohstoffe. Für die meisten Entwicklungsländer stellen diese Produkte also immer noch die Hauptquelle für ihre Exporterlöse dar. ◘ Abb. 9.4 zeigt die Exportstrukturen für die Periode 1990 bis 2016 für drei ausgewählte Regionen: Afrika, Lateinamerika einschließlich der Karibik, und den Nahen Osten (Westasien), wobei der blaue Bereich den jeweiligen prozentualen Anteil unverarbeiteter Rohstoffe darstellt. Die Abbildung zeigt zudem, dass sich in allen drei Regionen diese Relation seit Beginn der 1990er-Jahre nicht entscheidend verändert hat: So bestanden die Exporte Afrikas und des Nahen Ostens (Westasien) 1990 und auch 2016 zu etwa zwei Dritteln aus unverarbeiteten landwirtschaftlichen und mineralischen Rohstoffen, nur in Lateinamerika hat sich der Anteil von etwa 60 auf gut 40 % reduziert.

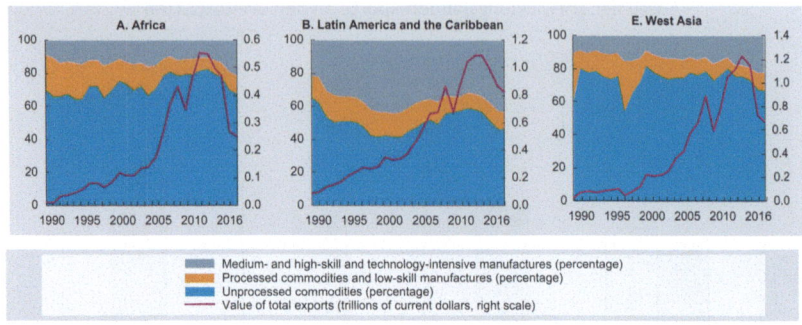

◘ **Abb. 9.4 Exportstrukturen von Entwicklungsländern 1990–2016** (%; Bio US$). (Quelle: UNCTAD, Trade and Development Report 2018, p. 48)

Damit ist die Abhängigkeit der meisten Länder dieser Regionen von den sehr preissensiblen Rohstoffen nach wie vor hoch. Hinzu kommt, dass viele Entwicklungsländer von dem Export nur sehr weniger Rohstoffe abhängig sind. Folgt man der Übersicht in ◘ Abb. 9.5, so ist der Außenhandel von 33 Ländern von dem Export von nur *drei Rohstoffen* abhängig (Exportanteil über 50 %) und bei weiteren 41 Ländern hängen die Exporterlöse zu mindestens 20 % von ihren drei wichtigsten Rohstoffen ab.

Der „traditionell" hohe Rohstoffanteil bei den Exportgütern kann zu einem großen Teil auf folgende Ursachen zurückgeführt werden:

- Die *„koloniale Hypothek"* förderte in den früheren Kolonien Wirtschaftsstrukturen, die ausschließlich auf die Versorgung der Mutterländer mit Rohstoffen ausgerichtet war. Damit wurden andere Entwicklungsalternativen zumindest in der Anfangsphase der Unabhängigkeit zunächst verhindert und später infolge der Notwendigkeit Devisen zu erwirtschaften sehr erschwert.
- *Steigende Rohstoffpreise* in der Phase des Aufschwungs nach der Dekolonisierung ließen vielen Entwicklungsländern kaum eine andere Wahl, als den Rohstoffsektor weiter auszubauen, um so die Exporteinnahmen zu erhöhen. Diese Politik war zwar zunächst recht gewinnträchtig, erwies sich jedoch wegen später sinkender Rohstoffpreise häufig als ökonomische Sackgasse.
- Der *steigende Importbedarf* der Entwicklungsländer, sowohl bei Konsumals auch bei Investitionsgütern, führte durch den dramatischen Anstieg der Preise für Erdöl, das auch von den meisten Entwicklungsländern importiert werden muss, seit den 1970er-Jahren zu steigenden Leistungsbilanzdefiziten und in der Folge zu einer steigenden Auslands-

9.2 · Exportanteile und Exportstrukturen

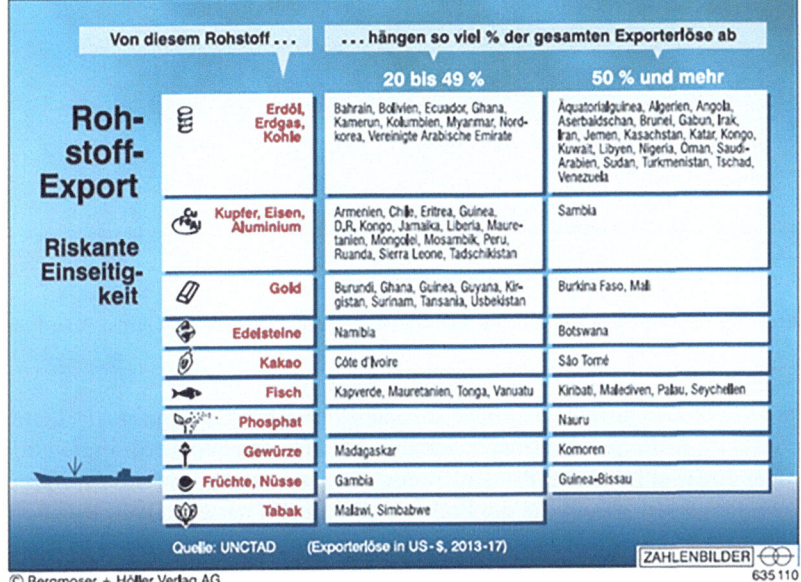

◘ Abb. 9.5 **Rohstoffabhängigkeiten von Entwicklungsländern**. (Quelle: UNCTAD, Zahlenbilder)

verschuldung. Damit verstärkte sich der Zwang, durch eine weitere Steigerung der Exporte die für die Begleichung des Schuldendienstes benötigten Devisen zu erhalten. Da zu Rohstoffexporten kurzfristig nur wenige Alternativen bestanden, wurde hierdurch die notwendige Umstrukturierung der Wirtschaft weiter hinausgezögert.

9.2.3 Preisentwicklung von Rohstoffen

Die **Preise** für Rohstoffe werden durch Angebot und Nachfrage auf den Weltrohstoffmärkten bestimmt. Die internationale Nachfrage nach Rohstoffen durch die Hauptabnehmer, die Industrieländer, ist konjunkturabhängig und schwankt daher erheblich. Zudem wird sie auch von alternativen Möglichkeiten wie Einsparungen, Substitution und Recyclingmaßnahmen beeinflusst. Substitute etwa haben den Vorteil höherer Versorgungssicherheit und vergleichsweise stabiler Preise. So verlor Naturkautschuk in den 1950er-Jahren durch die Entwicklung von synthetisch hergestelltem Gummi seine

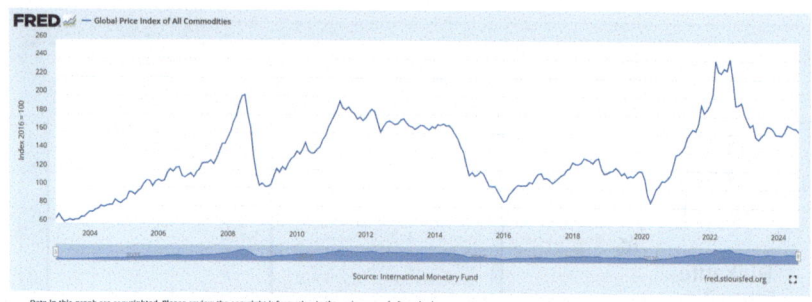

◘ **Abb. 9.6 Entwicklung der realen Rohstoffpreise.** (Quelle: IWF *Links*: Global Price Index of All Commodities)

strategische Bedeutung, während in den 1990er-Jahren Kupfer als Leitermaterial im Kommunikationsbereich durch Glasfaserkabel verdrängt wurde.

Die Entwicklung der Rohstoffpreise wird mit Hilfe von *Rohstoffpreisindizes* gemessen, durch die die Preisschwankungen der einzelnen Rohstoffe aber auch stark geglättet werden. ◘ Abb. 9.6 zeigt die Rohstoffpreisschwankungen an Hand des *All Commodity Index* in den letzten 20 Jahren. Besonders markant ist in der jüngsten Zeit die durchschnittliche Verdreifachung der Rohstoffpreise zwischen 2020, dem Beginn der Corona-Pandemie, und 2022, dem Beginn des Angriffskriegs Russland auf die Ukraine und der anschließende Rückgang der Preise.

Die Preisschwankungen haben erhebliche Auswirkungen auf die Wirtschaft der rohstoffexportierenden Länder. Die folgenden Beispiele verdeutlichen dies:

▶ **Beispiele**

- Das Hauptexportgut der Elfenbeinküste ist Kakao. Während im Januar 2020 eine Tonne Rohkakao noch 2.700 US$ kostete fiel der Preis im Juli 2020 auf etwa 2.100 US$, damit sanken die Exporterlöse um fast 25 %.
- Gegenläufig verlief die Preisentwicklung bei Baumwolle. Hier stieg der Kilopreis innerhalb von drei Jahren (Juni 2019 bis Juni 2022) von 1,70 US$ auf 3,40 US$. Damit verdoppelten sich anteilsmäßig die Exporteinnahmen der Baumwolle exportierenden Ländern, wie Pakistan oder Usbekistan (aber auch der USA). ◀

9.2 · Exportanteile und Exportstrukturen

Im Marktmodell führen Preissenkungen zu höherer Nachfrage, für Rohstoffe gilt dies im Allgemeinen jedoch nicht. Die Nachfrage der Industrieländer nach Rohstoffen weist eine relativ *geringe Preis- und Einkommenselastizität* auf. Dies bedeutet, dass Preissenkungen von Rohstoffen oder Einkommenserhöhungen in den Industrieländern zu keiner oder nur einer unterproportionalen Nachfrageausweitung nach Rohstoffen führen. Weiten die Rohstoffproduzenten ihr Angebot aus, so entsteht schnell ein Überangebot mit der Gefahr von Preiseinbrüchen. Für Fertigwaren aus Industrieländern ist die Situation wegen der Attraktivität und der Heterogenität des Güterangebots und der Märkte dagegen umgekehrt. Preis- und Mengeneffekte auf dem Weltmarkt wirken sich daher einseitig zu Lasten der Entwicklungsländer aus.

Die durch die Preisschwankungen der Hauptexportgüter hervorgerufenen Schwankungen der Exporterlöse erschweren langfristige Planungen in den betroffenen Ländern. Sie beeinflussen ebenfalls die Importfähigkeit und die Höhe der Staatseinnahmen und damit auch die Bereitstellung von staatlichen und vor allem sozialen Leistungen. Notwendige Strukturwandelprozesse und die Beseitigung *struktureller Heterogenität* in den Ländern werden dadurch erschwert. Strukturelle Heterogenität zeigt sich in dem Nebeneinander von wohlhabenden Entwicklungsinseln und extremer Armut, ohne dass wünschenswerte *trickle-down*-Effekte, also Entwicklungseffekte für die benachteiligten Sektoren, in größerem Umfang erkennbar wären.

Zudem verstärkt der besondere Charakter der *Agrarrohstoffe*, wie deren lange Ausreifezeiten, ihre Abhängigkeit von Witterungseinflüssen oder möglichem Schädlingsbefall die Preisschwankungen. So beträgt beispielsweise bei Kaffee die Zeitspanne zwischen Anpflanzung und erster Ernte etwa drei bis vier Jahre, während der maximale Ertrag erst nach sechs bis acht Jahren anfällt; auch Tee, Kakao oder Kautschuk können erst nach mehreren Jahren geerntet werden. Die Förderung *mineralischer Rohstoffe* setzt meist hohe Investitionen in die Produktionsanlagen voraus, sodass die Produktion nicht flexibel an Nachfrageänderungen angepasst werden kann. Durch Produktionssenkungen – mit dem Ziel Preise zu stabilisieren – würden aufgrund der hohen Zinsbelastung der kapitalintensiven Rohstoffförderung schnell Verluste akkumuliert werden. Der hohe Anteil spekulativer Transaktionen in den Rohstoffmärkten verstärkt die Preisschwankungen, deren Auswirkungen daher negativer zu bewerten sind als ein gleichmäßiger Preisverfall. Während im letzten Fall Strukturreformen für die betreffenden Erzeugerländer zwingend wären, nähren die den Preisschwankungen inhärenten Aufwärtsbewegungen die Hoffnung, Strukturveränderungen vermeiden oder zumindest hinausschieben zu können. Trotzdem sind für viele Länder steigende Rohstoffexporte nach wie vor die wichtigste Möglichkeit, Devisen einzunehmen, die für die Bedienung der Auslandschulden und zur Bezahlung der Importe benötigt werden.

Angesichts dieser unkalkulierbaren Preisentwicklungen versuchten Rohstoffanbieter in der Vergangenheit mehrfach durch die Bildung von *Rohstoffkartellen* Angebotsverknappungen und damit Preiserhöhungen durchzusetzen. Dies gelang allerdings nur in wenigen Fällen. Eine wichtige *Ausnahme* ist die OPEC (*Organization of Petrol Exporting Countries*), die drastische Steigerungen des Ölpreises in den 1970er- und 1980er-Jahren durchsetzen konnte.

9.3 Fertigwarenorientierte Entwicklungsstrategie: Das Beispiel Ost- und Südostasien

Nur wenige Länder, vor allem in Ost- und Südostasien, waren in der Lage, eine weitgehend von eigenen natürlichen Ressourcen abgekoppelte *exportorientierte Wirtschaft* aufzubauen. Hierbei handelt es sich um die bereits mehrfach erwähnten „kleinen Tiger" Südkorea, Taiwan, Singapur und Hongkong, die auch als *first-tier newly industrializing economies* (*NIEs*) bezeichnet werden, sowie, einige Jahre später, um die zweite Gruppe von Tigerstaaten: Malaysia, Thailand und Indonesien (*second-tier NIEs*). Diese Länder folgten prinzipiell dem Beispiel Japans, das diesen Ansatz schon in den 1970er-Jahren erfolgreich umgesetzt hatte. Prominentestes Nachfolgebeispiel ist China, dessen Exporte seit den 2000er-Jahren enorme Steigerungsraten aufweisen. Eine derartige Entwicklungsstrategie kann auch für weitere Entwicklungs- und Schwellenländer erfolgreich sein, allerdings sind vergleichbare Ansätze in afrikanischen, lateinamerikanischen oder in west- und südasiatischen Ländern derzeit noch zu selten zu finden. Die wirtschaftlich erfolgreichen asiatischen Länder haben wesentliche Elemente der erfolgreichen Wirtschaftsstrategie Japans übernommen. Viele Faktoren wirkten und wirken hier zusammen. Japans Wirtschaftsordnung war gekennzeichnet durch

- eine enge Kooperation von Unternehmen und Staat,
- enge Verbindungen von Industrie-, Technologie- und Außenwirtschaftspolitik,
- die Konzentration auf technologieintensive, zukunftsorientierte Güter sowie
- eine z. T. aggressive exportorientierte Marktstrategie, die sich auf Wachstumsmärkte konzentrierte und zunächst auf den großen aufnahmefähigen und relativ homogenen Exportmarkt USA zielte.

Das Wachstum wurde unterstützt durch eine Verteilungspolitik, die u. a. durch Landreform- und Wohnungsbauprogramme eine allzu große Spreizung von Einkommen und Vermögen verhinderte und dadurch zur Sozialverträglichkeit der Entwicklung beitrug. Bei den Tigerstaaten kamen noch weitere Faktoren hinzu, die sich zum Teil mit diesen Merkmalen überlapp(t)en:

− Ein gemeinsames Merkmal war eine leistungsorientierte sozio-kulturelle Grunddisposition, wie etwa der Konfuzianismus.[1]
− Das politische System kann in drei der vier Tigerstaaten zumindest in der Anfangsphase sehr euphemistisch als „gelenkte oder auch autoritäre Demokratie" bezeichnet werden.
− Die politische Führung verfolgte strategisch und konsequent ihr Entwicklungskonzept, während die politisch-ökonomisch Rahmenbedingungen weitgehend stabil blieben.
− Es gab eine genügende Anzahl investitionsbereiter in- und ausländischer Investoren, anpassungsfähige und leistungsbereite Arbeitnehmer sowie ein allgemein niedriges Kostenniveau.

Eine wichtige Voraussetzung war auch, dass sowohl die kleinen Tigerstaaten als auch Japan über keine oder nur geringe Rohstoffvorkommen verfügen. So liegt der Anteil unverarbeiteter Rohstoffe an den Gesamtexporten in den genannten Schwellenländern mit etwa 10 % nur unwesentlich höher als bei Industrieländern und verringerte sich im Falle von China kontinuierlich von 20 % auf unter 5 % (vgl. ◘ Abb. 9.7).

Hierdurch waren die Länder gezwungen, ihre Deviseneinnahmen mit Fertigwarenexporten zu erzielen. In den beiden Flächenstaaten Taiwan und Südkorea erforderte dies einen raschen Wandel in der Wirtschaftsstruktur, der durch eine Agrarreform eingeleitet wurde. Die damit einhergehende Intensivierung der Landwirtschaft führte zu Effizienzsteigerungen und einer deutlich gleichmäßigeren Einkommensverteilung. Gleichzeitig wurde der systematische Aufbau einer arbeitsintensiven Produktion preiswerter Konsumgüter gefördert, um neue Arbeitsplätze und Einkommen zu schaffen. Der permanente Strukturwandel führte in der Folge zur Produktion kapitalintensiver Produkte mit immer größeren High-Tech-Anteilen und

---

1 Die konfuzianische Tradition beeinflusst Verhaltensweisen und Arbeitseinstellungen: Disziplin und Leistungsorientierung, Loyalität und Respekt vor Autoritäten, Gemeinwohlorientierung und Sparsamkeit werden allgemein als günstige Voraussetzungen für wirtschaftliche Erfolge gesehen.

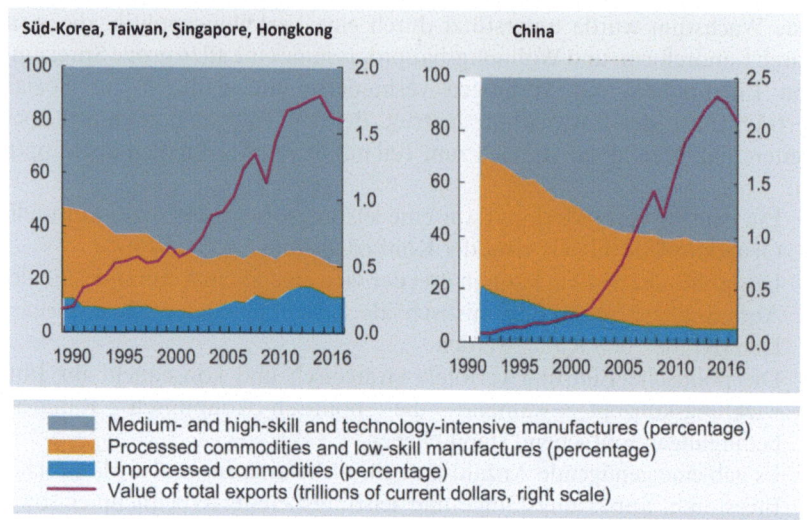

◘ Abb. 9.7 **Exportstrukturen von ost- und südostasiatischen Schwellenländern 1990–2016** (%; Bio US$). (Quelle: UNCTAD, Trade and Development Report 2018, p. 48)

schließlich zum Aufbau eines Dienstleistungssektors, der inzwischen in allen Staaten den mit Abstand größten Teil zum BNP beiträgt.

Ebenfalls in Südkorea und Taiwan wurde nach japanischem Vorbild anfangs auf eine protektionistische Außenhandelspolitik gesetzt. Diese wurde unterstützt durch Zollpräferenzen der Industrieländer (s. u.) und eine Wechselkurspolitik, die durch eine Bindung der eigenen Währung an den US$ Währungsschwankungen gegenüber dem Hauptabnehmerland ausschloss. Auf diese Weise wurde der Aufbau einer industriellen Basis und technologischer Kapazitäten erleichtert, während gleichzeitig der Binnenmarkt als Testmarkt für die Auslandsmärkte fungierte. Die protektionistische Politik konnte dann bereits ab Ende der 1980er-Jahre zugunsten einer zunehmenden wirtschaftlichen Liberalisierung abgebaut werden.

Verstärkt durch die *Asienkrise* 1997/1998 stieg ab Ende der 1990er-Jahre der vor allem durch China hervorgerufene Wettbewerbsdruck, während Arbeitskräftemangel, Bodenknappheit und wachsende Umweltprobleme die Produktionskosten erhöhten. Zugleich verbesserten sich die Wettbewerbsbedingungen der anderen asiatischen Schwellenländer. Diese *„Konkurrenz von unten"* zwang die Tigerstaaten u. a. zu einer Auslagerung von Industriezweigen meist in andere asiatische Länder, die sich dann zur zweiten Gruppe von Tigerstaaten entwickelten. Die hohe *Exportlastigkeit* der Wirtschaften machte die Länder allerdings auch außerordentlich abhängig vom Weltmarkt und der Wirtschaftsentwicklung der Industrieländer, vor allem der USA, und damit auch von dem Wechselkurs ihrer Währung zum US$. Erst durch einen Anstieg der Exporte in andere asiatische Länder verringerte sich diese Abhängigkeit vom US-Markt schrittweise.

9.4 Handelspolitische Vereinbarungen mit Entwicklungsländern

Eine wichtige Voraussetzung für die stärkere Einbeziehung von Entwicklungsländern in den internationalen Handel sind Abkommen, die diesen handelspolitische Vorteile gewähren, durch die die bestehenden Wettbewerbsnachteile wenigstens zum Teil ausgeglichen werden können.

9.4.1 Allgemeine Zollpräferenzen

Das *Allgemeine Präferenzsystem* (*Generalized System of Preferences*, GSP) ist ein handelspolitisches Instrument der Industrieländer, das auf eine Initiative im Rahmen der UNCTAD-Handelskonferenz 1968 zurückgeht, um die Wirtschaft der Entwicklungsländer durch die Gewährung von einseitigen günstigeren Marktzugangsbedingungen zu fördern. Dies wurde durch eine Änderung des GATT-Vertrags, die eine *Ausnahme* vom *Meistbegünstigungsprinzip* ermöglicht, rechtlich abgesichert. Entwicklungsländer können seitdem bei Vorliegen bestimmter Voraussetzungen einseitig *Schutzzölle* erheben und/oder *Präferenzzölle* in Anspruch nehmen, ohne ihrerseits solche gewähren zu müssen.

> ▶ **Beispiel**
> **UNCTAD**
> Hauptanliegen der 1964 gegründeten UNCTAD (*United Nations Conference on Trade and Development*) ist die Förderung des internationalen Handels und die bessere Integration der Entwicklungsländer in den Welthandel. Alle vier Jahre finden den *UNCTAD-Welthandelskonferenzen* statt, auf denen Nord-Süd-Probleme thematisiert und Empfehlungen ausgesprochen werden (vgl. *Links:* UNCTAD). ◀

Ein solches Präferenzsystem führte 1971 zunächst die Europäische Gemeinschaft (EG) ein. Später folgten die USA und Japan. Für Waren, die in Entwicklungsländern hergestellt und in die EU eingeführt werden, gelten damit *Zollpräferenzen*. Das *Allgemeine Zollpräferenzsystem* (APS) der EU wird regelmäßig alle 10 Jahre überarbeitet, bleibt aber im Kern unverändert. Die Anwendung der derzeitigen Fassung des APS wurde bis Dezember 2027 verlängert. Die Zahl der Länder, denen Zollpräferenzen eingeräumt werden, wurde auf inzwischen 75 besonders bedürftige Länder reduziert. Primäre Ziele sind die Verringerung von Armut und die Stärkung nachhaltiger Entwicklung durch die Schaffung von Anreizen für nachhaltiges Wirtschaftswachstum, Engagement für Umweltfragen und *good governance*. Bei schwerwiegenden und systematischen Menschenrechtsverstößen oder Verstößen gegen die Grundsätze von Klima- und Umweltschutzabkommen besteht die Möglichkeit APS-Präferenzen zurückzunehmen.

Die Zollpräferenzen begünstigen sowohl verarbeitete Produkte, in der Mehrzahl industrielle Erzeugnisse, als auch Landwirtschafts- und Fischereierzeugnisse. Zum Teil werden Zollsätze vollständig ausgesetzt. Für andere Waren wurden mit dem derzeit geltenden APS die Zollsätze um 3,5 % reduziert, für Textilien und Bekleidung um 20 % (von 10 % auf 8 %), während spezifische Zölle (Bemessungsgrundlage ist hier beispielsweise das Gewicht oder der Alkoholgehalt) um 30 % gesenkt wurden. Importe aus den derzeit 46 LDCs können mit Ausnahme von Waffen und Munition, grundsätzlich zollfrei in die EU eingeführt werden. Insgesamt bleibt die Bedeutung des APS zumindest für die EU jedoch gering. 2018 beispielsweise fielen nur 3,5 % aller EU-Importe (knapp 70 Mrd. €) unter die APS-Regelungen (vgl. *Links*: APS).

9.4.2 EU-AKP-Abkommen

- **Die Lomé-Abkommen**

Nach der Gründung der EWG 1958 wurde auch eine gemeinschaftliche Zusammenarbeit der EWG mit Entwicklungsländern beschlossen. Vor allem Frankreich und Belgien, später auch Großbritannien, drängten darauf, die ehemaligen europäischen Kolonien in Afrika, in der Karibik und im Pazifik auch nach deren Unabhängigkeit eng an Europa zu binden. Dies sollte durch Verträge geschehen, die Handelspolitik, Entwicklungspolitik und politische

Partnerschaft zusammenbinden sollten. Bei der Handelspolitik stand anfangs der zollfreie Export von Rohstoffen und Mineralien nach Europa im Mittelpunkt.

1963 schlossen daher die sechs EWG-Gründungsstaaten in *Jaunde* (Kamerun) ein erstes, auf fünf Jahre befristetes *Präferenzabkommen* mit 18 afrikanischen Ländern, 1969 wurde in *Jaunde* ein Folgeabkommen vereinbart. 1975, nach dem EG-Beitritt Großbritanniens, wurde ein neues erweitertes Handels- und Kooperationsabkommen in *Lomé* (Togo) abgeschlossen (Lomé I), an dem sich neben den seinerzeit neun EG-Staaten bereits 46 Länder aus Afrika, dem karibischen und dem pazifischen Raum, die sog. **AKP-Staaten**, beteiligten. Es folgten Lomé II, III und IV.

Mit den Lomé-Abkommen gewährte die EU den AKP-Staaten einseitig Handelspräferenzen sowie entwicklungspolitisch orientierte Finanzhilfen. Zollpräferenzen wurden sowohl für Agrar- als auch für Industrieprodukte gewährt, wobei die letzteren nur einen Anteil von etwa 1 % an den gesamten EU-Importen hatten. Grundsätzlich mussten die Waren vollständig in dem betreffenden Land hergestellt worden sein, allerdings konnte bei Lomé IV bis zu 10 % der Wertschöpfung aus Drittländern kommen und auf Antrag konnte dieser Anteil zeitlich befristet bis auf 45 % angehoben werden. Trotzdem waren viele AKP-Staaten aufgrund der zu geringen Industrialisierung und Verarbeitungstiefe der Produkte nicht in der Lage, diese Exportvorteile zu nutzen.

- **Das Abkommen von Cotonou**

Das *Abkommen von Cotonou* wurde 2000 in *Cotonou* (Benin) unterzeichnet und trat 2003 in Kraft. Es löste das letzte *Lomé-Abkommen* ab und ermöglichte die Zusammenarbeit zwischen den nunmehr 25 EU-Mitgliedstaaten und nun 79 AKP-Staaten auf einer neuen, stärker auf Partnerschaft und Gleichberechtigung ausgerichteten Basis bis 2021. Das Abkommen legte den Schwerpunkt auf eine Unterstützung der Re-Strukturierung und Liberalisierung der AKP-Länder als zentrale Entwicklungsvoraussetzung. Zudem sollten die handelspolitischen Regeln schrittweise an die multilateralen WTO-Regeln angeglichen werden. Ausnahmen, wie eine zollfreie Einfuhr, waren nur den 39 LDCs unter den AKP-Ländern vorbehalten. Allerdings sollten sich auch für die anderen Länder die bestehenden Einfuhrbedingungen nicht wesentlich verschlechtern. Konkret bedeutet dies, dass bis 2008 die einseitigen EU-Präferenzregelungen durch regionale Freihandelsabkommen, sog. *Wirtschaftspartnerabkommen* (WPA)[2] ersetzt und die AKP-Staaten in das bestehende Allgemeine Präferenzsystem (APS) der EU einbezogen wurden. Ferner sollten regionale Integrationen und der Handel zwischen den AKP-Staaten (Süd-Süd-Handel) gestärkt werden.[3]

- **Das Post-Cotonou-Abkommen**

2021 wurden die Verhandlungen für das derzeit geltende *Post-Cotonou-Abkommen* zwischen der EU und der neu gegründeten *Organisation afrikanischer, karibischer und pazifischer Staaten* (OACPS) – den früheren AKP-Staaten – formell abgeschlossen (vgl. ◘ Abb. 9.8). Auch dieses Abkommen legt den politischen und wirtschaftlichen Kooperationsrahmen für zwanzig

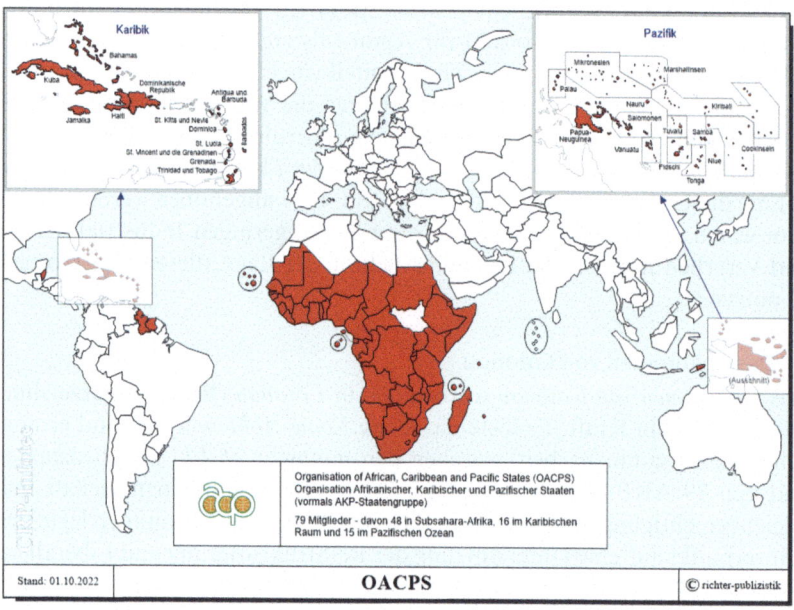

◘ **Abb. 9.8** **AKP-Staaten / OACPS.** (Quelle: Richter-Publizistik, *Links*: OACPS)

---

2 Bis 2014 wurden mit verschiedenen Regionen Afrikas, der Karibik und der pazifischen Region WPAs abgeschlossen. Speziell für Afrika gibt es weitere Initiativen, wie die „*Allianz Afrika-Europa für nachhaltige Investitionen und Arbeitsplätze*", die das Engagement privater Investoren verstärken und so gleichzeitig Handelsbeziehungen fördern und Arbeitsplätze schaffen soll.

3 s.a. Brüne 2001, 2002; vgl. Rat der EU/Europäischer Rat 2022.

Jahre zwischen der EU und der neuen OACPS fest. Es soll die Fähigkeit der EU und der OACPS zur gemeinsamen Bewältigung globaler Herausforderungen auf lokaler, nationaler, regionaler und internationaler Ebene stärken und betrifft inzwischen ca. 1,5 Mrd. Menschen in 79 Staaten auf vier Kontinenten. Damit ist es das weltweit größte Nord-Süd-Abkommen, die Mitgliedstaaten der EU und der OACPS zusammen stellen mehr als die Hälfte der Sitze bei der UN. Das Abkommen umfasst einen gemeinsamen OACPS-EU-Rahmen sowie Regionalprotokolle für die drei Regionen Afrika, Karibik und Pazifik (vgl. *Links*: Post-Cotonou).

Neben vielen zum Teil sehr ambitionierten gemeinsamen Zielen wie der Mobilisierung von Investitionen durch die Schaffung eines günstigen Investitionsklimas, der Erhöhung von Rechtssicherheit und der Förderung afrikanischen Unternehmertums, soll durch das Abkommen vor allem die *Handelskooperation* gestärkt werden. U. a. sollen weiterhin bestehende tarifäre und nicht-tarifäre Handelshemmnisse beseitigt werden und relevante Normen und das Recht geistigen Eigentums angepasst werden. Darüber hinaus hat das neue Abkommen eine starke soziale, umwelt- und klimaorientierte Dimension. So betont es etwa, dass nachhaltige Entwicklung in die handelspolitische Zusammenarbeit einzubeziehen ist und gleichzeitig die Achtung der Menschenrechte und grundlegende Arbeitsnormen gewährleistet werden müssen. Die während des Cotonou-Vertrags geschlossenen regionalen *Wirtschaftspartnerschaftsabkommen* bleiben bestehen.

9.5 Agenda 2030

Die internationale Entwicklungszusammenarbeit (ODA) wurde seit den 2000er-Jahren von einem auf dem UN-Millenniums-Gipfel verabschiedeten Katalog verpflichtender Zielsetzungen für alle Mitgliedstaaten, den *Millennium Development Goals* (MDGs), bestimmt. Durch die Fokussierung auf die MDGs konnten in vielen Entwicklungsländern in unterschiedlichen Bereichen zwischen 1990 und 2015 z. T. erhebliche Erfolge erzielt werden. Armut und Unterernährung wurden drastisch gesenkt, die allgemeine Schulbildung wurde gesteigert, die Kindersterblichkeit gesenkt und die Müttergesundheit verbesserte sich. Trotzdem nimmt die Ungleichheit weiter zu. Millionen von Menschen leiden nach wie vor Hunger, der Klimawandel verschlechtert in vielen Ländern die Zukunftschancen und die Anzahl interner Konflikte hat sich keineswegs verringert.[4]

---

4 Vgl. UN 2015.

◘ **Abb. 9.9** Sustainable Development Goals (SDGs). (Quelle: *Links*: SDGs)

Mit der *Agenda 2030* hat sich die Weltgemeinschaft nach den MDGs insgesamt 17 Ziele, die *Sustainable Development Goals* (SDGs), für eine nachhaltige Entwicklung gesetzt. Die SDGs verknüpfen Armutsbekämpfung und Nachhaltigkeit und bilden die Grundlage für die internationale Entwicklungszusammenarbeit von 2015 bis 2030. Sie berücksichtigen die wirtschaftlichen, sozialen und ökologischen Dimensionen von nachhaltiger Entwicklung und richten sich an *alle* Staaten, die damit aufgefordert sind, sich für die Umsetzung der Agenda und damit für eine Verbesserung der Situation der Menschen und der Umwelt einzusetzen (vgl. *Links*: SDGs und ◘ Abb. 9.9).

Die SDGs und ihre Unterziele bilden die wichtigsten Leitlinien für die Entwicklungszusammenarbeit im Allgemeinen sowie für die Konzeption und Durchführung von Entwicklungsprojekten und Entwicklungspartnerschaften. Zwar sind die SDGs nicht explizit auf eine Verbesserung der *internationalen Handelsbeziehungen* ausgerichtet, dennoch zeigt die Auswertung der zu den SDGs vorgeschlagenen insgesamt 231 Indikatoren, dass zumindest einige *Indikatoren* Verbesserungen im Bereich des internationalen Handels messen sollen:[5]

- Für SDG 8 (Menschenwürdige Arbeit und Wirtschaftswachstum) misst ein Indikator die Stärkung der *Aid for Trade*-Initiative, vor allem für LDCs durch das *Enhanced Integrated Framework for Trade-related*

---

5 Vgl. UN SDGs 2020.

Technical Assistance (EIF). Das EIF ist ein Mechanismus im Rahmen der WTO, durch den LDCs ihre *Aid for Trade* Bedarfe strukturieren können. *Aid for Trade* wiederum ist ein Ansatz der internationalen Entwicklungszusammenarbeit (ODA), der die Entwicklungsländer beim Aufbau und der Stärkung ihrer Kapazitäten zur verstärkten Teilnahme am internationalen Handel unterstützen soll.[6]

- Für SDG 9 (Industrie, Innovation, Infrastruktur) misst ein Indikator die Verbesserung des Zugangs von KMUs aus Entwicklungsländern zu anderen Märkten.
- Bei SDG 17 (Partnerschaften zur Erreichung der SDGs) können Handelsaspekte durch drei verschiene Indikatoren gemessen werden:
  (1) Generell soll das regelbasierte, offene, nichtdiskriminierende multilaterale Handelssystem im Rahmen der WTO gestärkt werden, vor allem durch einen Abschluss der Doha-Verhandlungen.
  (2) Die Exporte der Entwicklungsländer sollen gesteigert werden. Das sehr ambitionierte Ziel, dass schon bis 2020 der Anteil der LDCs an den Weltexporten verdoppelt werden solle, konnte jedoch nicht erreicht werden, es ist auch zweifelhaft, ob dies bis 2030 gelingen wird.
  (3) Schließlich soll der zoll- und kontingentfreie Marktzugang für LDCs auf Dauer sichergestellt werden, vor allem durch die Schaffung einfacher transparenter Regeln für den Nachweis des Warenursprungs. Hier werden derzeit von den Importländern unterschiedliche, wechselnde und zum Teil komplizierte Regeln angewandt.

9.6 Fairer Handel

Mit unterschiedlichen Konzepten wurde in der Vergangenheit versucht, Entwicklungsländer in ihren Bemühungen zu unterstützen, stärker von den Vorteilen des internationalen Handels zu profitieren. Neben der Gewährung von Präferenzbedingungen und dem Abbau sonstiger Handelsbeschränkungen, wurden die Bemühungen zur Verbesserung der internen politischökonomischen Voraussetzungen (*good governance*) unterstützt und Direktinvestitionen in Entwicklungsländer gefördert. Die strukturellen Nachteile, insbesondere die Rohstoffabhängigkeit, konnten hierdurch in den meisten Entwicklungsländern nicht beseitigt werden. Wie gezeigt wurde, sind die Außenwirtschaftsbeziehungen vieler Entwicklungsländer nach wie vor

---

6   Vgl. WTO EIF o.J., *Links*: Aid for Trade.

von dem großen Preisschwankungen unterworfenen Export weniger, meist nicht oder kaum weiterverarbeiteter Rohstoffe und dem Import von teuren Fertigwaren gekennzeichnet. Im Textilbereich oder bei der Herstellung elektronischer Geräte haben einige Entwicklungsländer zwar inzwischen eine stärkere Position im Welthandel erreicht. Der internationale Wettbewerb, aber auch protektionistische Maßnahmen von Industrieländern, verhindern jedoch eine Verbesserung der Marktstellung, sodass die Exporterlöse in vielen Fällen niedrig und die Arbeitsbedingungen in der Exportindustrie schlecht sind.

Den strukturellen Erfolgen weniger Schwellenländer, die sich schnell zu Fertigwarenexporteuren entwickelten, steht damit die große Mehrheit der Länder gegenüber, die diese Möglichkeiten aus sehr unterschiedlichen Gründen noch viel zu wenig nutzen konnten. Zwar versucht auch die internationale Entwicklungszusammenarbeit unter dem Label *Nachhaltige Wirtschaftsentwicklung* (NaWi) entsprechende Initiativen zu unterstützen, vor allem durch die Zusammenarbeit mit den einschlägigen politischen Instanzen, etwa den Planungs-, Wirtschafts- und Finanzministerien, den Kammern und Verbänden sowie auch direkt mit der Privatwirtschaft in den jeweiligen Ländern, aber Erfolge sind allenfalls punktuell wahrnehmbar.

Abschließend soll daher noch ein weiterer Ansatz kurz angesprochen werden: *Fairer Handel (fair trade)* entstand Anfang der 1970er-Jahre als Protestbewegung und etablierte sich in den letzten Jahrzehnten als eine Möglichkeit, durch Handelsbeziehungen vor allem kleinen Produzenten und Produzentengemeinschaften (*small-scale producers organizations*, SPOs) in Entwicklungsländern höhere Einkommen zu verschaffen, die Arbeitsbedingungen zu verbessern und gleichzeitig nachhaltiges Wirtschaften zu fördern.[7] Bereits 2001 einigten sich die vier internationalen Fair Trade Dachverbände auf folgende Definition:

---

[7] Auch durch die Agenda 2030 sollen Nachhaltigkeitsziele erreicht werden, allerdings wird „nachhaltige Landwirtschaft" nur einmal bei den Indikatoren zu SDG 2 erwähnt.

9.6 · Fairer Handel

> **Fairer Handel**
>
> „Der Faire Handel ist eine Handelspartnerschaft, die auf Dialog, Transparenz und Respekt beruht und nach mehr Gerechtigkeit im internationalen Handel strebt. Durch bessere Handelsbedingungen und die Sicherung sozialer Rechte für benachteiligte Produzent*innen und Arbeiter*innen – insbesondere in den Ländern des Südens – leistet der Faire Handel einen Beitrag zu nachhaltiger Entwicklung. Fair-Handels-Organisationen engagieren sich (gemeinsam mit Verbraucher*innen) für die Unterstützung der Produzent*innen, die Bewusstseinsbildung sowie die Kampagnenarbeit zur Veränderung der Regeln und der Praxis des konventionellen Welthandels."
> (*Links*: Fairer Handel)

Produkte aus fairem Handel sind mit diversen Produktsiegeln gekennzeichnet. Das bekannteste Siegel in Deutschland und auch weltweit ist das *Siegel der Vereinigung Fairtrade International* (FLO): *„fairtrade"*.[8] Auf dem deutschen Markt werden inzwischen mehr als 7.000 fair gehandelte Produkte verkauft, davon entfallen interessanterweise nur rund 4 % auf die 900 Weltläden. Das traditionell wichtigste Produkt im fairen Handel ist Kaffee, weitere Beispiele sind Tee, Orangensaft und Schokolade. 2021 betrug der weltweite Umsatz von *fairtrade*, also nicht die Gesamtsumme aller fair gehandelten Waren, rund 15 Mrd. US$, für 2026 werden über 21 Mrd. prognostiziert.[9] Von den Fair Trade Aktivitäten profitieren derzeit weltweit 2,5 Mio. Kleinbauernfamilien und Beschäftigte in Kooperativen und Plantagen in über 70 Ländern Afrikas, Asiens und Lateinamerikas.[10]

Setzt man die Zahlen allerdings ins Verhältnis zu dem gesamten Welthandel, so betrug der Anteil des fairen Handels nach zwanzig Jahren vorsichtig geschätzt und hochgerechnet 2021 nur erheblich weniger als 0,1 % aller international gehandelten Güter und bleibt damit sehr gering. Bezogen auf alle Entwicklungsländerexporte (ohne China), liegt der Anteil immer noch unter 0,3 %. Fairer Handel muss daher eher als entwicklungspolitischer Ansatz gewertet und gewürdigt werden, da die individuellen Vorteile für den be-

---

8   *Fairtrade* (in einem Wort) ist – im Gegensatz zu Fair Trade – ein Zertifizierungssystem für Fairen Handel, vgl. *Links*: Fairtrade.
9   Vgl. *Links*: Fairtrade Statistics. In Deutschland wurden 2023 übrigens fair gehandelte Waren im Wert von rund 2,6 Mrd. € verkauft, das bedeutet etwa eine Verdreifachung innerhalb von 10 Jahren. Mehr als 75 % entfielen davon auf Lebensmittel.
10 Vgl. Forum Fairer Handel 2022.

treffenden Personenkreis und die erzielten entwicklungspolitischen Ergebnisse sicherlich positiv zu bewerten sind.[11] Ein wirkungsvoller Beitrag zur Änderung der handelspolitischen Strukturen oder der handelspolitischen Position der Entwicklungsländer ist durch fairen Handel jedoch in absehbarer Zeit kaum zu erwarten.

9.7 Lernkontrolle

Kurz und bündig

Die Weltbank unterscheidet vier Ländergruppen, von denen die *Low und Middle Income Countries* (LICs und MICs) als Entwicklungsländer bezeichnet werden, einige dieser Länder sind *Schwellenländer*, andere werden nach bestimmten Kriterien als *Least Developed Countries* (LDCs) kategorisiert. Der Anteil der Entwicklungsländer (ohne China) am Welthandel liegt derzeit bei etwa 30 %, wobei ein Drittel hiervon auf nur eine kleine Anzahl Schwellenländer entfällt. Der Welthandelsanteil der 46 LDCs liegt unter 1 %. Knapp die Hälfte der Exporterlöse der meisten Entwicklungsländer werden mit Produkten des *primären Sektors* erzielt, in der Regel mit wenigen unverarbeiteten Rohstoffen. Die Exporteinahmen sind damit von den zum Teil stark *schwankenden Preisen für Rohstoffe* auf dem Weltmarkt abhängig. Dies erschwert langfristige Planungen in den betroffenen Ländern sowie ihre Importfähigkeit und damit auch die Bereitstellung von staatlichen Leistungen.

Nur wenige Länder, vor allem in Ost- und Südostasien, waren in der Lage, eine weitgehend von eigenen natürlichen Ressourcen abgekoppelte *exportorientierte Wirtschaft* aufzubauen, die ihnen rasche Entwicklungsfortschritte ermöglichte. Gründe hierfür waren u. a. entwicklungsorientierte autoritäre politische Systeme, eine enge Kooperation zwischen Staat und Unternehmen und eine z. T. aggressive exportorientierte Marktstrategie, die sich auf Wachstumsmärkte konzentrierte und zunächst auf den großen aufnahmefähigen und relativ homogenen Exportmarkt USA zielte.

Die meisten Entwicklungsländer profitieren von *allgemeinen Zollpräferenzabkommen* oder – als afrikanische, karibische, pazifische Staaten (*AKP-Staaten*) – von speziellen Präferenzabkommen mit der EU. Handels- und Entwicklungsabkommen, wie die Lomé-Abkommen, sicherten vielen Entwicklungsländern spezielle handelspolitische Vorteile zu. Das derzeitige

---

11 Vgl. v. Hauff/Claus 2018.

9.7 · Lernkontrolle

Post-Cotonou-Abkommen soll die Fähigkeit der EU und der Organisation der AKP-Staaten (*OACPS*) zur gemeinsamen Bewältigung globaler Herausforderungen stärken und betrifft inzwischen ca. 1,5 Mrd. Menschen in 79 Staaten auf vier Kontinenten.

Schließlich sollen Entwicklungsfortschritte auch durch die *Agenda 2030* mit insgesamt 17 Nachhaltigkeitszielen (*Sustainable Development Goals*, SDGs) erreicht werden. Zwar sind die SDGs nicht explizit auf internationale Handelsbeziehungen ausgerichtet, dennoch messen einige Indikatoren auch Verbesserungen im Bereich des internationalen Handels.

Fairer Handel (*fair trade*) soll vor allem kleinen Produzenten in Entwicklungsländern höhere Einkommen verschaffen und gleichzeitig nachhaltiges Wirtschaften fördern. Der geringe Anteil von *fair trade* am gesamten Handel mit Entwicklungsländern zeigt allerdings, dass hierdurch ein wirkungsvoller Beitrag zur Änderung der handelspolitischen Strukturen oder der handelspolitischen Position der Entwicklungsländer in absehbarer Zeit kaum zu erwarten ist.

❓ Let's check

1. Was spricht für und was gegen die Verwendung des *Pro-Kopf-Einkommens* als Indikator für die Einteilung in Ländergruppen?
2. Diskutieren Sie die Entwicklung der *Welthandelsanteile der Entwicklungsländer* in den letzten 50 Jahren.
3. Welche Auswirkungen haben starke *Rohstoffpreisschwankungen* sowohl auf die Exporte als auch auf die Wirtschaftsentwicklung vieler Entwicklungsländer?
4. Worauf sind die Erfolge der *Entwicklungsstrategien der Schwellenländer Ost- und Südostasien* zurückzuführen?
5. Warum erforderte die Gewährung von *Zollpräferenzen für Entwicklungsländer* Änderungen des GATT-Vertrags?
6. Nennen Sie einige Merkmale des *Allgemeinen Zollpräferenzsystems (APS) der EU*.
7. Zeichnen Sie die Entwicklung der *EU – AKP Abkommen* von Jaunde bis Post-Cotonou nach.
8. Begründen Sie, warum auch die Verfolgung ausgewählter *SDG-Ziele* Möglichkeiten zur *Handelsverbesserung* bieten können.

❓ Vernetzende Aufgaben – recherchieren, analysieren, beurteilen

Entwickeln Sie eine Strategie zur Steigerung des Welthandelsanteils von LDCs.

Literatur

Literatur[12]

Brüne, S. (2001) Die Konvention von Cotonou; in: Nord-Süd aktuell, 2. Quartal 2001, S. 338–343

Brüne, S. (2002) Europas Außenbeziehungen und die AKP-Staaten: Das Abkommen von Cotonou; Eine erste Zwischenbilanz; in: Nord-Süd aktuell, 2. Quartal 2002, S. 301–314

Forum Fairer Handel (2022) https://www.forum-fairer-handel.de/

Hauff, v. M./Claus K. (2018) Fair Trade, 3. Aufl., Konstanz/München

Rat der EU/Europäischer Rat (2022) Abkommen von Cotonou. https://www.consilium.europa.eu/de/policies/cotonou-agreement/

Stockmann / Menzel / Nuscheler (2015) Entwicklungspolitik. Theorien – Probleme -Strategien. 2. Aufl. München

UN (2015) Millenium Entwicklungsziele Bericht 2015. https://www.un.org/depts/german/millennium/MDG%20Report%202015%20German.pdf

UNCTAD (2018) Trade and Development Report 2018

WTO (2023) World Trade Statistical Review 2023 https://www.wto.org/english/res_e/publications_e/wtsr_2023_e.htm

WTO EIF (o.J.) The Enhanced integrated Framework. https://enhancedif.org/

Links

Aid for Trade: https://www.wto.org/english/tratop_e/devel_e/a4t_e/aid4trade_e.htm

APS: https://www.bmwk.de/Redaktion/DE/Artikel/Aussenwirtschaft/zollabwicklung--allgemeines-zollpraeferenzsystem-aps.html

LDCs: UN Department of Economic and Social Affairs Economic Analysis. https://www.un.org/development/desa/dpad/least-developed-country-category/ldc-criteria.html

Fairer Handel: https://www.forum-fairer-handel.de/faq

Fairtrade: https://www.fairtrade-deutschland.de/

Fairtrade Statistics: https://www.fairtrade.net/en/get-involved/news/fairtrade-launches-2023-annual-report.html

Global Price Index of All Commodities: IMF, Global Price Index of All Commodities, retrieved from Federal Reserve Bank of St. Louis; https://fred.stlouisfed.org/series/PALLFNFINDEXM

OACPS: https://www.oacps.org/

Post-Contonou: https://www.consilium.europa.eu/de/policies/cotonou-agreement/#oacps

SDGs: https://www.bundesregierung.de/breg-de/schwerpunkte-der-bundesregierung/nachhaltigkeitspolitik/nachhaltigkeitsziele-erklaert-232174

UNCTAD: https://unctad.org/

Unctadstat: https://unctadstat.unctad.org/EN/Classifications.html

UN SDGs (2020): https://unstats.un.org/sdgs/report/2020/

---

[12] Letzter Zugriff auf die unter „Literatur" und „Links" genannten Internetquellen jeweils 12/2024.

Serviceteil

Tipps fürs Studium und fürs Lernen – 200

© Der/die Herausgeber bzw. der/die Autor(en), exklusiv lizenziert an Springer Fachmedien Wiesbaden GmbH, ein Teil von Springer Nature 2025
E. Koch, *Internationaler Handel und Handelspolitik*, Studienwissen kompakt,
https://doi.org/10.1007/978-3-658-47964-0

Tipps fürs Studium und fürs Lernen

- **Studieren Sie!**

Studieren erfordert ein anderes Lernen, als Sie es aus der Schule kennen. Studieren bedeutet, in Materie abzutauchen, sich intensiv mit Sachverhalten auseinanderzusetzen, Dinge in der Tiefe zu durchdringen. Studieren bedeutet auch, Eigeninitiative zu übernehmen, selbstständig zu arbeiten, sich autonom Ziele zu setzen, anstatt auf konkrete Arbeitsaufträge zu warten. Ein Studium erfolgreich abzuschließen erfordert die Fähigkeit, der Lebensphase und der Institution angemessene effektive Verhaltensweisen zu entwickeln. Hierzu gehören u. a. funktionierende Lern- und Prüfungsstrategien, ein gelungenes Zeitmanagement, eine gesunde Portion Mut und viel proaktiver Gestaltungswille. Im Folgenden finden Sie einige erfolgserprobte Tipps, die Ihnen beim Studieren Orientierung geben. Einen grafischen Überblick dazu zeigt ◘ Abb. A.1.

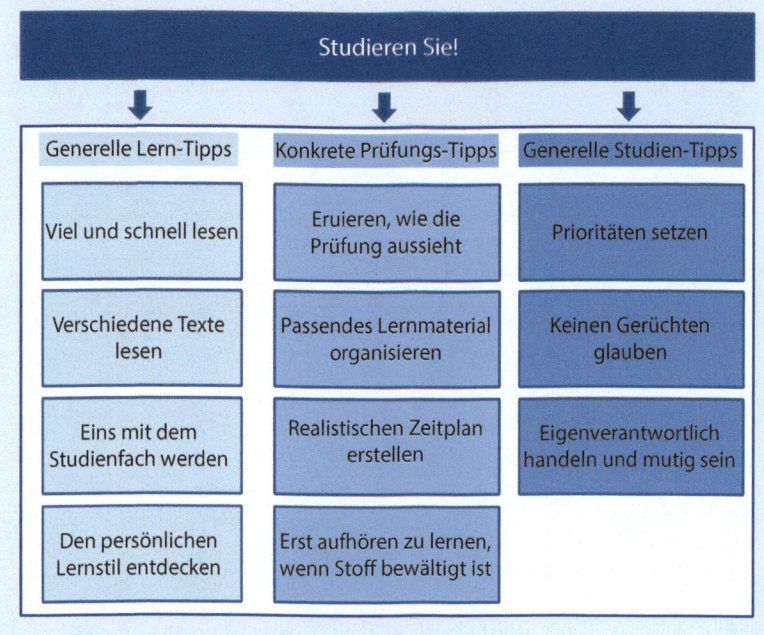

◘ Abb. A.1   Tipps im Überblick

Lesen Sie viel und schnell

Studieren bedeutet, wie oben beschrieben, in Materie abzutauchen. Dies gelingt uns am besten, indem wir zunächst einfach nur viel lesen. Von der Lernmethode „lesen, unterstreichen, herausschreiben" wie wir sie meist in der Schule praktizieren, müssen wir uns im Studium verabschieden. Sie dauert zu lange und raubt uns kostbare Zeit, die wir besser in Lesen investieren sollten. Selbstverständlich macht es Sinn, sich hier und da Dinge zu notieren oder mit anderen zu diskutieren. Das systematische Verfassen von eigenen Text-Abschriften aber ist im Studium „zumindest flächendeckend" keine empfehlenswerte Methode mehr. Mehr und schneller lesen schon eher.

Werden Sie eins mit Ihrem Studienfach

Jenseits allen Pragmatismus sollten wir uns als Studierende eines Faches „in der Summe" zutiefst für dieses interessieren. Ein brennendes Interesse muss nicht unbedingt von Anfang an bestehen, sollte aber im Laufe eines Studiums entfacht werden. Bitte warten Sie aber nicht in Passivhaltung darauf, begeistert zu werden, sondern sorgen Sie selbst dafür, dass Ihr Studienfach Sie etwas angeht. In der Regel entsteht Begeisterung, wenn wir die zu studierenden Inhalte mit lebensnahen Themen kombinieren: Wenn wir etwa Zeitungen und Fachzeitschriften lesen, verstehen wir, welche Rolle die von uns studierten Inhalte im aktuellen Zeitgeschehen spielen und welchen Trends sie unterliegen; wenn wir Praktika machen, erfahren wir, dass wir mit unserem Know-how „oft auch schon nach wenigen Semestern" Wertvolles beitragen können. Nicht zuletzt: Dinge machen in der Regel Freude, wenn wir sie beherrschen. Vor dem Beherrschen kommt das Engagement: Engagieren Sie sich also und werden Sie eins mit Ihrem Studienfach!

Entdecken Sie Ihren persönlichen Lernstil

Jenseits einiger allgemein gültiger Lern-Empfehlungen muss jeder/jede Studierende für sich selbst herausfinden, wann, wo und wie er/sie am effektivsten lernen kann. Es gibt die Lerchen, die sich morgens am besten konzentrieren können, und die Eulen, die ihre Lernphasen in den Abend und die Nacht verlagern. Es gibt die visuellen Lerntypen, die am liebsten Dinge aufschreiben und sich anschauen; es gibt auditive Lerntypen, die etwa Hörbücher oder eigene Sprachaufzeichnungen verwenden. Manche bevorzugen Karteikarten verschiedener Größen, andere fertigen sich auf Flipchart-Bögen Übersichtsdarstellungen an, einige können während des Spazierengehens am besten auswendig lernen, andere tun dies in einer Hängematte. Es ist egal, wo und wie Sie lernen. Wichtig ist, dass Sie einen für sich effektiven Lernstil ausfindig machen und diesem „unabhängig von Kommentaren Dritter" treu bleiben.

Bringen Sie in Erfahrung, wie die bevorstehende Prüfung aussieht

Die Art und Weise einer Prüfungsvorbereitung hängt in hohem Maße von der Art und Weise der bevorstehenden Prüfung ab. Es ist daher unerlässlich, sich immer wieder bezüglich des Prüfungstyps zu informieren. Wird auswendig Gelerntes abgefragt? Ist Wissenstransfer gefragt? Muss man selbstständig Sachverhalte darstellen? Ist der Blick über den Tellerrand gefragt? Fragen Sie Ihre Dozenten. Sie müssen Ihnen zwar keine Antwort geben, doch die meisten Dozenten freuen sich über schlau formulierte Fragen, die das Interesse der Studierenden bescheinigen und werden Ihnen in irgendeiner Form Hinweise geben. Fragen Sie Studierende höherer Semester. Es gibt immer eine Möglichkeit, Dinge in Erfahrung zu bringen. Ob Sie es anstellen und wie, hängt von dem Ausmaß Ihres Mutes und Ihrer Pro-Aktivität ab.

Decken Sie sich mit passendem Lernmaterial ein

Wenn Sie wissen, welcher Art die bevorstehende Prüfung ist, haben Sie bereits viel gewonnen. Jetzt brauchen Sie noch Lernmaterialien, mit denen Sie arbeiten können. Bitte verwenden Sie niemals die Aufzeichnungen Anderer, sie sind inhaltlich unzuverlässig und nicht aus Ihrem Kopf heraus entstanden. Wählen Sie Materialien, auf die Sie sich verlassen können und zu denen Sie einen Zugang finden. In der Regel empfiehlt sich eine Mischung. Für eine normale Semesterabschlussklausur wären das z. B. Ihre Vorlesungsmitschriften, ein bis zwei einschlägige Bücher zum Thema (idealerweise eines von dem Dozenten, der die Klausur stellt), ein Nachschlagewerk (heute häufig online einzusehen), eventuell prüfungsvorbereitende Bücher, etwa aus der Lehrbuchsammlung Ihrer Universitätsbibliothek.

Erstellen Sie einen realistischen Zeitplan

Ein realistischer Zeitplan ist ein fester Bestandteil einer soliden Prüfungsvorbereitung. Gehen Sie das Thema pragmatisch an und beantworten Sie folgende Fragen: Wie viele Wochen bleiben mir bis zur Klausur? An wie vielen Tagen pro Woche habe ich (realistisch) wie viel Zeit zur Vorbereitung dieser Klausur? (An dem Punkt erschreckt und ernüchtert man zugleich, da stets nicht annähernd so viel Zeit zur Verfügung steht, wie man zu brauchen meint.) Wenn Sie wissen, wie viele Stunden Ihnen zur Vorbereitung zur Verfügung stehen, legen Sie fest, in welchem Zeitfenster Sie welchen Stoff bearbeiten. Nun tragen Sie Ihre Vorhaben in Ihren Zeitplan ein und schauen, wie Sie damit klarkommen. Wenn sich ein Zeitplan als nicht machbar herausstellt, verändern Sie ihn. Aber arbeiten Sie niemals ohne Zeitplan!

Beenden Sie Ihre Lernphase erst, wenn der Stoff bewältigt ist

Eine Lernphase ist erst beendet, wenn der Stoff, den Sie in dieser Einheit bewältigen wollten, auch bewältigt ist. Die meisten Studierenden sind hier zu milde im Umgang mit sich selbst und orientieren sich exklusiv an der Zeit. Das Zeitfenster, das Sie für eine bestimmte Menge an Stoff reserviert haben, ist aber nur ein Parameter Ihres Plans. Der andere Parameter ist der Stoff. Und eine Lerneinheit ist erst beendet, wenn Sie das, was Sie erreichen wollten, erreicht haben. Seien Sie hier sehr diszipliniert und streng mit sich selbst. Wenn Sie wissen, dass Sie nicht aufstehen dürfen, wenn die Zeit abgelaufen ist, sondern erst wenn das inhaltliche Pensum erledigt ist, werden Sie konzentrierter und schneller arbeiten.

Setzen Sie Prioritäten

Sie müssen im Studium Prioritäten setzen, denn Sie können nicht für alle Fächer denselben immensen Zeitaufwand betreiben. Professoren und Dozenten haben die Angewohnheit, die von ihnen unterrichteten Fächer als die bedeutsamsten überhaupt anzusehen. Entsprechend wird jeder Lehrende mit einer unerfüllbaren Erwartungshaltung bezüglich Ihrer Begleitstudien an Sie herantreten. Bleiben Sie hier ganz nüchtern und stellen Sie sich folgende Fragen: Welche Klausuren muss ich in diesem Semester bestehen? In welchen sind mir gute Noten wirklich wichtig? Welche Fächer interessieren mich am meisten bzw. sind am bedeutsamsten für die Gesamtzusammenhänge meines Studiums? Nicht zuletzt: Wo bekomme ich die meisten Credits? Je nachdem, wie Sie diese Fragen beantworten, wird Ihr Engagement in der Prüfungsvorbereitung ausfallen. Entscheidungen dieser Art sind im Studium keine böswilligen Demonstrationen von Desinteresse, sondern schlicht und einfach überlebensnotwendig.

Glauben Sie keinen Gerüchten

Es werden an kaum einem Ort so viele Gerüchte gehandelt wie an Hochschulen. Studierende lieben es, Durchfallquoten, von denen sie gehört haben, jeweils um 10 bis 15 % zu erhöhen, Geschichten aus mündlichen Prüfungen in Gruselgeschichten zu verwandeln und Informationen des Prüfungsamtes zu verdrehen. Glauben Sie nichts von diesen Dingen und holen Sie sich alle wichtigen Informationen dort, wo man Ihnen qualifiziert und zuverlässig Antworten erteilt. 95 % der Geschichten, die man sich an Hochschulen erzählt, sind schlichtweg erfunden und das Ergebnis von „Stiller Post".

Handeln Sie eigenverantwortlich und seien Sie mutig

Eigenverantwortung und Mut sind Grundhaltungen, die sich im Studium mehr als auszahlen. Als Studierende verfügen Sie über viel mehr Freiheit als Schüler: Sie müssen nicht immer anwesend sein, niemand ist von Ihnen persönlich enttäuscht, wenn Sie eine Prüfung nicht bestehen, keiner hält Ihnen eine Moralpredigt, wenn Sie Ihre Hausaufgaben nicht gemacht haben, es ist niemandes Job, sich darum zu kümmern, dass Sie klar kommen. Ob Sie also erfolgreich studieren oder nicht, ist für niemanden von Belang außer für Sie selbst. Folglich wird nur der eine Hochschule erfolgreich verlassen, dem es gelingt, in voller Überzeugung eigenverantwortlich zu handeln. Die Fähigkeit zur Selbstführung ist daher der Soft Skill, von dem Hochschulabsolventen in ihrem späteren Leben am meisten profitieren. Zugleich sind Hochschulen Institutionen, die vielen Studierenden ein Übermaß an Respekt einflößen: Professoren werden nicht unbedingt als vertrauliche Ansprechpartner gesehen, die Masse an Stoff scheint nicht zu bewältigen, die Institution mit ihren vielen Ämtern, Gremien und Prüfungsordnungen nicht zu durchschauen. Wer sich aber einschüchtern lässt, zieht den Kürzeren. Es gilt, Mut zu entwickeln, sich seinen eigenen Weg zu bahnen, mit gesundem Selbstvertrauen voranzuschreiten und auch in Prüfungen eine pro-aktive Haltung an den Tag zu legen. Unmengen an Menschen vor Ihnen haben diesen Weg erfolgreich beschritten. Auch Sie werden das schaffen!

Andrea Hüttmann ist Professorin an der accadis Hochschule Bad Homburg, Leiterin des Fachbereichs Communication Skills und Expertin für die Soft-Skill-Ausbildung der Studierenden. Als Coach ist sie auch auf dem freien Markt tätig und begleitet Unternehmen, Privatpersonen und Studierende bei Veränderungsvorhaben und Entwicklungswünschen. Sie ist Autorin des bei 2016 SpringerGabler erschienenen Buches Erfolgreich studieren mit Soft Skills. Kontakt: ▶ andrea-huettmann.de.

The manufacturer's authorised representative in the EU is Springer Nature Customer Service Centre GmbH, Europaplatz 3, 69115 Heidelberg, Germany. If you have any concerns regarding our products, please contact ProductSafety@springernature.com

Printed and bound by CPI Group (UK) Ltd, Croydon, CR0 4YY

26/03/2026

02078972-0002